城市：从中心到边缘

——1750—1850年英国伦敦郊区化动因研究

欧阳萍◎著

湘潭大学出版社

图书在版编目（CIP）数据

城市：从中心到边缘 ：1750—1850 年英国伦敦郊区化动因研究 / 欧阳萍著 . -- 湘潭 ：湘潭大学出版社，2020.5
ISBN 978-7-5687-0413-7

Ⅰ . ①城… Ⅱ . ①欧… Ⅲ . ①城市建设－郊区化－研究－伦敦－ 1750-1850 Ⅳ . ① F299.561.9

中国版本图书馆 CIP 数据核字（2020）第 067117 号

城市：从中心到边缘
——1750—1850 年英国伦敦郊区化动因研究
CHENGSHI: CONG ZHONGXIN DAO BIANYUAN
1750—1850 NIAN YINGGUO LUNDUN JIAOQUHUA DONGYIN YANJIU
欧阳萍　著

责任编辑：王正杰
装帧设计：李　平
出版发行：湘潭大学出版社
社　　址：湖南省湘潭大学工程训练中心
电　　话：0731-58298960 0731-58298966（传真）
邮　　编：411105
网　　址：http://press.xtu.edu.cn/
印　　刷：北京虎彩文化传播有限公司
经　　销：湖南省新华书店
开　　本：710 mm×1000 mm 1/16
印　　张：17
字　　数：337 千字
版　　次：2020 年 5 月第 1 版
印　　次：2022 年 3 月第 1 次印刷
书　　号：ISBN 978-7-5687-0413-7
定　　价：69.00 元

目　录

绪　论

德国著名学者奥斯瓦尔德·斯宾格勒在《西方的没落》一书中曾指出，人类所有伟大的文化都是由城市产生的，民族、国家、政治、宗教以及各种艺术和科学都是以城市为基础的，“世界的历史就是城市的历史。”[①] 的确，人类社会现代化的历史，在很大程度上就是一部城市发展的历史。罗伊·波特（Roy Porter）对城市做出形象生动的比喻：“城市是现代性诞生过程中的社会实验室；在这里进行着社会化学的实验，自然、社群和人力互相反应，过去塑造了现在，而现在又将塑造未来——一个顺其自然而不是人为计划的未来。”[②] 正因为城市在社会和历史中具有如此大的重要性，关于城市的研究一直以来都是人们关注的焦点，而城市社会学、城市经济学、城市人口学、城市规划学等学科的兴起就是明证。学者们认为：“城市研究的重要性，不仅在于今天所存在的许多城市和城市社会，也在于它们对未来所起到的日益重要的影响。”[③] 城市发展的过去、现在与未来都对人类社会有深远的历史意义，正是由于这一原因，城市史的研究日益

① ［德］奥斯瓦尔德·斯宾格勒著：《西方的没落》，齐世荣等译，北京：商务印书馆，1963年，第200—206页。

② Roy Porter, *London: A Social History*, Cambridge, Massachusetts: Harvard University Press, 2001, p. 5.

③ Albert N. Cousins and Hans Nagpaul, *Urban Life: The Sociology of Cities and Urban Society*, New York: John Wiley & Sons, Inc., 1979, p. 3.

成为史学界的热点问题。

在某种意义上，郊区既是城市化的一种延续，也是一种反城市化的过程，因此任何有关城市化的深入研究都难以回避郊区化的问题。英国既是世界上第一个开始工业化和城市化的国家，也是第一个开始郊区化的国家①。研究英国城市的郊区化进程，对于我们完整地把握现代城市的走向、更好地理解人类文明的历史以及正确地规划未来社会的发展有重要的意义。正如马克·克拉森（Mark Clapson）在讨论英国和美国的城市郊区化问题时指出："郊区化与战争、种族、财富、阶级、性别和政党政治都有着密切联系，并且还关系到汽车和交通技术对日常生活的影响。可以毫不夸张地说，理解英国和美国的郊区化，有助于揭示这两个国家变化着的文化价值和经济现实。"②

伦敦是英国第一个具有现代特征的城市，也是最早开始近代意义上的郊区化进程的城市。学者们虽然对于何谓"郊区"定义不一，但是有两点是普遍承认的："一是从本身性质而言郊区是城市的附属物；二是现代郊区是英美国家的发明，而这一发明最早始于伦敦。伦敦与其郊区之间复杂的关系开始了一场革命，这场革命仍然在世界上产生着影响。"③ 因此，对伦敦郊区化的动因以及影响进行研究，对于了解英国的政治、经济、社会和文化史有重要的理论意义，对于规划我国当今的城市发展以及推进我国郊区化进程也有重要的现实意义。

---

① 也有部分学者认为美国是第一个郊区化国家，如肯尼森·杰克逊（Kenneth T. Jackson）认为郊区化发轫于1815年前后的纽约，参见 Kenneth T. Jackson, *Crabgrass Frontier: The Suburbanization of the United States*, New York and Oxford: Oxford University Press, 1982, pp. 13 - 18。但大多数学者认为近代意义上的郊区化始于英国，如罗伯特·费什曼（Robert L. Fishman）专门著文批驳了杰克逊的观点，指出伦敦在18世纪后期最早开始郊区化。参见 Robert L. Fishman, "American Suburbs/English Suburbs: 'A Transatlantic Comparison'", *Journal of Urban History*, 13: 3 (1987: May), pp. 237 - 251。

② Mark Clapson, *Suburban Century: Social Change and Urban Growth in England and the United States*, Oxford and New York: Berg, 2003, p. 1.

③ Andrew Saint, "The Quality of the London Suburb", in Merrell Holberton & English Heritage (eds.), *London Suburbs*, London: Merrell Holberton Publishers Ltd., 1999, p. 9.

一、相关概念的界定

概念是进行任何一项研究考察的基石。在分析伦敦的郊区化之前，我们首先需要对本书涉及的相关概念进行界定。

第一组要界定的概念是城市与郊区。城市是人类文明的象征，是人类社会经济发展到一定程度的必然产物。但是，城市是什么？有什么特征？学者们对这些问题并没有一致的意见，因此美国城市研究专家刘易斯·芒福德（Lewis Mumford）干脆直接指出：尽管城市作为人类聚居地可以追溯到文明社会之始，但“城市的确切定义仍然处于争议之中”①。

人口学家试图衡量城市的人口规模及其密度，认为城市就是人口高度集中的地区，在他们看来，人口规模和密度是判断城市的最主要标准。在实践中，城市的人口标准由于时间和空间的不同而有所不同。在历史发展的不同时期，城市的人口标准并不一致；而在空间上，由于各国的具体情况不同，显现出更大的差异。例如瑞典，人口达到200人以上的聚居地就是城市，而在美国、瑞士和日本，这个最低人口标准分别是2，500人、10，000人和30，000人。当然，这些不同的城市人口标准也反映了各个国家社会背景的不同。在瑞典，由于人口分布的密度不大，200人是一个合适的国家统计标准；而在人口分布密集的国家如日本，更合适的标准则上升到30，000人②。

社会学家侧重于考察城市的社会关系、社会组织以及心理特征，例如，开城市社会学研究之先河的芝加哥学派借助社会调查与文献调查方法，研究城市的社区组织、心理和生态等问题。该学派的创始人之一罗伯特·帕克（Robert E. Park）提出，城市不仅仅是单个人或社会设施的集合体，“它是一种心理状态，是各种礼俗和传统构成的整体，是这些礼俗中

① David L. Sills (ed.), *International Encyclopedia of the Social Sciences* (*Vol.* 2), New York: The Macmillan Company & The Free Press, 1968, p. 447.

② William A. Schwab, *The Sociology of Cities*, Englewood Cliffs: Prentice - Hall, Inc., 1992, pp. 35 - 38.

所包含并随传统而流传的那些统一思想和感情所构成的整体。”[①] 路易斯·沃斯（Louis Wirth）在《作为一种生活方式的城市性》一文中，归纳出城市的三个特征，即人口规模大、密度高和社群异质性，并指出“城市之所以为城市，主要是因为城市形成了一种特有的生活方式——城市性（urbanism）”[②]。

与人口学家和社会学家不同，经济学家对于城市作为资源集散中心及其在地区、国家和世界经济体系当中的作用更感兴趣，他们认为城市是市场交换的中心，是工业和商业活动高度集中的地区[③]。至于地理学家，他们则更加强调城市的空间位置，认为城市是建筑物和基础设施密集的地区，是一种本质上不同于农村的空间聚集地，有不同的社会关系机制和人际交往网络，同时人们的活动空间结构也有极大的差异[④]。

由上述可知，学者们对城市的界定主要从两个层面出发。第一个层面是作为物质实体而存在的城市：人口和建筑物相对密集；经济基础是非农业性活动，工商业和服务业经济较为发达，并为市民提供了较多的就业机会。第二个层面是作为特殊生活地点的城市，强调其在价值观、态度和行为模式上与乡村有着明显的差异，也就是路易斯·沃斯所谓的“城市性”。

接下来看“郊区”一词。该词在英文中有两种用法：一种是“suburb”，另一种是“outskirts”。“suburb”源于古拉丁语“suburbium”，“sub”意谓从属、边缘、外围，“urb”则表示城市，因此“suburb”一词的本义是城市中心区外围的、边缘的区域。“outskirts”的本义是外围、边

① ［美］R. E. 帕克等著：《城市社会学——芝加哥学派城市研究文集》，宋俊岭等译，北京：华夏出版社，1987年，第1页。

② Louis Wirth, “Urbanism as a Way of Life”, *The American Journal of Sociology*, Vol. 44, No. 1 (Jul., 1938), pp. 10－19.

③ 参见饶会林著：《城市经济学》（上卷），大连：东北财经大学出版社，1999年，第4—6页；［美］阿瑟·奥莎利文著：《城市经济学》（第6版），周京奎译，北京：北京大学出版社，2008年，第1—10页。

④ 参见许学强等编：《城市地理学》，北京：高等教育出版社，1997年；David T. Herbert, *Urban Geography: A First Approach*, Chichester: John Wiley & Sons Ltd., 1986, pp. 8－9; Michael Pacione, *Urban Geography: A Global Perspective*, London: Routledge, 2005, pp. 22－24。

缘，但该词用法较广，不仅可以指城市外围的郊区，也可以指其他事物的边缘，因此，在指称郊区时“suburb”一词更为正式。

郊区与城市的关联非常紧密，学者们在给郊区下定义时都是以城市为基本参照物。有的学者从郊区与城市的位置关系加以考察，如 G. A. 威斯因克（G. A. Wissink）提出：“郊区是这样一个共同体，通常——不过并不绝对——处于中心城市的行政范围之外，但与城市共同形成一个整体。”① S. F. 法瓦（S. F. Fava）结合了职业结构、地理位置和社会活动等方面，认为郊区是指“位于城市的法定界限以外而又在通勤范围以内的区域”，并强调郊区“特指那些在就业、各种购物消费活动和文化娱乐活动方面依赖于城市的居住区”②。沃特·马丁（Walther T. Martin）认为郊区是指“处于中心城市之外但依赖城市的商品和服务资源的居住区”，强调郊区的通勤特征，有特殊的人口结构和社会阶级结构③。还有学者从郊区的地理位置、职业、人口密度等方面进行了综合性的概括，认为郊区是“位于城市的法定界限以外，拥有大片非农业、居住型用地的地方，其居民主要从事城市职业，而且大多在中心城市就业……在这一边缘地带可能会发生人口的增长，而人口的密集程度则介于城市和外围地区之间”④。也就是说，这些学者认为郊区与城市在人口密度、地理位置、职业结构和社会活动等方面存在着重要的差异。

由此我们可以总结出郊区和城市之间的异同点。相同点主要包括：一是郊区与城市的经济基础和收入来源相同，都是以非农业活动为主，郊区和城市人口的收入来源都是城市当中的商业贸易、工业生产或专业技术行业；二是郊区与城市的价值观念和心理特征基本相同，社会人际关系上更

---

① David C. Thorns, *Suburbia*, London: Paladin, 1973, p. 31.

② Sylvia Fleis Fava, “Suburbanism as a Way of Life”, *American Sociological Review*, Vol. 21, No. 1 (Feb., 1956), pp. 34 – 37.

③ Walter T. Martin, “The Structuring of Social Relationships Engendered by Suburban Residence”, *American Sociological Review*, Vol. 21, No. 4 (Aug., 1956), pp. 446 – 453.

④ Richard A. Kurtz and Joanne B. Eicher, “Fringe and Suburb Confusion of Concepts”, *Social Forces*, Vol. 37, No. 1 (Oct., 1958), pp. 32 – 37.

少依赖于亲属家族，和乡村相比具有更大的开放性。不同点主要包括：一是郊区在地理位置上属于城市外围地区，通常是处于城市中心区和城市外的乡村之间；二是郊区的人口密度和建筑密度，通常都略低于城市中心区的密度；三是郊区居民一般都是通勤往返于城市和郊区之间，在城市中心就业工作，而以郊区为家庭居住地，如戴维·索恩斯（David C. Thorns）所说的，郊区成为城市人的"宿舍区"（dormitories）[①]，也就是专门居住的地方。

第二组要区别的概念是乡村与郊区。从一般意义上讲，乡村是与城市相对的、由乡村居民所组成的、以农业生产活动为基础的社会。乡村与城市相比有如下特点：农业生产是乡村社会的基础，包括农、林、牧、渔业等，尤其是种植和养殖业；从事农业的劳动者是乡村人口的主体；家庭和家族是乡村社会的基本结构和功能单位，血缘和地缘是乡村居民之间联系的主要纽带，与城市相比，乡村家族内部和邻里之间的关系更为紧密；工业、商业、金融业等经济部门的发展程度较低。

如果将乡村与郊区进行对比，就会发现两者有一些相同之处：一是郊区，尤其是早期郊区的自然环境和乡村基本相似，比城市更多山丘、小河、树木、草地等自然景观，而更少教堂、集市、学校等人文景观；二是郊区作为依赖于城市就业、商品、服务设施的居住区域，其工业、商业、金融业等经济部门，和乡村一样都发展得并不充分。其实，郊区和乡村的这些相似点，也正是郊区之所以诞生的缘由之一，人们正是为了逃避城市问题、追求乡村的田园诗梦想而向郊区迁移的。在他们看来，郊区就是一个从繁忙紧张的城市生活中退离（retreat）出来的地方，或者是在仍然保持与城市的紧密联系的同时，向一个已逝去的田园牧歌时代的复归[②]。

但是，郊区作为城市化进程中的一个必然产物，与乡村相比，更多的是本质上的差异。第一，经济基础和社会功能不同。乡村是以农业生产为

① David C. Thorns, *Suburbia*, London: Paladin, 1973, p. 11.

② John Archer, *Architecture and Suburbia: From English Villa to American Dream House*, 1690–2000, Minneapolis: University of Minnesota Press, 2005, pp. 147–155.

主，而郊区更多的是用来居住。传统的乡村经济是一种自给自足的自然经济，经济活动比较简单，商品交换的水平较低，而郊区更主要的是一个住宅集中地，主要是为了缓解城市中心的人口、住房、交通等压力而向外扩散的聚居区。第二，社会联系的纽带不同。在乡村，家族是基本的社会单位，血缘和地缘关系是人们社会关系中占主导地位的两种关系，而郊区作为城市的一种发展形态，其社会联系方式与城市类似，血缘关系和地缘关系在人们社会关系中的地位和作用大大降低，阶层分化和职业分化程度则相对较高。第三，社会开放程度不同。乡村具有较强的地方色彩，社会生活方式比较单调和保守，而郊区居民通过通勤就业与城市生活方式保持着密切的联系，思想上更具开放性和创新性。

第三组需要界定的概念是早期的城市扩张和近代的郊区化。在研究郊区问题时，我们不仅要将郊区与城市和乡村进行区分，而且要将早期的城市扩张与近代意义上的郊区化区别开来。早期的城市扩张不能等同于郊区化的开始，因为近代意义上的郊区化，是在特定的历史时期和特定的经济技术条件下开始的。根据记载，公元前539年一封刻在泥板上的楔形文字信件中，就提到了有人居住在巴比伦（Babylon）古城周边地区中，以远离城市喧嚣和污染，这应该算是现存关于城市居民迁向周边乡村的最早记载。而在这一记载之前，约公元前2300年到公元前2180年，美索不达米亚（Mesopotamia）平原南部的乌尔（Ur）城，人口已经达到相当的规模，其中有些人就向城外扩散定居，因此被一些学者用作“郊区作为居住地……和文明本身一样古老”① 之观点的论据。

但是，上述所谓郊区，实际上是城市发展早期的一种扩张，与近代郊区的概念是有根本区别的。在这些城市扩张的地区，一般都有自己的产业，主要是农业，当然还有发展得并不充分的手工业和商业，大多数居民的居住地和工作场所并不分离，“城市中心区”与“郊区”之间一般仅限

① 如美国学者刘易斯·芒福德就持该观点，参见［美］刘易斯·芒福德著：《城市发展史——起源、演变和前景》，宋俊岭、倪文彦译，北京：中国建筑工业出版社，2005年，第496页。

于一定程度的贸易往来关系。而近代随着经济和社会的发展，逐渐出现了工作地和生活地的分离，通勤就业成为近代郊区的一个重要特征。近代郊区与中心城市之间的联系更为紧密，两者之间通勤就业的关系使近代郊区更为依赖于中心城市的就业机会、娱乐文化活动等。我国学者孙群郎指出“通勤郊区的出现是近代郊区化的起点”①，强调郊区的这种通勤特点。

有的学者把早期的城市扩张和近代意义上的郊区发展分别称为“郊区城市化”和“城市郊区化”②。在这些学者看来，虽然郊区城市化和城市郊区化看起来只有字面差异，但实际上前者指的是城市中心城区以外乡村区域的城市化过程，具体内容包括工作领域由第一产业向第二、第三产业的转换过程，以及人们的居住地由农村区域向城镇区域迁移的空间聚集过程；后者指的是由于城市中心区地租昂贵、人口稠密、交通拥挤、环境恶劣等因素，城市中心区的人口向城市周围地区迁移并定居，实际上是一种相对中心区而言的城市离心化现象。由此我们可以看出，“郊区城市化”所说的“郊区”只是一种泛指，主要是指中心城市周边的地区，而“城市郊区化”才是本书所论述的“郊区化”主题。

由此，我们可以看到早期的城市扩张和近代城市郊区化之间的差异：前者所揭示的只是城市化的一个层面，是在城市化尚未完成时的一个扩张过程，而后者则是城市化基本完成并发展到较高阶段之后，由于人口压力、环境卫生等问题向城市外围迁移的过程；前者本质上是一个空间集聚现象，后者本质上则是一种离心化倾向，两者正好相反。以伦敦为例，16、17世纪，紧邻伦敦城墙外的小块地区被称为郊区，而实际上后来这些地区逐渐城市化，融入伦敦城市整体当中。在这些地区居住的主要是下层百姓，他们或以农业耕种和畜牧养殖为生，或以简单的小手工业为生，因此这些地区的变化仅仅是城市发展中的一种扩张现象。到18世纪中叶以后，越来越多的商人、银行家不堪伦敦城内的人口拥挤、环境污染、卫生

① 孙群郎著：《美国城市郊区化研究》，北京：商务印书馆，2005年，第40—41页。

② 宋扬、徐强：《城市郊区化与郊区城市化的比较及其互动关系分析》，载《生态经济》，2004年S1期，第2—4页。

恶劣等各种问题，在城外修建住宅，形成相对集中的居住区，但同时又从事城内的各种经济事务。也就是说，在这些地区居住的主要是中产阶级人士，有较高的经济能力负担华美住宅、私人马车以及往返于城市的充裕时间，而这种社会中层逐渐集中居住在周围地区的现象，则是近代意义上的郊区化。从某种意义上说，有城就有郊，但是与城市相伴相生的这种郊区并不是近代意义上的郊区，如果我们简单地把郊区等同于城市外围地区，那么郊区化就无从谈起，学者们也就没有必要对这一问题进行探讨了。

通过对以上概念的区分和界定，我们大致可以归纳出郊区的基本特征：(1) 在地理位置上，郊区位于中心城市的外围地区，处于城市中心区和城外乡村之间的地带；(2) 在居住环境上，郊区，尤其是早期郊区拥有乡村田园牧歌式的自然景观，而较少商业街、仓库、教堂或学校等人文景观；(3) 在人口密度和建筑密度上，郊区与乡村一样，低于城市中心区；(4) 在功能上，郊区主要是居住区，为郊区人口提供生活和居住的场所，但是在工作就业和娱乐消费等方面对城市中心的依赖比较大；(5) 在阶级特性上，郊区带有更多的中上层阶级色彩，尤其是早期的郊区几乎是单一的、排外的中产阶级住宅区，直到19世纪中期开始才逐渐有部分工人阶级上层向郊区迁移；(6) 在就业方面，郊区大多数居民都是通勤就业，即往返于家庭住宅与城市工作场所之间，也就是说，他们在城市中心从事非农业经济活动；(7) 在生活方式、价值观念和态度行为上，郊区与城市更为相似，更为开放、自由。

值得注意的是，在不同的时期和地区，“郊区”具有不同的含义和价值，正如学者们所指出的：“郊区在不同的时期对于不同的人来说有着不同的意义。”① 郊区化是一个历史的过程，在英语中首次使用“郊区”一词的是哲学家约翰·威克里夫（John Wycliffe），时为1380年②；六年后杰弗

① Andrew Saint, “The Quality of the London Suburb”, in Merrell Holberton & English Heritage (eds.), *London Suburbs*, London: Merrell Holberton Publishers Ltd., 1999, p. 9.

② J. A. Simpson and E. S. C. Weiner (eds.), *The Oxford English Dictionary* (*Second edition*, *Vol. XVII*), Oxford: Clarendon Press, 1989, p. 86.

里·乔叟（Geoffrey Chaucer）在《坎特伯雷故事集》一段对话中也使用了该词[①]。1500 年，伦敦的舰队街和古城墙外的教区被称作“伦敦的郊区”[②]，但这时所谓的“郊区”与近代意义上的郊区是有差异的：前者指伦敦古城墙外的周边农村地区；后者则指随着工商业发展在城市中心区之外兴起的非农业地区。而且 18 世纪中叶以前所谓的“郊区”，并不是后来中产阶级所认为的是逃离城市社会问题的天堂。相反，当时人们普遍认为城市中心地区对社会精英阶层来说，才是唯一适宜和体面的居住场所；而在城墙之外的边缘地区是不体面的地区，那里只有最贫穷、最低下的人，以及某些由于脏乱嘈杂而被勒令不能在市区从事的行业。对此，我们仅仅从“郊区”一词在语言学方面含义的变化就可以看出来。据《牛津英语大辞典》词源记载，直到 18 世纪中期“郊区”（suburbe）指的都是“低等的、受人贬损的，尤其是生活放纵的地方”。在莎士比亚时期的伦敦，许多妓院都被规定只能建在郊区这种不体面的地方，因此当时对妓女的一个别称就是“郊区罪人”（suburb sinner），称呼一个人为“郊区人”（suburbanite）则是一种严重的侮辱[③]。但 18 世纪后期城市中心区和外围地区的地位和价值发生了转变：中心区由于受到贫穷、犯罪、卫生和健康等问题的威胁而日益成为不宜居住之地，外围郊区则成为人们逃避这些问题的天堂。因此，当我们阅读近代早期有关城市和郊区的著作时，要对“郊区”一词的具体含义做出区分。例如杰弗里·乔叟在《坎特伯雷故事集》里提到郊区里都是小偷、骗子和罪犯[④]，而 16 世纪末约翰·斯托（John Stow）在《伦敦考察》中也把伦敦“郊区”看作不幸和有害的地方，它代表了那些

---

① Jeoffery Chaucer, *Canterbury Tales*, New York: Henry Holt and Company, 1928, pp. 463 – 464.

② Kenneth T. Jackson, *Crabgrass Frontier: The Suburbanization of the United States*, New York and Oxford: Oxford University Press, 1982, p. 12.

③ J. A. Simpson and E. S. C. Weiner (eds.), *The Oxford English Dictionary (Second edition, Vol. XVII)*, Oxford: Clarendon Press, 1989, p. 86.

④ Jeoffery Chaucer, *Canterbury Tales*, New York: Henry Holt and Company, 1928, pp. 463 – 464.

被城市排除在外的东西——妓院、麻风病医院、戏院以及散发臭味的手工业[①]。18 世纪后期逐渐出现的郊区则主要是由于城市中产阶级为了追求更好的生活环境，从城市中心迁移出来而形成的地区，因此在本质上和价值定义上与此前的郊区是完全不同的。

还需要说明的是，城市与郊区并非截然两分，两者不仅存在密切的联系，而且在任何时期两者的发展都不是一个单向性运动，也就是说，不管在其发展的哪个历史阶段，当人们由城市迁往郊区时，必然也会有人由这些地区流入城市。本书对同一时期人们涌入城市的现象不多加分析，并不意味着否认这一现象，或是说把郊区化看作一种单向的变化过程，只不过由于主题和篇幅所限，本书更侧重于考察伦敦郊区化运动。

二、相关的研究成果

城市的郊区化问题是城市研究当中的一个子课题。城市研究是一门比较新的学科，主要探讨现代都市的起源、发展、嬗变以及这一进程中出现的各类问题。随着研究的深入，这一领域出现了众多分支和交叉学科，如城市社会学、城市经济学、城市人类学、城市地理学、城市生态学、城市规划学、城市历史学[②]等。近几十年来，国外对城市问题的研究还有更为精细的学科，如城市社会地理学、城市历史地理学等。下面本书就英国城市史研究、伦敦城市史研究以及伦敦郊区化进程研究等三个方面，对国内外学者的研究状况进行梳理和阐述。

1. 英国城市史研究。

一般认为，对城市史的研究发轫于 20 世纪 20 年代的美国，直到 20 世纪 60 年代，城市历史学才作为一门独立的学科在英国、法国和德国等地发展起来。实际上，在英国，城市史研究有着更为悠久的历史，可以追溯至

---

① John Stow, *A survey of London Containing the Original, Antiquity, Increase, Modern Estate, and Description of that City*, London: Pprinted by Iohn Wolfe, 1598, pp. 156 - 163.

② 有关国内各城市学科的发展状况，参见王明浩主编：《城市科学小百科》，北京：中国城市出版社，2007 年。

16世纪末约翰·斯托所著的《伦敦考察》[①]。18世纪最后20年，英国出版了50多部城市史著作[②]。当然，这些著作并不是严格意义上的学术专著，更多的是对城市的建筑、街道以及贸易和手工业发展状况所做的粗略记录，但它们为城市史研究留下了宝贵的资料。19世纪中后期城市史有了进一步的发展，有些著作开始论述中世纪的城市，有些则侧重于城市当中的卫生、贫困、犯罪等问题。20世纪以后学者们对英国城市发展的考察进入了一个新的时期，研究兴趣也日益广泛，从地方城镇个案到英国城市体系，从城市社会特定群体到具体类型的城市发展，都在研究之列。20世纪末，由于全球化理论的兴起和发展，人们开始将英国城市放在欧洲城市乃至于世界城市体系当中加以考察，进行城市比较研究。

有的学者从英国整体城市发展的角度进行分析，如当代城市史学家彼得·克拉克（Peter Clark）考察了近代早期英国城市的政治秩序和社会文化，编著出版了关于英国城市史的系列著作，包括《1500—1700年英国城市的危机与秩序》[③]《1500—1780年的英国城市史》[④]《两个都城：1500—1840年的伦敦和都柏林》[⑤] 等；P. J. 科菲尔德（P. J. Corfield）在《1700—1800年英国城市的影响》[⑥] 一书中，分析了近代英国制造业城市、港口城市、海滨城市以及首都城市伦敦的兴起与发展，是我们研究英国城市史的重要资料；克利斯托夫·查克林（Christopher W. Chalklin）在

---

① John Stow, *A survey of London Containing the Original, Antiquity, Increase, Modern Estate, and Description of that City*, London: Pprinted by Iohn Wolfe, 1598.

② 陆伟芳、理查德·罗杰：《英国城市史研究的发展走向——兼评〈剑桥英国城市史〉》，载孙逊主编：《都市文化研究》（第一辑），上海：上海三联书店，2005年，第50页。

③ Peter Clark & Paul Slack (eds.), *Crisis and Order in English Towns*, 1500 - 1700, London and New York: Routledge, 1972.

④ Peter Clark & Philip D Morgan (eds.), *English Urban History* 1500 - 1780, Milton Keynes: Open University Press, 1977.

⑤ Peter Clark & Raymond Gillespie, *Two Capitals: London and Dublin*, 1500 - 1840, Oxford: Oxford University Press, 2001.

⑥ P. J. Corfield, *The Impact of English Towns*, 1700 - 1800, Oxford: Oxford University Press, 1982.

《1650—1850 年英国城市的兴起》[①] 一书中讨论了英国城市如何兴起、扩张并形成城市体系，还分析了当时城市的人口、经济、建设以及社会生活；阿萨·勃里格斯（Asa Briggs）所著的《维多利亚时期的城市》[②] 主要考察了 19 世纪英国的工业城市、贸易城市及其产生的城市问题；刘景华所著《城市转型与英国的勃兴》[③] 一书将英国城市与社会经济的总体发展联系起来进行分析，探讨了 15—18 世纪英国城市在从农业社会向工业社会的历史转折中所起的重要作用。

有的学者从宗教、政治和环境等特定角度来研究英国城市，如帕特里克·柯林森（Patrick Collinson）和约翰·克雷格（John Craig）编著的《1500—1640 年英国城市中的宗教改革》[④] 分析了宗教改革与城市发展之间的关系；迪里斯·希尔（Dilys M. Hill）从政治方面讨论英国城市，其《英国的城市政策和政治》[⑤] 分析了城市的管理政策、民主政治以及现代化问题；菲力普·沃勒（Philip Waller）主编《英国城市景观》[⑥] 一书探讨了 19 世纪以来英国城市环境的形成，包括交通运输、城市功能、城市形象等问题；江立华的著作《英国人口迁移与城市发展：1500—1750 年》[⑦] 和谷延方的著作《英国农村劳动力转移与城市化》[⑧] 都以工业革命前人口流动和城市发展问题为考察对象，分析了英国人口从乡村向城市转移的现象及其影响；梁远所著的《近代英国城市规划与城市病治理研究》[⑨] 探讨了近代英国在城市化进程中出现的卫生、住房、环境和公共空间等问题，以及

---

① Christopher W. Chalklin, *The Rise of the English Town*, 1650 – 1850, Cambridge: Cambridge University Press, 2001.

② Asa Briggs, *Victorian Cities*, London: Odhams Books, 1963.

③ 刘景华著：《城市转型与英国的勃兴》，北京：中国纺织出版社，1994 年。

④ Patrick Collinson & John Craig (eds.), *The Reformation in English Towns*, 1500 – 1640, New York: St. Martin's Press, 1998.

⑤ Dilys M Hill, *Urban Policy and Politics in Britain*, New York: St. Martin's Press, 2000.

⑥ Philip J Waller, *The English Urban Landscape*, New York and Oxford: Oxford University Press, 2000.

⑦ 江立华著：《英国人口迁移与城市发展》，北京：中国人口出版社，2002 年。

⑧ 谷延方著：《英国农村劳动力转移与城市化》，北京：中央编译出版社，2011 年。

⑨ 梁远著：《近代英国城市规划与城市病治理研究》，南京：江苏人民出版社，2016 年。

随之兴起的以治理城市病为目标的城市规划运动。

国内外学者对于英国城市史的研究成果较为丰硕，在这里我们不一一列举。最值得一提的是集合了众多著名学者研究成果而编撰的两套城市史书籍：一是“英国城市史阅读”系列：《中世纪的城镇：1200—1540 年英国城市史的阅读》① 《都铎和斯图亚特王朝时期的城镇：1530—1688 年英国城市史的阅读》② 《十八世纪的城镇：1688—1820 年英国城市史的阅读》③ 《维多利亚时期的城市：1820—1914 年不列颠城市史的阅读》④，这些著作讨论了英国城市在不同时期的经济、政治和文化。二是彼得·克拉克主编的三卷本巨著：《剑桥英国城市史（第 1—3 卷）》⑤，编者分“从 7 世纪到 16 世纪”“从复辟时期到工业革命时期”“从维多利亚早期到 20 世纪”三个阶段，全面而系统地研究了不列颠城市体系、城市人口、经济政治和郊区化等问题。

2. 伦敦城市史研究。

与世界其他大城市相比，有关伦敦城市史的研究不仅起步早，而且数量更为可观，这一方面是因为伦敦城市的发展有悠久的历史，另一方面也因为伦敦在英国乃至世界历史中有着重要的影响。大约在伊丽莎白时代早期，伦敦就有著录编年史的传统，主要是对伦敦城市街道、建筑、行会或娱乐活动的记载。普遍被承认为第一部城市史著作的，是前文提及的约翰·斯托于 1598 年出版的《伦敦考察》，该书以伦敦城周边各行政区为范围，详细记述了当时伦敦的建筑、纪念碑、市民以及各种风俗习惯。

---

① Richard Holt & Gervase Rosser (eds.), *The English Medieval Town: A Reader in English Urban History*, 1200 - 1540, London and New York: Longman, 1990.

② Jonathan Barry (ed.), *The Tudor and Stuart Town: A Reader in English Urban History*, 1530 - 1688, London and New York: Longman, 1990.

③ Peter Borsay (ed.), *The Eighteenth - Century Town: A Reader in English Urban History* 1688 - 1820, London and New York: Longman, 1990.

④ R. J. Morris & Richard Rodger (eds.), *The Victorian City: A Reader in British Urban History*, 1820 - 1914, London and New York: Longman, 1993.

⑤ Peter Clark (ed.), *The Cambridge Urban History of Britain* (*Vol. I - III*), Cambridge: Cambridge University Press, 2000.

到了当代，随着相关学科的发展，有关伦敦城市史的研究成果层出不穷。斯蒂芬·因伍德（Stephen Inwood）所著的《伦敦史》[①] 对罗马占领之前一直到20世纪末的伦敦历史进行了详细的叙述，并且探讨了伦敦城市的扩张和郊区的发展历程；因伍德的另一著作是《城市之城：当代伦敦的诞生》[②]，论述了一战之前伦敦所经历的革命性变化，包括大规模移民、大众消费模式等；除此之外，从各个历史时段探讨伦敦发展与扩张的著作还包括丽莎·皮卡德（Liza Picard）撰写的《复辟时期的伦敦：1660—1670年伦敦的日常生活》[③]《约翰逊博士的伦敦：1740—1770年的伦敦生活》[④]《维多利亚时期的伦敦：1840—1870年的城市生活》[⑤] 等。

伊丽莎白·麦凯勒（Elizabeth McKellar）在《现代伦敦的诞生》[⑥] 一书中，从建筑模式、土地所有权、土地利用等方面讨论了伦敦在17世纪末和18世纪初的扩张，认为这一时期伦敦郊区已经有所发展。约翰·萨莫森（John Summerson）在《乔治时期的伦敦》[⑦] 一书中，主要从建筑风格变化、城市土地利用以及地主和建筑商的作用等角度，对乔治时期伦敦的发展做了详细的描述。迈尔斯·奥格本（Miles Ogborn）著有《现代性的空间：1680—1780年伦敦的地理学》[⑧]，该书通过对18世纪伦敦的医院、街道、游乐园等建筑的考察，从地理学的角度论证了伦敦早在18世纪就已经具备某些现代特征。还有许多学者对伦敦的手工业、商业等经济发展进行了热烈的讨论，其中较有影响的研究成果有戴维·汉考克（David Han-

① Stephen Inwood, *A History of London*, London: Macmillan, 1998.

② Stephen Inwood, *City of Cities: The Birth of Modern London*, London: Macmillan, 2005.

③ Liza Picard, *Restoration London: Everyday Life in London* 1660 – 1670, London: Orion Audio Books, 2004.

④ Liza Picard, *Dr. Johnson's London: Life in London* 1740 – 1770, London: Weidenfeld & Nicolson, 2000.

⑤ Liza Picard, *Victorian London : The Life of a City* 1840 – 1870, London: Macmillan, 2007.

⑥ Elizabeth McKellar, *The Birth of Modern London: The Development and Design of the City* 1660 – 1720, Manchester: Manchester University Press, 1999.

⑦ John Summerson, *Georgian London*, Harmondsworth: Penguin Books, 1986.

⑧ Miles Ogborn, *Spaces of Modernity: London' s Geographies*, 1680 – 1780, New York: Guilford Press, 1998.

cock）的《世界市民：1735—1785 年伦敦商人和不列颠大西洋共同体的形成》[①]，该书论述了 18 世纪后期伦敦商人对大西洋共同体形成所做出的贡献；克里斯·哈纳特（Chris Hamnett）的《不平等的城市：全球舞台上的伦敦》[②] 探讨了在全球化趋势的影响下，20 世纪下半叶伦敦的社会和经济的变化；彼得·索罗尔德（Peter Thorold）在《伦敦富人：1666 年至今一个伟大城市的诞生》[③] 中，分析了 17 世纪中叶以后伦敦的迅速扩张及其对英国和世界的影响；迈克尔·鲍尔（Michael Ball）和戴维·桑德兰（David Sunderland）所著的《伦敦经济史》[④]，主要对 19 世纪到 20 世纪初的伦敦经济进行了分析；罗伊·波特所著《伦敦社会史》[⑤] 侧重于讨论伦敦历史的社会发展层面，包括社会阶级、城市特性和郊区发展；王增洪所著的《13—15 世纪伦敦社会各阶层分析》[⑥] 一书则采用社会学方法分析了 13—15 世纪伦敦社会各阶层的形成和发展以及影响阶层流动的各种要素。

3. 伦敦郊区化问题的研究。

郊区问题是城市研究的一个重要分支，但由于郊区化是一个较为晚近的现象，学术界对郊区化问题的探讨比对城市发展问题的研究晚得多。1958 年，威廉·曼·多布林纳（William Mann Dobriner）主编的论文集《郊区社区》[⑦]，从社会学的角度对郊区进行了较为全面的探讨，如郊区化的动力、发展进程、社会影响、人口特征、家庭和阶级结构以及经济政治组织等。这部著作的问世，表明关于郊区的研究已经正式成为学术界的一

① David Hancock, *Citizens of the World: London Merchants and the Integration of the British Atlantic Community*, 1735 - 1785, Cambridge: Cambridge University Press, 1997.

② Chris Hamnett, *Unequal City: London in the Global Arena*, London: Routledge, 2003.

③ Peter Thorold, *The London Rich: The Creation of a Great City, from 1666 to the Present*, New York: St. Martin's Press, 1999.

④ Michael Ball & David Sunderland, *An Economic History of London*, 1800 - 1914, London: Routledge, 2001.

⑤ Roy Porter, *London: A Social History*, Cambridge, Massachusetts: Harvard University Press, 2001.

⑥ 李增洪著：《13—15 世纪伦敦社会各阶层分析》，北京：中国社会科学出版社，2005 年。

⑦ William Mann Dobriner (ed.), *The Suburban Community*, New York: Putnam Publishing Group, 1958.

个重要课题。J. W. R. 怀特汉（J. W. R. Whitehand）和 C. M. H. 卡尔（C. M. H. Carr）在《二十世纪的郊区》一书中，论述了郊区的概念、起源、规模与产生的原因等问题，并且提出“英国，更准确地说是伦敦，是郊区的诞生地”①。理查德·哈里斯（Richard Harris）和彼得·拉卡姆（Peter J. Larkham）在《变动的郊区：形成、模式和功能》一书中，考察了郊区概念与功能的变化，探讨了英美国家郊区的诞生和发展以及妇女在郊区形成过程中的作用等问题②。罗伯特·费什曼（Robert Fishman）的研究尤其注重郊区发展与中产阶级之间的关系，他的名著《中产阶级的乌托邦：郊区的兴起和衰落》③ 分析了郊区的历史演变过程，认为郊区于 18 世纪后期兴起于英国伦敦，19 世纪在曼彻斯特、费城、洛杉矶等地得以迅速发展，到 20 世纪郊区随着其基本特征的逐渐消失而走向衰落。

上述研究成果更多的是在考察世界范围内郊区化进程时涉及伦敦郊区化，专门以伦敦郊区化问题为研究对象的著作并不多见。F. M. L. 汤普森（F. M. L. Thompson）的《哈普斯特德：1650—1964 年一个自治区的创建》④ 一书对伦敦古老城区哈普斯特德（Hampstead）的发展历史进行了探讨，提出在 18、19 世纪该地区已发展成为伦敦的一个郊区；汤普森在其编写的《郊区的兴起》⑤ 中还研究了 18、19 世纪伦敦周边各郊区兴起的居住条件、思想条件和社会条件等；H. J. 迪奥斯（H. J. Dyos）对维多利亚时期郊区的发展作了专门考察，著有《维多利亚时期坎伯维尔地区的发

---

① J. W. R. Whitehand & C. M. H. Carr, *Twentieth - Century Suburbs: A Morphological Approach*, London: Routledge, 2001, p. 1.

② Richard Harris & Pter J. Larkham (eds.), *Changing Suburbs: Foundation, Form and Function*, London: E & FN Spon, 1999.

③ Robert Fishman, *Bourgeois Utopias: The Rise and Fall of Suburbia*, New York: Basic Books, Inc., 1987.

④ F. M. L. Thompson, *Hampstead: Building a Borough*, 1650 - 1964, London and Boston: Routledge & Kegan Paul, 1974.

⑤ F. M. L. Thompson, *The Rise of Suburbia*, Leicester: Leicester University Press, 1982.

展》[①]，考察了18 世纪后期伦敦南部逐渐兴起成为中产阶级郊区，并在此后随着交通的进步而迅速发展的进程；杰瑞米·波尔顿（Jeremy Boulton）在《邻里与社会：17 世纪的伦敦郊区》中考察了伦敦保罗西德地区（Bouroughside）的人口模式、经济结构、就业机制以及社会关系，认为该地区是伦敦郊区的起源地[②]；此外，1999 年英国国家遗产协会（English Heritage）召集学者们编写了《伦敦郊区》[③]一书，该书分章节对17 世纪末至20 世纪初的伦敦郊区发展进行梳理和研究，并且附录了大量珍贵图片，是研究郊区史的重要文献。

在上述研究中，学者们在伦敦郊区化研究方面取得了重要的成果，但一方面相关的系统研究并不多见，另一方面由于在伦敦郊区化起始时间的问题上莫衷一是，学者们对伦敦郊区的动因、影响等研究还不够深入。而伦敦郊区兴起的时间恰恰是我们探讨相关问题的基本起点，也是本书立论的基础所在。大体来说，关于伦敦郊区化进程的起点，学者们有以下几种看法：

第一，郊区的历史和城市的历史一样古老，几乎在伦敦城市形成的同时郊区就得以诞生，或者是在伦敦城市扩张的过程中即中世纪早期就已出现。刘易斯·芒福德认为："事实是，郊区几乎与城市本身一样出现得很早，而且，也许因为有了郊区，古代城市，尽管城墙内各处很不卫生，却仍得以生存下来。"因此，从某种程度上来说，"郊区是作为一种农村隔离病房起始的"[④]。克瑞斯·密勒（Chris Miele）认为"自从有记载以来，伦敦人就一直在郊区当中寻找避难所"，不过他同时也指出"从18 世纪末期

① H. J. Dyos, *Victorian Suburb: A Study of the Growth of Camberwell*, Leicester: Leicester University Press, 1966.

② Jeremy Boulton, *Neighbourhood and Society: A London Suburb in the Seventeenth Century*, Cambridge: Cambridge University Press, 1987.

③ Merrell Holberton & English Heritage (eds.), *London Suburbs*, London: Merrell Holberton Publishers Ltd., 1999.

④ ［美］刘易斯·芒福德著：《城市发展史——起源、演变和前景》，宋俊岭、倪文彦译，北京：中国建筑工业出版社，2005 年，第496、500 页。

开始，郊区不仅仅成为伦敦生活的一种现实，而且成为一种具有明显现代特性的文化力量”[①]。这些学者似乎并没有严格界定郊区的含义，他们一方面把早期的城市扩张视为近代意义上的郊区，另一方面他们又认为到18世纪末的伦敦，郊区才“形成为一种新的环境”[②]，成为中产阶级逃离城市的首要选择，可见这些学者并没有将早期的城市扩张和近代意义上的郊区严格区分开来。

第二，伦敦郊区化的起始时间为17世纪左右，尤其是该世纪中叶两次大灾难即1665年伦敦大瘟疫[③]和1666年伦敦大火[④]之后。弗兰克·斯莫尔伍德（Frank Smallwood）在《大伦敦：大都市改革中的政治》一书中提出，伦敦郊区化始于1665年的瘟疫流行和1666年的大火肆虐，这两次灾难驱使人们逃离伦敦而到郊区定居。从此，这一过程就持续不断地发展并一直延续到当代[⑤]。安德鲁·塞特提出17世纪的大瘟疫和大火使当时人们意识到城市生活的不安全，“一连串灾难性事件导致了伦敦郊区的形成”。但是塞特同时也指出，这时候的郊区化还不是一种普遍现象，要到18世纪中叶，中产阶级理想家庭模式的产生加强了富人对田园景观的眷恋，郊区这种生活方式才变得比较普遍[⑥]。杰瑞米·波尔顿在《邻里与社会：17世

① Chris Miele, “From aristocratic ideal to middle - class idyll: 1690 - 1840”, in Merrell Holberton & English Heritage (eds.), *London Suburbs*, London: Merrell Holberton Publishers Ltd., 1999, p. 31, p. 44.

② ［美］刘易斯·芒福德著：《城市发展史——起源、演变和前景》，宋俊岭、倪文彦译，北京：中国建筑工业出版社，2005年，第500页。

③ 1665年伦敦大瘟疫（Great plague of London）是指1664年年底到1665年前期的一场席卷整个伦敦的大瘟疫，在这场瘟疫中死亡人数超过75，000人。参见中国大百科全书出版社《简明不列颠百科全书》编辑部译编：《简明不列颠百科全书》（第五卷），北京：中国大百科全书出版社，1986年，第453—454页。

④ 1666年伦敦大火（Great fire of London）是指1666年9月2日至5日发生在伦敦的一次历史上最惨重的火灾，这场火灾烧毁了伦敦市大部分建筑，包括市政厅、老圣保罗大教堂、87所教区教堂以及约13，000所房屋。参见中国大百科全书出版社《简明不列颠百科全书》编辑部译编：《简明不列颠百科全书》（第五卷），北京：中国大百科全书出版社，1986年，第453页。

⑤ Frank Smallwood, *Greater London: The Politics of Metropolitan Reform*, Indianapolis: Bobbs - Merrill Company, 1965.

⑥ Andrew Saint, “The quality of the London suburb”, in Merrell Holberton & English Heritage (eds.), *London Suburbs*, London: Merrell Holberton Publishers Ltd., 1999, p. 12.

纪的伦敦郊区》中，考察了伦敦保罗西德地区的发展状况，认为17世纪的保罗西德地区已经成为伦敦的郊区①。迈克尔·里德（Michael Reed）也认为，1540—1700年的城市景观有一个重要的变化，这就是郊区的扩张。到17世纪时，伦敦郊区的性质和结构发生了重大改变，出现了近代意义上的郊区②。

第三，伦敦郊区化的起始时间为18世纪。持这种观点的代表人物是美国城市史学家罗伯特·费什曼，他认为世界范围的郊区化始于18世纪后期的英国伦敦，当时"伦敦的大商人、银行家等中产阶级上层已经在伦敦郊区的别墅中定居下来"，"郊区是18世纪后期伦敦中产阶级精英的集体创造。"③ 1987年，费什曼还在《城市史期刊》上发表了一篇论文，专门驳斥了肯尼思·杰克逊所提出的"郊区化始于19世纪美国"之观点，指出郊区的"历史不是始于19世纪的美国，而是始于18世纪中叶的英国。此时伦敦市的一些商人将他们位于伦敦市外乡村中的周末别墅和避暑别墅，转变成为他们的长期居住地；同时乘坐私人马车或公共马车每天往返于乡村住宅和他们原来的城市住宅——现在的办公室之间"④。卡尔·布里登博（Carl Bridenbaugh）将伦敦郊区化追溯至18世纪前半叶，"人们通常认为郊区是我们时代的产物，如果他们知道这种从城市的逃离始于18世纪前半叶——而且逃离的原因和如今一样，只在程度上有所差异——是会大吃一惊的。伦敦市民向西迁移，以寻求恬静安宁、空气清新、安闲舒适、房价低廉以及更宽敞的休憩空间；现在费城的人也为了追求这些而向城外迁

---

① Jeremy Boulton, *Neighbourhood and Society: A London Suburb in the Seventeenth Century*, Cambridge: Cambridge University Press, 1987.

② Michael Reed, "The urban landscape 1540 – 1700", in Peter Clark (ed.), *The Cambridge Urban History of Britain* (*Vol.* Ⅱ), Cambridge: Cambridge University Press, 2000, pp. 296 – 297.

③ Robert Fishman, *Bourgeois Utopia: The Rise and Fall of Suburbia*, New York: Basic Books, Inc., 1987, p. 9.

④ Robert L. Fishman, "American suburbs/English suburbs: 'A Transatlantic Comparison' ", *Journal of Urban History*, 13: 3 (1987: May), p. 239.

移"[①]。约翰·阿彻（John Archer）提出启蒙运动关于财产、隐私和个人主义的观念造成了建筑和城市规划的一系列变化，使郊区成为伦敦中产阶级所青睐的居住场所，因此伦敦郊区化始于18世纪[②]。加里斯·斯蒂曼·琼斯（Gareth Stedman Jones）在分析维多利亚时期的社会关系时指出："根据当时的记录可以认定，中产阶级向郊区的迁移始于18世纪中叶"，但由于郊区缺乏大众交通工具，这种迁移"只限于城市当中比较富有的商人和政府官员。"[③] 马克·克拉森提出20世纪是一个"郊区的世纪"，而"作为绝大多数中产阶级的一种生活方式，郊区在英国的出现要比在美国早，在18世纪后期郊区就已经在英国出现。"[④] 此外，阿萨·勃里格斯也提到，18世纪伦敦周围的郊区虽然还没有形成为一个整体，但已经以一种远远超过其他城市的规模而向前发展，当移民涌入城市中心时越来越多的伦敦富人向郊区迁移[⑤]。

F. M. L. 汤普森对伦敦郊区问题进行了较详细的研究，不仅把郊区化的起始时间定在18世纪，还提出伦敦郊区的发展应该分阶段考察。汤普森认为："自十九世纪三四十年代以来，在英国所有大城市周围都兴起了郊区"，但"这种居住模式并不是维多利亚时期的创造物；一些富有的伦敦商人在一个世纪前就已经开始这种实践，他们沿着从伦敦延伸出来的大多数道路修建了豪华的别墅"[⑥]。汤普森还比较了18世纪伦敦郊区和19世纪中叶各城市周边郊区发展的不同：在后一时期，郊区居民除了前一时期的

---

① Bennett M. Berger, *Working – Class Suburb: A Study of Auto Workers in Suburbia*, Los Angeles: University of California Press, 1960, p. 2.

② John Archer, *Architecture and Suburbia: From English Villa to American Dream House*, 1690 – 2000, Minneapolis: University of Minnesota Press, 2005.

③ Gareth Stedman Jones, *Outcast London: A Study in the Relationship between Classes in Victorian Society*, Harmondsworth: Penguin Books, 1991, p. 159.

④ Mark Clapson, *Suburban Century: Social Change and Urban Growth in England and the United States*, Oxford and New York: Berg, 2003, p. 2, p. 1.

⑤ Asa Briggs, *The Age of Improvement* 1783 – 1867, London and New York: Longman, 1979, p. 49.

⑥ F. M. L. Thompson, *The Rise of Respectable Society: A Social History of Victorian Britain* 1830 – 1900, London: Fontana Press, 1988, p. 165, p. 167.

商业和金融业精英之外，还包括工人贵族和专业人士；由于铁路的发展，19 世纪郊区的范围扩张到铁路能够到达的更远地区①。

综上所述，关于英国城市郊区化，尤其是伦敦城市郊区化的研究相对薄弱，这也从某个角度说明，学者们把郊区化看作一个因时因地而异的现象。尽管大多数学者都认为伦敦是最早开始郊区化的城市，但他们并没有将研究的目光较多地投向这个城市。而这正是本书选择伦敦郊区化作为研究对象的重要原因。

三、相关的理论问题

虽然城市史研究在国内外仍属较新的研究领域，但经过学者们的努力，已经形成了一系列的成果，尤其是在理论的创新方面。这既体现在有关城市化的发展阶段理论方面，也体现在城市化的三个维度理论和现代城市功能理论方面，所有这些理论为本书的研究提供了良好的基础。

1. 城市进程的四阶段理论。在城市化研究中，一些学者提出了城市化进程的阶段理论，比较具有代表性的是城市化四阶段论。该理论认为城市一般要经历四个发展阶段：一是城市化（urbanisation）阶段，某些特定的聚居地以周围的乡村为代价发展起来，人口向城市中心区集中；二是郊区化（suburbanisation）或非城市化（exurbanisation）阶段，城市周边的通勤地区以已建成的城市中心区为代价发展起来，一部分城市人口向周围可通勤到达的范围扩张；三是反城市化（disurbanisation）或逆城市化（counterurbanisation）阶段，城市中心区的人口流失超过了周边通勤区的人口增长，导致整个城市人口的减少；四是再城市化（reurbanisation）阶段，或者是城市中心区人口减少的速度变慢，或者是中心区人口开始增长②。

---

① F. M. L. Thompson, *The Rise of Respectable Society: A Social History of Victorian Britain* 1830 - 1900, London: Fontana Press, 1988, p. 167; F. M. L. Thompson, "Town and city", in F. M. L. Thompson (ed.), *The Cambridge Social History of Britain* 1750 - 1950 (*Vol. I*), Cambridge: Cambridge University Press, 1990, p. 46.

② Michael Pacione, *Urban Geography: A Global Perspective*, London: Routledge, 2005, p. 83.

这种城市化阶段的划分法得到了许多学者的认同，他们承认郊区化是城市化进程中的一个阶段，即城市由高密度集中向低密度扩张转变的阶段，也就是说，郊区化晚于城市化。然而，本书提出伦敦郊区化萌芽于18世纪中后期，在19世纪进入初步发展时期，也就是说，伦敦的郊区化似乎发生在人们公认的近代城市兴起的18世纪，并没有如上述所说发生在城市化之后。这里，我们有必要阐明一个基本的理论前提，这就是伦敦历史发展的特殊性。

雷蒙·威廉斯在分析“城市”（City）一词的含义时，指出该词虽然从13世纪就已经存在，但其现代的独特用法在19世纪之前通常是局限在首都城市伦敦[①]，换言之，在19世纪之前，人们使用“City”一词时通常专指伦敦。我们可以看到伦敦在整个英国地位的重要性：从16世纪开始，伦敦成为英国首都，然后迅速发展成为全国的政治、经济和文化中心。相比之下，其他地方城市的发展较为缓慢，一直到工业革命前仍维持着农村社会典型的小规模城镇的性质。因此，许多英国人都把伦敦看作英国这个枯瘦的身躯上一颗巨大的头颅[②]；也因此，伦敦不仅与英国其他城市而且也与世界上绝大多数城市的发展不同步，有着自己超前的发展历程和发展特点。当其他城市还没有开始或正处在城市化进程的开端时，伦敦已经开始了其郊区化的进程。

2. 城市化的三个维度理论。伦敦发展的超前性为大多数学者所接受，那么，这种超前性具体表现在哪些方面呢？我们可以根据现代城市理论来进行讨论。简·德·弗里斯（Jan de Vries）在探讨欧洲的城市化时，提出城市化有三个维度，即人口城市化（demographic urbanization）、行为城市化（behavioural urbanization）和结构城市化（structural urbanization）[③]。

① ［英］雷蒙·威廉斯著：《关键词：文化与社会的词汇》，刘建基译，北京：三联书店，2005年，第43—44页。

② Josiah Tucker, *Four Letters on Important National Subjects, Addressed to the Right Honourable, the Earl of Shelburne*, Gloucester: Printed by R. Raikes, 1783, p. 44.

③ Jan de Vries, *European Urbanization* 1500 - 1800, London: Methuen and Co. Ltd., 1984, pp. 10 - 13.

人口城市化就是人口从乡村向城市集中，使城市规模相对扩大。这一点很好理解，但是应该以多大的人口数目作为城市化的衡量标准，则是一个不容易解决的问题。一般而言，欧洲学者们通常使用 5，000 人作为衡量城市化的标准[①]，E. A. 里格利（E. A. Wrigley）虽然承认以 5，000 人为绝对标准有武断之嫌，而且这个标准应该随着时代的变化而变化，但他仍然认为 5，000 人作为判断城市化开始的标准之一是有重要意义的。按照此标准，伦敦人口早已远远超过了这一数字，1520 年大约是55，000人，到 1600 年猛增至大约 200，000 人[②]。如果单纯从城市化人口的维度来考察，那么伦敦早在 16 世纪以前就已经开始了城市化的进程，而此时许多后来的世界都市还处在童年时代或者还没有问世。

行为城市化是指城市中个人的思维和行为模式逐渐发展，超出了传统农业社会的影响和限制，换言之，城市生活方式逐渐形成。从某种角度来说，行为城市化也就是人的现代化，即人们“乐意接受新经验并对革新和变革持开放态度”[③]，对各种外部事务有兴趣，并对范围广阔的各种问题持有自己的看法。17 世纪末 18 世纪初，伦敦人的思维模式和行为模式具有更大的开放性和激进性，他们的生活方式和消费习惯也迥异于乡村模式。伊恩·P. 瓦特强调城市居民这种特殊的生活态度和价值观念，指出“十八世纪的伦敦居民，并不是住在一成不变的田间村舍的农夫……他们具有一种在许多方面与现代城市居民相似的眼界。城市各地区的街市和人们聚集的地方，呈现出丰富多彩的生活方式，那种人人都能看到又与每个人各自的经历迥然不同的生活方式”[④]。将行为城市化理论应用于近代早期的伦

① Paul Glennie and Ian Whyte, “Towns in an agrarian economy 1540 - 1700”, in Peter Clark (ed.), *The Cambridge Urban History of Britain* (*Vol.* Ⅱ), Cambridge: Cambridge University Press, 2000, p. 167.

② E. Anthony Wrigley, “Urban Growth and Agricultural Change: England and the Continent in the Early Modern Period”, *Journal of Interdisciplinary History*, Vol. 15, No. 4 (Spring 1985), p. 688.

③ ［美］西里尔·E. 布莱克编：《比较现代化》，杨豫、陈祖洲译，上海：上海译文出版社，1996 年，第 477 页。

④ ［美］伊恩·P. 瓦特著：《小说的兴起：笛福、理查逊、菲尔丁研究》，高原、董红钧译，北京：三联书店，1992 年，第 201 页。

敦，我们可以看到，18 世纪的伦敦已经开始向一个现代城市转变。

结构城市化是指城市开始具有不同于乡村的社会结构，强调城市居民的活动具有集中性和合作性。具体说来，这一维度的城市化首先要求有从事大规模、合作性活动的合作者（co – ordinator），如商人、银行家、政府官员等；其次要求有比较发达的交通和交流体系，以方便这些合作者从事其活动；最后要求有断裂性的（cross – cutting）社会关系，即超越了亲缘关系、地属关系以及传统团体关联的社会关系。通过对伦敦城市发展的考察，我们可以看到17 世纪后期的伦敦已经从结构上开始城市化进程：商业贸易的发展以及东印度公司（East India Company）和英格兰银行（Bank of England）的成立，表明这一时期伦敦已经出现大规模和合作性的活动；交通有较大发展，邮政业和出版业也为人们的信息交流提供了便利；此外伦敦市民也日益摆脱传统社会关系的局限，在国内外贸易发展中逐渐形成一种带有“世界主义色彩”[①] 的态度。

根据城市化三个维度的理论进行分析，我们可以认为，伦敦的城市化在 18 世纪以前就已经开始，而伦敦郊区化于 18 世纪后期出现萌芽，19 世纪正式拉开帷幕，实际上恰恰证明了“郊区化是城市化发展到一定阶段的产物”的基本观点。伦敦的发展有其特殊性，或者更准确地说有其超前性，当英国和欧洲的其他城市还没有开始城市化或正在城市化的进程当中时，伦敦的城市化已经发展到一定程度，开始进入郊区化阶段。有学者看到了伦敦发展的这种超前性：“在 18 世纪，伦敦发生了一系列变化，而英国作为一个整体，至少要到 1914 年前的三十年左右才开始体验到这些变化。”[②]

3. 现代城市功能理论。这一理论认为，城市是由众多系统结合在一起

---

① Samuel Leigh, *Leigh' s New Picture of London, or, A View of the Political, Religious, Medical, Literary, Municipal, Commercial, and Moral State of the British Metropolis*, London: Printed for Leigh and Son, 1834, p. 360.

② M. Dorothy George, *London Life in the Eighteenth Century*, London: Kegan Paul, Trench, Trubner & Co. Ltd., 1925, p. 2.

的复杂结构，每个系统在其中都发挥相应的功能，任何城市有效的维系和发展都离不开三个基本的系统，即政治系统、经济系统和文化系统。

政治系统提供一个城市的基本行政结构和制度框架以及相应的规则、秩序，以保证城市社会的稳定与正常运作。伦敦是英国的首都，也是整个国家政治体系的中枢。在行政管理和市政机构方面，虽然有的学者认为，由于伦敦的急速扩张，整个伦敦地区尤其是伦敦市之外地区的行政管理比较松散①；但相较而言，伦敦市本身仍然具有基本的政治结构和法律、治安体系，因而能够保障社会的有序发展。一方面，长期以来的自治传统使伦敦市民有权自行选举市长和市议员，市长和市议员组成伦敦市政府直接向国王负责，即使是大主教和王公贵族也要服从他们的领导②；另一方面，作为英国王室和议会所在地，伦敦还是英国的法律中心，不仅法院集中于此，而且法律专业人士包括律师、法律学生也云集其中。此外，伦敦警察制度的相对完善也有利于伦敦行政的集中。总之，上述种种为伦敦提供了一个基本行政结构、制度框架以及相应的规则、秩序，能够保证社会的稳定与正常运作。

经济系统提供市民赖以生存和发展的物质文明与物质成果。学者们认为伦敦是英国经济的“发动机”，是整个英国经济体系的中心，该城市作为贸易中心和消费中心尤其具有重要的地位，其手工业和商业发展在英国国内首屈一指③。17 世纪的金融革命巩固了此前已有所发展的银行业，1694 年英格兰银行成立，1695 年皇家交易所买卖公债和股票，这些进一步促进了伦敦银行业和金融市场的发展。到 18 世纪，伦敦超越阿姆斯特丹成为占主导地位的世界资本市场，成为整个英国乃至整个欧洲的金融中心。此外，18 世纪初伦敦的邮政业也有了迅速发展，这使外国游客大为惊异，

① Stephen Inwood, *A History of London*, London: Macmillan, 1998, p. 4.

② Felix Barker & Peter Jackson, *London*: 2000 *Years of a City and Its People*, London: Cassell Ltd., 1974, p. 22.

③ Frederick Jack Fisher, “London as an ‘engine of economic growth’”, in P. J. Corfield and N. B. Harte (eds.), *London and the English Economy*, 1500 – 1700, London: Hambledon Press, 1990, p. 185.

“伦敦在很多方面都有令人惊异的现代性，这个城市有一便士的邮局，每天有许多投递业务……这是伦敦的伟大性以及商业贸易发达的象征。”[①] 所有这些为伦敦市民的生存和发展提供了物质保证。

文化系统提供维系社会所需的共同价值观、道德风尚和文学艺术等。由于王室、贵族和其他富人以伦敦为长期居住地，伦敦聚集了大量的知识分子，他们依赖于伦敦庞大的市场并寻求贵族的庇护。在休闲娱乐方面，伦敦早在16世纪就出现了商业性的剧院和游乐园。1759年，伦敦成立了大英博物馆，这是欧洲第一个针对公众开放的博物馆。与此同时，这个首都城市还是英国新闻报纸业和出版业的中心，早在1476年就开办了英国第一所印刷厂，出版了第一本标明日期的书籍。从这个角度讲，伦敦维系并引导着英国社会共同的价值观、道德风尚和文学艺术。

18世纪的伦敦在社会心理方面也已经具有比较明显的现代特征。伊恩·P. 瓦特认为，伦敦的发展以及随之而来的社会和职业的分化，是17世纪英国社会史中最为重要的一个特征；而在诸多的迹象之中，“现代都市化的某些与众不同的心理特征同时已开始出现了”[②]。甚至在城市化的负面影响方面，伦敦的城市问题也比其他地区要出现得更早一些。马克·克拉森认为，郊区梦想之所以产生的一个重要原因在于逃避城市中心生活的一种渴望，而这种渴望源于城市当中的各种问题，如人口拥挤、环境恶劣、缺乏隐私等[③]。这些问题对于英国其他城市来说也许要到工业化进程开始以后才有可能出现，但是对于伦敦来说则是一个久已存在的问题。因此，伦敦最早开始郊区化也就不难理解。

对于18世纪伦敦所具备的现代特征，许多学者都从不同角度进行了详尽的分析。米勒斯·奥格本在对18世纪伦敦的几个特定场景进行了具体分

---

① M. Dorothy George, *England in Transition: Life and Work in the Eighteenth Century*, London: George Routledge & Sons, Ltd., 1931, pp. 34 – 35.

② ［美］伊恩·P. 瓦特著：《小说的兴起：笛福、理查逊、菲尔丁研究》，高原、董红钧译，北京：三联书店，1992年，第201页。

③ Mark Clapson, *Suburban Century: Social Change and Urban Growth in England and the United States*, Oxford and New York: Berg, 2003, p. 51.

析后指出，伦敦历史地理分布中已经充分表现出城市现代性的“两副面孔：一是有意志的个人主义、有限制的自主权以及理性化的自我完善；二是无根性，支离破碎和持续不断的变革（fracturing and constant transformation）”[①]。里恩·比奇·卢认为：“伦敦在近代的重要地位，来源于它作为首都城市而导致的独一无二的各种城市功能的融合。”[②] 多种城市功能并存于伦敦，使这个城市迅速发展起来。由于各种条件齐备，伦敦较早开始了现代意义上的城市化。

最后，还有几个问题直接与本书论题有关，且影响到我们对伦敦郊区化问题的判断，因此需要做出说明。

第一，大众交通和郊区化的关系。有些学者过于强调郊区化进程中的交通因素，认为只有在廉价的大众交通革命发生后，郊区化进程才具备了启动的条件。如肯尼思·杰克逊和我国学者孙群郎都认为，虽然18世纪中后期伦敦周边地区已经拥有郊区的特征，但其居民主要依靠马车而不是公共交通工具如火车和汽车通勤，因此不具有大众性特点，不能算作郊区化的开端[③]。实际上，我们不能过于强调公共交通在郊区化中的作用，因为“公共马车和郊区火车的出现应该被看作为郊区的迅速发展提供了一种可能性，而不能被看作创造了郊区”，像坎伯维尔（Camberwell）这样紧邻伦敦市的地方，完全有可能成为伦敦的“行走郊区”[④]。正如学者们所说：“研究工业革命时期交通发展的人们常常会陷入一个误区，就是容易把此前时期的交通状况看作是处于一个伪原始社会（pseudo - primeval society），就好像在‘前工业’（pre - industrial）和‘工业’（industrial）之间存在着

① Miles Ogborn, *Spaces of Modernity: London' s Geographies*, 1680 - 1780, New York: Guilford Press, 1998, p. 39.

② Lien Bich Luu, *Immigrants and the Industries of London*, 1500 - 1700, Aldershot: Ashgate Publishing, Ltd., 2005, p. 27.

③ Kenneth T. Jackson, *Crabgrass Frontier: The Suburbanization of the United States*, New York and Oxford: Oxford University Press, 1982, pp. 13 - 15；孙群郎著：《美国城市郊区化研究》，北京：商务印书馆，2005年，第40页。

④ F. M. L. Thompson, "Introduction: The rise of suburbia", in F. M. L. Thompson (ed.), *The Rise of Suburbia*, Leicester: Leicester University Press, 1982, p. 6.

某种明显的断裂一样。”[①] 我们不能过于强调火车在郊区化进程当中的作用，并因此认为郊区化进程至少要到 19 世纪后期才有条件开始，这实际上是忽略了伦敦城市发展的超前性，也低估了铁路时代之前伦敦交通的发展状况。

第二，本书历史分段问题。本书主要探讨 1750—1850 年英国伦敦郊区化动因问题，所选取的时段并不意味着在 1750 年或 1850 年存在一个明确的时间点或标志性的事件，证明在这一时刻伦敦郊区化达到特定的程度。正如阿萨 · 勃里格斯所说：“将历史划分为特定的时段，是一种武断且难以服众的必行之事。”[②] 本书只是提出一个郊区化进程开始的大致时期，在这个时期郊区化的重要动因都已经开始发挥作用。我们讨论伦敦郊区的兴起时，也不是说伦敦各阶层的市民都绝对性地向郊区迁移，因为城市和郊区的发展是互动的，两个方向的迁移都是存在的。在富有中产阶级向郊区迁移的同时，也有大量穷苦人民涌入伦敦寻找生存机会。

第三，本书所指“伦敦”的具体范围。在英语当中，用来指称“伦敦”区域的名称有多种，主要包括“the City of London”（C 字母大写）、“the London County”（伦敦郡）、“greater London”（大伦敦）和“the Greater London”（大伦敦区，其中 G 字母大写）等。“the City of London”有时简写为“the City”，指的是位于古罗马时期旧城墙范围之内，包括一小部分邻近城墙外围的区域，并且处于伦敦市长和市政府管辖之下的地区。这一区域是英国首都的传统中心区，也就是现在人们所熟知的“一平方英里”（the Square Mile）[③]。“the London County”指的是根据 1888 年《地方政府法案》（Local Government Act 1888）所划定的行政单位伦敦郡，其管辖范围主要覆盖了今天人们所称的“内伦敦”（Inner London），包括伊斯

① Michael J. Freeman, “Introduction”, in Derek H. Aldcroft and Michael J. Freeman (eds.), *Transport in the Industrial Revolution*, Manchester: Manchester University Press, 1983, p. 1.

② Asa Briggs, *The Age of Improvement* 1783 – 1867, London and New York: Longman, 1979, p. 1.

③ 由于伦敦市地域面积较小，只占泰晤士河北岸方圆约一平方英里的范围，因此许多人称之为“一平方英里”（the Square Mile）。

林顿（Islington）、哈克尼（Hackney）、兰巴斯、切尔西等地区。到 1965 年，伦敦郡的行政区划被大伦敦区取代。“greater London” 是早期人们用来指称以伦敦市为中心的、包括周边部分乡村的较大区域，其地域并不确定。而“the Greater London”则是在 1963 年政府制定了《伦敦政府法案》（London Government Act 1963），并于 1965 年成立了大伦敦议会（Greater London Council）以后最终明确的大伦敦区，其范围主要包括伦敦市和 32 个自治市（borough）。通常人们把除了伦敦市以外、位于原本伦敦郡内的大致地区称为“内伦敦”，而把内伦敦以外、位于大伦敦区范围内的大致地区称为“外伦敦”。可见，伦敦市与伦敦郡、大伦敦区之间有密切的联系，从特定角度说，后两者是前者城市化和郊区化的结果，前者则是后两者区域范围内的中心地区。本书研究伦敦的郊区化，在某种程度上就是研究从前者发展到后两者的一个历史过程。在本书中，如果没有特别说明，所称的伦敦就是指伦敦市。值得一提的是，不同时期的记录者和学者在考察伦敦时对其具体范围的界定有较大差异，再加上英国在 1801 年才首次进行人口统计，此前记录者和学者们在人口统计数据上出入较大。本书引用相关资料和数据时尽量加以注明。

上篇　环境：城市发展带来的问题与机遇

郊区是城市发展到一定阶段的产物，伦敦郊区的兴起和发展与伦敦城市自身的发展密切相关，后者不仅提供了郊区化的基本前提和背景，而且左右着伦敦郊区化的发展模式和方向。除此之外，影响伦敦郊区化进程的因素主要有客观和主观两个方面，前者主要包括城市发展所带来的问题、土地利用模式的变化和建筑业的发展，以及道路桥梁和交通工具的进步，这些外部环境为伦敦郊区的发展提供了可能性；后者主要包括中产阶级的经济地位、自我认同、家庭理想和宗教信仰，这些为中产阶级向郊区迁移提供了能力和意愿。

本书上篇主要讨论伦敦郊区化的客观因素：首先，伦敦城市在政治、经济、社会和文化等方面的发展为伦敦郊区化提供了坚实的基础；其次，城市的发展带来了各种问题，如人口拥挤、环境污染、秩序混乱和社会隔离等，这些问题促使一部分人日益从城市中心区向外逃离；再次，土地利用模式的变化，以及私人地主和投机建筑商对城市周围地产的开发，有利于郊区的进一步发展；最后，这一时期道路、桥梁以及交通工具的改善，为伦敦郊区的发展提供了便利。从外部环境的角度而言，这些客观因素使伦敦郊区化成为可能。

第一章　“一根绳子上的五十颗洋葱”

——伦敦经济和社会的发展对郊区化的影响

“伦敦的郊区之广使得它与大陆上其他城市出现了显著的区别：在巴黎市周围一英里之内你会发现自己身处一片茫茫荒野之中；在罗马市的城墙之外可以毫不夸张地说就是大片沙漠的延伸；而在伦敦市周围，郊区连着郊区，开句玩笑，就好像在一根绳子上的五十颗洋葱。”

——约翰·费希尔·莫雷：《伦敦的世界》，1841 年

郊区与城市的发展密不可分：一方面，郊区是城市化进程当中的一个阶段，是城市发展到一定程度时产生的必然结果；另一方面，郊区在政治、经济以及文化娱乐方面，都对中心城市有着极大的依赖性。因此，无论从哪一个角度来说，要了解郊区以及郊区化的发展，都不能仅仅从郊区本身来进行探讨，而要与城市结合起来进行分析，唯有如此，才能真正理解郊区产生的动因及其深远意义。18 世纪后期和 19 世纪前期，英国的殖民扩张和工业革命为伦敦城市的发展提供了新的机遇，最终确立了伦敦在世界范围内的贸易、金融业、制造业以及文化娱乐业的中心地位。正是在这一时期经济和社会发展的基础上，伦敦郊区化才获得了基本的动力，人们开始向周边地区迁移。最终，从北边的伊斯林顿到南边的克罗伊登（Croydon），从东边的巴肯到西边的厄林（Ealing），居住型郊区大量涌现。

第一节 18世纪中叶以前伦敦发展概述

关于伦敦市的早期历史，存留下来的史料并不多。中世纪的编年史家们为史前伦敦虚构了众多英雄人物和浪漫故事，赋予伦敦以神圣色彩。然而，现代考古研究表明，这一区域在前罗马时代鲜有居住和耕种的痕迹，因此，学者们普遍认为，伦敦是罗马人新建的一个城市，而不是在罗马入侵之后，不列颠某个古老聚居地经过罗马化而形成的城市[①]。公元43年，罗马人入侵不列颠，并在泰晤士河北岸建立了一个政治和贸易城镇，命名为“伦第尼姆”（Londinium），即后来的伦敦。公元120年左右，罗马人围绕着这个城镇修建了防卫性的城墙，这就是历史上有名的“伦敦墙”（London Wall），该墙后来成为人们判断伦敦市界线的一个重要依据。由于地理位置的优越，伦敦很快成为罗马统治不列颠的一个行政中心，并成为繁荣的贸易中心，与罗马帝国各地以及不列颠岛当地都有贸易往来。盎格鲁－撒克逊时期，伦敦在商业和政治上的重要性日益加强。

诺曼时期，伦敦开始依据国王颁发的特许状享有较大的自治权。1066年，威廉一世颁发特许状，确定了伦敦主教、市长以及市民所享有的某些传统权利。1130年，国王亨利一世颁发特许状，允许伦敦市民自行选举市长及其他官员：“朕亨利蒙上帝之恩……特许伦敦市民享有充分权利选举任何他们所愿的本市之人为市长，并任命他们所愿的本市之人为法官……除他们以外，任何人均不得对伦敦人民行使司法权。”[②] 后来国王约翰也曾颁发给伦敦以特许状，允许伦敦每年自行选举市长和市议员，直接向国王负责。因此，正如赫·乔·韦尔斯所说，伦敦市“承认教会或皇权或国王

① Stephen Inwood, *A History of London*, London: Macmillan, 1998, p. 14.

② David C. Douglas & George W. Greenaway (eds.), *English Historical Documents* (*Vol.* Ⅱ), London: Eyre & Spottiswoode, 1953, P. 945.

对它有一种含糊的主权”，“国王只有得到允许和通过仪式才能进入伦敦”①。伦敦市从诺曼时期以来就享有的自治传统，对伦敦后来的经济和社会发展产生了深远的影响。

到中世纪中后期，伦敦已经初显近代城市的轮廓。早在12世纪，当时的一首著名诗歌就歌颂道：“伦敦是一个伟大的城市，到处都是英勇的人们，比王国内的其他地区都要富裕得多。”② 15世纪一首民谣《伦敦巨富》（London Lickpenny）以大为惊叹的语气提到，伦敦街头提供了如此丰富多样的食物，如草莓、樱桃、豌豆、羊蹄、鲭鱼、胡椒和丁香等。伦敦在食物消耗上的巨大需求，对于周边一些乡村的发展有重要影响，例如邻近的金斯顿（Kingston）、巴尔金（Barking），就是依赖于为伦敦提供农产品而逐渐兴起③。在海外贸易方面，伦敦发挥着越来越重要的作用。14世纪，伦敦在整个英格兰的对外贸易中所占份额是三分之一，1400年以后迅速增长，到1500年大约是三分之二，1540年甚至达到85%④。在手工业方面，中世纪的伦敦也已经发展到较高水平，行业种类日益增多，1422年一本小册子就记录了当时伦敦的手工业种类已达111种之多，包括珠宝业、订书业、镜子制造业、羽毛制造业、羊皮纸制造业等⑤。到中世纪晚期，随着政治和经济的发展，伦敦作为文化中心的地位也日益重要。例如，1476年威廉·卡克斯顿（William Caxton）在伦敦开办了英国第一所印刷厂，出版了第一本标明日期的英文书，到他去世前的15年间共出版了96部书⑥，这些书籍不仅满足了贵族和富人的需要，同时也为平民大众提供了获取知

---

① ［英］赫·乔·韦尔斯著：《世界史纲：生物和人类的简明史》，吴文藻等译，北京：人民出版社，1982年，第829页。

② Stephen Inwood, *A History of London*, London: Macmillan, 1998, p. 53.

③ Stephen Inwood, *A History of London*, London: Macmillan, 1998, p. 97.

④ Stephen Inwood, *A History of London*, London: Macmillan, 1998, pp. 101 – 102.

⑤ Elspeth M. Veale, “Craftsmen and the economy of London in the fourteenth century”, in Richard Holt & Gervase Rosser (eds.), *The English Medieval Town: A Reader in English Urban History*, 1200 – 1540, London and New York: Longman, 1990, p. 127.

⑥ Felix Barker & Peter Jackson, *London: 2000 Years of a City and Its People*, London: Cassell Ltd., 1974, p. 43.

识信息的机会。

经过几个世纪的发展，伦敦到16、17世纪逐渐奠定了在英格兰的政治、贸易、手工业、金融和文化等方面的中心地位，并且日益成为世界性的贸易市场和国内外货物集散中心，尤其是这个城市的海外贸易更是令人瞩目。伦敦位于泰晤士河岸，濒临大西洋和北海，这一优越的地理条件，使它对内能够和英国中部内陆保持紧密联系，对外能够与法国、西班牙及低地国家保持贸易往来。16、17世纪，英国最主要的出口产品是羊毛纺织品，其中绝大多数都是在伦敦加工并且出口到比利时的安特卫普。由于当时没有准确的海关统计记录，再加上存在大量的走私现象，我们无法确切知道当时羊毛纺织品的出口数额，但从学者们的统计中大致可以知道，这一数额从1500年约占英国出口总额的65%，增长到16世纪40年代的80%强，甚至可能达到90%①。17世纪40年代，随着安特卫普的衰落，伦敦成为欧洲主要的港口贸易城市，贸易联系远达东印度和北美地区。到1700年，伦敦在英国海外贸易中占据了绝对主导地位：进口商品数量占英国总进口数量的80%，出口商品即英国本国生产的农产品和手工业品占全国总量的69%，中转商品再出口量则达到86%②。与此同时，伦敦大量进口奢侈品如丝绸、棉布、烟草、香料等，并且通过陆路和海路将这些奢侈品输送到英国各地，使英国成为“一个消费者的国家”③，推动了英国的商业化进程。

伦敦的手工制造业发展迅速。16、17世纪的人们常常把伦敦看作一个永不餍足的消耗者，实际上这一时期的伦敦也是英国最大的手工制造业城市。根据学者们的统计，从1540年到1700年，伦敦地区的劳动者中约有23%从事织布业和服饰业，约9%从事皮毛业，9%从事金属制造业，还有

① Stephen Inwood, *A History of London*, London: Macmillan, 1998, p. 195.

② W. E. Minchinton (ed.), *The Growth of English Overseas Trade in the 17th and 18th Centuries*, London: Methuen & Co. Ltd., 1969, p. 35.

③ Stephen Inwood, *A History of London*, London: Macmillan, 1998, p. 202.

7%至8%从事建筑业[①]。到1700年时，英国手工业更是集中于伦敦，如当时整个英国90个玻璃厂中就有24个在伦敦，还有大约1/3蜡烛厂，大约2/3炼糖厂、烟草行和肥皂厂都位于伦敦。伦敦的手工业产品不仅数量庞大，而且种类繁多。1747年，罗伯特·坎贝尔（Robert Campbell）在《伦敦商人》一书中，就列举了200多种手工业种类，其中包括铜器雕刻、印刷、制纸、书籍装订、花边制造、陶艺、织袜、制表、眼镜制造、别针制造等[②]。手工业产品的数量和种类之多，充分证明这一时期伦敦在英国手工制造业中占据了举足轻重的地位。

贸易和手工业的发展也推动了金融业的发展。17世纪末，伦敦已经基本奠定了其金融中心的地位。自中世纪以来，英国王室就有向民间借贷的传统，到16、17世纪，民间借贷有了迅速的发展，一部分金匠、廷臣或者大商人成为兼职的银行家，为别人保管存款，发放贷款，支付和接受利息。1694年，伦敦1，286个商人以股份制的形式贷给国王一笔钱，用于英法战争，当时的利息是8%，从而奠定了英格兰银行的基础。此外，一些兼职的银行家也开办了专门的银行，1677年，伦敦共有44所由金匠经营的银行[③]，金融业在此基础上迅速发展起来。保险业在17世纪也有了充分的发展。当时对商人财产造成最大威胁的是火灾和海上灾难，到这一世纪末，人们已经可以对这两个险种进行投保。1680年，“火灾保险之父”[④]尼古拉斯·巴本（Nicholas Barbon）成立了火灾保险公司，专门以伦敦住宅为投保对象。1684年成立的互助会（the Friendly Society）、1696年成立的手牵手公司（the Hand - in - Hand）以及1710年的太阳火险公司（the Sun Fire Office）则将保险范围扩大到火灾和海上灾难，到1710年时已经

① Stephen Inwood, *A History of London*, London: Macmillan, 1998, p. 184.

② Robert Campbell, *The London Tradesman, Being a Compendious View of All the Trades, Professions, Arts, Now Practised in the Cities of London and Westminster, Both Liberal and Mechanic*, London: Printed by T. Gardner, 1747.

③ Stephen Inwood, *A History of London*, London: Macmillan, 1998, p. 342.

④ 中国大百科全书出版社《简明不列颠百科全书》编辑部译编：《简明不列颠百科全书》（第一卷），北京：中国大百科全书出版社，1985年，第400页。

有 25，000 个伦敦人投保[①]。

随着政治、经济和社会的发展，17 世纪伦敦作为英国文化中心的地位日益凸显。首先，以伦敦为中心形成了所谓的伦敦社交季（London Season）。伦敦社交季始于 17 世纪，起初是指大贵族及其家庭追随王室来到伦敦而不定期举行各种娱乐活动，后来随着议会的定期召开，这些活动开始有了固定的时间和内容。在社交季期间，贵族和乡绅一方面拜亲访友，另一方面参加各种娱乐和社交活动。其次，伦敦的文化娱乐机构迅速增加。1567 年，伦敦开办了第一所剧院，此后商业性剧院日益增多。16、17 世纪，伦敦的酒馆布满大街小巷，人们在这里可以饮酒玩乐和交换信息。最后，伦敦的出版业也很发达。17 世纪后半叶，伦敦出版业进入一个迅速发展的时期，出版了大量的报纸、名录（directory）和城市指南（guidebook）等。伦敦名录最早可追溯至 1677 年，上面列举了当时一些大商人的名字以及对商业和金融业"非常有用并且必要"的信息[②]。这一时期出版业和印刷业的变化，对于 18 世纪英国文化的形成有着重要作用。M. 多萝西·乔治在描绘 18 世纪的伦敦生活时，指出这一时期的伦敦"毫无疑问是一个由政治和时尚构成的上流社会……而且，也是一个文学和艺术的世界"[③]，这充分说明了伦敦在社会文化方面的重要性。

17 世纪初一位旅行者曾写道："伦敦是英格兰的首都，然而它是如此超越于其他地方城市，以至我们与其说伦敦在英格兰，倒不如说英格兰在伦敦，因为英格兰最辉煌的事物都可以在伦敦及其周围看到。"[④] 伦敦这种经济和社会优势导致人口的迅速增长。如表 1 所示，在 16 世纪中叶，伦敦的人口约为 75，000 人，位居欧洲各大城市人口的第六位，约为排名第一

---

① Stephen Inwood, *A History of London*, London: Macmillan, 1998, P. 352.

② Vanessa Harding, "Reformation and culture 1540 - 1700", in Peter Clark (ed.), *The Cambridge Urban History of Britain* (*Vol.* Ⅱ), Cambridge: Cambridge University Press, 2000, p. 282.

③ M. Dorothy George, *London Life in the Eighteenth Century*, London: Kegan Paul, Trench, Trubner & Co. Ltd., 1925, p. 155.

④ Thomas Platter, "Thomas Platter' s Travels in England", in Xavier Baron (ed.), *London* 1066 -1914: *Literary Sources & Documents* (*Vol. I*), Mountfield: Helm Information Ltd., 1997, p. 188.

的那不勒斯人口的1/3，半个世纪之后，伦敦的人口迅速增加到200，000人，跃居第三位。到17世纪中叶，伦敦成为仅次于巴黎的大城市，到17世纪末，伦敦超过巴黎成为欧洲人口最多的城市。伦敦的这种人口增长不仅反映在绝对数量上，也体现在它在整个英国总人口中所占的比重上。16世纪初，英格兰总人口中约有1/50居住在伦敦，而两个世纪之后，每10个英格兰人中就有1个人长期居住在伦敦，每6个人中就有1个人曾经在其一生中的某个时期居住在伦敦①。早在16、17世纪，就有许多人对伦敦城市的规模和人口表示担忧，如詹姆斯一世曾说过：“很快，英格兰就会成为伦敦，而伦敦就会成为整个英格兰。”② 迪恩·特克（Dean Tucker）也说：“以伦敦为都城的大不列颠，在过去几个世纪以来都被抱怨为像一个怪物，大得惊人的头颅，完全不成比例的四肢。”③

表1：1550—1700年欧洲大城市人口统计表（单位：人）

	1550年	1600年	1650年	1700年
伦敦	75，000	200，000	400，000	575，000
巴黎	130，000	220，000	430，000	510，000
威尼斯	158，000	139，000	120，000	138，000
那不勒斯	212，000	281，000	176，000	216，000
安特卫普	90，000	47，000	70，000	70，000
里斯本	98，000	100，000	130，000	165，000

资料来源：JeremyBoulton，“London 1540 – 1700”，in Peter Clark（ed.），*The Cambridge Urban History of Britain*（*Vol.* Ⅱ），Cambridge：Cambridge University Press，2000，p. 316.

人口的增长一方面有利于伦敦经济和社会的发展，另一方面也对城市本身提出了要求，除了需要更多的食物和日用品，还要求有更多的居住场所，尤其是1666年大火毁坏了许多木质结构房屋，使得人们对住宅的要求

① L. D. Schwarz，*London in the Age of Industrialisation*：*Entrepreneurs*，*Labour Force and Living Conditions*，1700 – 1850，Cambridge：Cambridge University Press，1992，p. 2.

② Walter Thornbury & Edward Walford，*Old and New London*：*A Narrative of Its History*，*Its People and Its Places*（*Vol. VI*），London：Cassell & Company，Limited，1889，p. 570.

③ Josiah Tucker，*Four Letters on Important National Subjects*，*Addressed to the Right Honourable*，*the Earl of Shelburne*，Gloucester：Printed by R. Raikes，1783，p. 44.

更为迫切。因此，16—17世纪伦敦城外的一些地区都出现了居住小屋，一些学者把这些地区称为伦敦“郊区”[①]。这些所谓的“郊区”主要有两种：一是贵族聚居地，也就是贵族为了经济利益和政治目的而在首都修建的宫殿和宅第，二是实际上的“贫民窟”，也就是社会下层的居住地或某些脏乱行业的所在地。

第一种所谓的“郊区”主要集中在伦敦市与威斯敏斯特市之间。据统计，1500年，伦敦周围有45所属于教会贵族的宅第，有大约30所属于世俗地主的豪宅[②]。这些地区的发展与伦敦作为英国政治、经济以及文化娱乐的中心有密切的关系。伦敦是英国王室和政府所在地，贵族们为了追求政治和经济利益聚集于王室周围，纷纷在伦敦市周围修建或租赁住宅。实际上，这种所谓的“郊区”是贵族在伦敦市与威斯敏斯特市之间所购置或租赁的地产，是他们从事政治、经济和文化活动的场所。一方面，他们更多地以乡村庄园作为家庭的主要居住地，只是在一年中的某段时期居住在伦敦，另一方面，他们不需要通勤往返于城市和乡村，这说明这些地区并没有成为近代意义上的郊区。

第二种所谓的“郊区”是伦敦东边和北边部分移民、普通工匠及其他社会下层所居住的地区，也就是实际上的贫民窟。一些外国移民因为伦敦市民的排外和敌视而不得不聚集在这里，而一些普通工匠和学徒则是为了逃避城市行会的各种限制来到这里，希望靠自己的手工艺勉强过活。此外，当时有些行业只能设在伦敦的外围地区，有的是因为需要宽阔的工作场所，如造船业和织布业；有的则是因为污染严重而被逐出城市，如制革业和皮毛业。居住于这些所谓的“郊区”，在当时的人看来是不体面的甚至是非法的。在1592年的一出戏剧中，剧中主人公提到伦敦城市的“大多数郊区都只不过是通奸者、偷盗者、杀人犯以及其他素行不良的人的阴

---

① Stephen Inwood, *A History of London*, London: Macmillan, 1998, pp. 185 – 191.

② Stephen Inwood, *A History of London*, London: Macmillan, 1998, p. 94.

暗巢穴”[1]。这些地区通常以贫穷、肮脏和秩序混乱而闻名，因此当时政府不断颁布建筑禁令，主要就是为了限制这些地区的蔓延。由此观之，这些区域的形成实际上是贫困人口向城墙外围的一种溢出效应，这些人居住在这里是一种被动的行为，而不像后来中产阶级向郊区迁移那样是一种主动的选择，因此也不具有近代郊区的特征。

总体而言，上述两类地区实际上是伦敦早期城市扩张过程中所产生的现象，并不具备近代郊区的特征，不是工作场所和居住场所分离的产物，其居住者也没有采取通勤的生活方式。与其说它们是近代意义上的郊区，倒不如说是城市在扩张过程当中向外的一种延伸。

第二节　伦敦城市发展对郊区化的影响

18 世纪后期和 19 世纪前期，伦敦城市在政治、经济和文化等方面的发展，为其郊区化进程提供了重要的前提条件。首先，郊区作为城市化发展到一定阶段的产物，是伴随着城市规模的扩大、城市功能的完善而逐渐形成的。城市的存在和发展是郊区形成的基本前提，无论是从地理位置、行政管理还是从经济文化方面而言，郊区都对城市具有很强的依赖性。其次，只有城市的经济和文化达到一定程度的发展，道路和交通等基础设施进一步改善，并且具备向郊区迁移能力的人越来越多，伦敦才有可能进入郊区化时期。再次，伦敦是“世界上第一个工业化国家”当中的“第一个现代工业城市”[2]，与其他城市相比，更早面临各种城市问题，如人口拥挤、环境恶劣和犯罪率高等，这些问题在一定程度上推动着一些有足够负担能力的市民向郊区迁移。最后，早期郊区化的行为主体是中产阶级，他们有经济能力也有主观意愿搬迁到更为宽阔、更为舒适的郊区，以实现其

① G. R. Harrison (ed.), *The Bodley Head Quartos*, *Henrie Chettle Kind - Hartes Dreame* 1592, *William Kemp Nine Daies Wonder* 1600, London: John Lane The Bodley Head Ltd., 1923, p. 46.

② David Barnett, *London, Hub of the Industrial Revolution: A Revisionary History*, 1775 - 1825, London and New York: Tauris Academic Studies, 1998, p. 4.

家庭理想、道德要求和宗教信仰，而伦敦中产阶级的产生和发展也依赖于城市政治、经济和文化的发展，因为他们主要通过贸易活动、手工制造和专业技术等手段聚敛财富并跻身上流社会。因此，没有城市的迅速发展，也就谈不上近代意义上的郊区化。正如休·克劳特（Hugh Clout）所说，“大不列颠的工业资本主义和殖民主义加速了伦敦经济的发展，而伦敦经济的发展又为其地理面貌的变化提供了推动力”①，在英国殖民扩张和工业革命的大背景下，伦敦城市得以迅速发展，并在此基础上开始了郊区化进程。

伦敦的郊区化经历了一个长期发展的过程。早在 18 世纪前期，伦敦就已经有少数富人居住在城市之外，当时的一些观察者记录了这种现象，其中进行详细记载的是丹尼尔·笛福（Daniel Defoe）。1724—1726 年，笛福在他的游记中描绘了一些富人在伦敦周围地区购买住宅的情况。在卡什尔顿（Carshalton），“到处都是伦敦市民所拥有的华丽房屋，其中有一些修建得如此辉煌奢华，以至于看起来更像是贵族的宅第而不是市民和商人的乡村别墅。”在伦敦周围的其他乡村如克拉朋（Clapham）、帕克姆（Peckham）和坎伯维尔等，笛福也发现了许多富人的乡村别墅，“这些房子都是退居的住宅（houses of retreat），是绅士们的避暑别墅，或是市民的乡村住宅；是他们从繁忙的商贸事务、赚钱活动中解脱出来，去呼吸新鲜空气并使自己和家人摆脱炎热天气的去处；而到了冬天，当房屋主人回到伦敦的烟雾、灰尘、罪恶和煤烟之中时，这些住宅就被关闭起来，没有人居住。”② 在这些乡村的居住者中甚至还有最早的通勤者，1724 年笛福在描述爱普森（Epsom）地区时注意到这里有人采取通勤的生活方式：“大多数人——可能是从事贸易活动的人——白天在伦敦市办理事务，晚上再回到

① Hugh Clout, “Prologue to the Present”, in Hugh Clout and Peter Wood (eds.), *London: Problems of Change*, Harlow: Longman Group Limited, 1986, p. 33.

② Daniel Defoe, *A Tour through England & Wales, Divided into Circuits or Journies (Vol. I)*, London and Toronto: Published by J. M. Dent, 1928, p. 158, p. 168.

这里和家人团聚，与其说是共进正餐不如说是晚餐（suppers than dinners）①。对于这些商人群体来说，一个很通常的做法是将自己的家人安置在这儿，而自己则每天早上骑马赶往伦敦市的交易所和街巷；或是赶往仓库，然后在晚上回到爱普森。我就认识一个好几年都这样做的人。”② 上述可知，笛福认为在18世纪前期伦敦周围的一些地区就已经具备郊区的色彩，但我们没有发现其他资料和统计数据可以佐证。结合当时的城市发展水平和交通状况进一步加以考察，我们认为笛福的说法值得商榷，无论是从人数还是从住宅的地理分布上来说，这些地区还不能算作真正意义上的郊区。

到18世纪后期，情况发生了变化：一方面，这一时期迁移到伦敦周边地区的富有市民越来越多，其住宅的地域分布越来越广；另一方面，由于道路状况和交通工具的限制，郊区化没有发展到19世纪初那种较大规模的阶段，因此我们姑且称这一时期为伦敦郊区化的萌芽时期。到19世纪前期，随着土地利用模式的变化、建筑业的发展、道路和交通工具的进步、城市问题的恶化以及有能力迁移到郊区的人数增加，再加上中产阶级各种价值理念的形成，郊区化的各种条件已经发展成熟，伦敦开始进入一个新的发展时期。

18世纪后期，有关伦敦周围郊区发展的记录明显增多。1779年，理查德·格雷夫（Richard Graves）提到当时许多人都希望能够拥有自己的住宅，更为富有的人则希望在乡村修建或购买住宅，享受通勤生活。他指出“每一个职员都希望有自己的房屋，而每一个富有商人都希望在乡村中拥有自己的住宅”③，因为这种乡村住宅可以为他们提供一个逃离城市及城市

① 在英语中“supper”和“dinner”有着细微的差别，前者专指晚餐，后者可以指任何时候的正餐，也可以用于指午餐。笛福在这里主要是强调一些商人采取通勤方式工作，回到家时已经是晚上了。

② Daniel Defoe, *A Tour through England & Wales, Divided into Circuits or Journies* (*Vol. I*), London and Toronto: Published by J. M. Dent, 1928, p. 161.

③ Richard Graves, *Columella: or, The Distresses Anchoret* (*Vol. II*), London: Printed for J. Dodsley, 1779, p. 173.

生活的空间。格雷夫以一个奶酪商为例，说明富有商人对乡村住宅的向往：这个奶酪商“退回到位于特哈姆格林（Turnham Green）的住宅，在小树篱笆边的铺满碎石的小道上抽着烟斗，想象着自己是小西庇阿(Scipio)[①] 或辛辛那图斯（Cincinnatus）[②] 回到了自己的领地上；而到了星期一早上，他心不甘情不愿地返回到伦敦城，或者挨到星期二早上，而暂不理睬他的店铺和他那些啰啰唆唆的、令人厌烦的顾客”[③]。1781年，约翰·豪利特（John Howlett）也注意到在这一时期伦敦市民向周边地区迁移的各种情况，这些人在伦敦周围购买房屋，有的只在空闲时到那里游玩，有的在夏季到那里度假，还有的则是将家人安置在那里，自己因为工作需要而每天往返于乡间住宅和伦敦市之间。霍拉特强调：“如果试图确定上面所提到的各种情况的总数量，那是徒劳无功的。至多，我们能够在一定程度上确定那些每年都会居住在离伦敦市10到12英里范围内村庄中的人数。梅特兰先生早在1729年就发现这些人大约超过一千人……这是比较可信的数字，至少对于那些繁荣的周边地区如帕丁顿等地而言确实如此。”[④] 由此可见，在18世纪后期的观察者眼中，已经有相当一部分人通过居住在郊区而享受一种新的生活方式。

除了一些观察者对实际情况的考察，还有一些作家在小说中描绘了郊区生活。例如，1750年，爱德华·金伯（EdwardKimber）在小说《乔·汤普森的生活与冒险》中，记载主人公戴尔伯先生（Mr. Diaper）在乡村购买了一所住宅，让自己的家人居住在那里管理花园和喷泉，而自己在伦敦

① 小西庇阿（Scipio）是古罗马著名的将军。

② 辛辛那图斯（Cincinnatus）是古罗马著名的政治家，他曾两度在罗马陷入危机时出任独裁官，但是一旦危机过去他就引退，回到自己的领地。

③ Richard Graves, *Columella: or, The Distresses Anchoret* (*Vol. II*), London: Printed for J. Dodsley, 1779, pp. 173 – 174.

④ John Howlett, *An Examination of Dr. Price' s Essay on the Population of England and Wales; and the Doctrine of an Increased Population in This Kingdom; Established by Facts*, Maidstone: Printed for the Author by J. Blake, 1768, pp. 88 – 89.

处理各种事务，并频繁地往返于伦敦市和乡村住宅之间[①]。此外，19 世纪历史学家沃特·巴森特（Walter Besant）在讨论乔治二世后期的伦敦生活时，也对郊区生活情景做了详细的描绘，指出“伦敦每一个商人的梦想是：能够有充裕的时间从他的店铺中退离出来，拥有属于自己的乡村住宅；或者，如果这一目标不能达到，至少在离伦敦市 3 到 4 英里的地方租赁一所小房屋，或位于斯托克维尔、克拉朋、哈克斯顿，或位于鲍尔、伊斯林顿，在每个星期一和其他日子他可以驾着马车从那里出发到伦敦市。他会愿意在自己的房屋前面加上拱形的窗户，自己坐在屋前饮着美酒看着别人经过，享受着每个看到他的人对他的羡慕和嫉妒……而他的妻子，则理所当然是典型的家庭主妇。”[②] 这段话生动地描绘了有一定经济基础的伦敦市民对郊区生活的向往。

从上述观察者和作家的描述中我们可以看到，在 18 世纪后期已经有相当一部分富有伦敦商人在周围地区购买或租赁房屋，每天往返于伦敦市的工作场所和周围地区的住宅之间。由于这种现象只限于能够负担得起昂贵费用和充裕时间的少数人，伦敦郊区化还仅仅停留在起步阶段。到 19 世纪前期，伦敦郊区化开始进入一个比较稳定而持续的发展时期。需要特别指出的是，由于英国到 1801 年才进行第一次全国人口统计，此前的人口数目只能由历史学家们通过教区记录册、纳税账册等资料加以估计，所以要对 18 世纪的伦敦人口，尤其是居住在郊区的人口作确切统计比较困难。但是，对 19 世纪前期伦敦郊区化的考察，我们可以在参照当时文献的同时，也借助这一时期的某些统计数据，这使我们的研究建立在更为坚实的基础上。

从表 2 中我们可以看出，在 19 世纪初英国对人口进行统计时将伦敦地区划分为伦敦市、南华克地区、四大法律学院（Inns of Court）、威斯敏斯

---

① Edward Kimber, *The Life and Adventures of Joe Thompson, A Narrative Founded on Fact (Vol. II)*, London: Printed for John Hinton, 1750, pp. 1 -4.

② Walter Besant, “London of George the Second”, *Harper' s New Monthly Magazine*, 84 (1891: Dec. - 1892: May), p. 624.

特市以及外围分区（Outer Parishes）[①] 等五个部分。南华克地区位于伦敦市东南边、泰晤士河畔，从中世纪后期就成为重要的贸易和制造业地区，16 世纪时被并入伦敦；四大法律学院是英国重要的法律学习机构，占地面积不大，位于伦敦市政府的管辖范围之内；威斯敏斯特被认为是伦敦的姊妹城，其居住者主要是王公贵族和其他富人；而外围分区没有明确说明是哪些地区，但我们可以确定这些外围分区通常位于紧邻伦敦市的周边地区，在一定程度上与我们考察的伦敦郊区相重叠。

表 2：1801—1831 年伦敦市及周围地区人口统计表（单位：人）

	1801 年	1811 年	1821 年	1831 年
伦敦市	127，621	119，113	123，888	122，412
南华克	67，448	72，119	85，905	91，501
四大法律学院	1，907	1，796	1，546	1，271
威斯敏斯特	153，272	162，085	182，085	201，842
外围分区	514，597	654，433	832，270	1，054，915
总计	864，845	1，009，546	1，225，694	1，471，941

资料来源：William A. Robson, *The Government and Misgovernment of London*, London: G. Allen & Unwin Ltd., 1939, p. 42.

从表 2 中可以看出，从 1801 年到 1831 年的 30 年间，整个伦敦地区的人口数量迅速增加，从 864，845 人到 1，471，941 人，增长了 70%。然而，伦敦市的人口在同一时期内没有太大的变动，甚至 1831 年的人口比 1801 年的人口还略有减少。四大法律学院人口减少的幅度较大，从 1，907 人下降到 1，271 人，减少了 1/3 左右。南华克和威斯敏斯特的人口都增加了 30% 左右。相较之下，伦敦市外围分区的人口增长幅度就大得多，从

① 分区（Parish）是郡以下的行政区域，往往与堂区相当，构成地方行政区。参见王同忆主编译：《英汉辞海》（下），北京：国防工业出版社，1988 年，第 3792 页。有些学者把位于伦敦市之外、周围各郡之内的一些分区称为伦敦的“外围分区”（Outer Parishes），如肯辛顿、芬斯伯雷等，参见 Paul Langford, *Public Life and the Propertied Englishman* 1689 - 1798, Oxford and New York: Oxford Unversity Press, 1991, p. 447。外围分区并不等于郊区，但两者的区域有所重叠，有的学者即直接称“外围分区或郊区”，参见 Lois G. Schwoerer, *The Ingenious Mr. Henry Care, Restoration Publicist*, Baltimore: The Johns Hopkins Press, 2001, p. 56。我们这里对外围分区的人口增长进行分析，以从特定方面考察当时伦敦郊区人口的增长情况。

514，597 人增长到 1，054，915 人，增加了 1 倍以上。结合上文对各部分具体地域范围的界定，我们可以看到这一时期人口增长最快的是伦敦市的外围分区，也就是紧邻伦敦市的周边地区。因此，我们可以在一定程度上确定，当时伦敦周边的一些郊区人口增长幅度较大。

下面，我们再以伦敦市和伦敦郡（London County Council）的管辖区域为统计单位，来考察伦敦市内和伦敦市周围的人口增长（见表 3）。伦敦郡是根据 1888 年《地方政府法案》所成立的行政单位，其辖区包括伦敦市周围发展起来的各地区，也就是我们通常所称的内伦敦。下文所指“伦敦郡区”并非伦敦郡正式确定后的行政区划，而是指大致相当于内伦敦的地理范围。在表 3 中我们可以看到，从 1801 年到 1851 年伦敦市本身的人口没有太大的变化，维持在 12 万人左右。但伦敦郡人口却迅速增加，由此可见该时期人口的增长主要集中在伦敦市之外的各地区。如果我们考察伦敦郡区（不包括伦敦市在内）的人口，可以发现从 1801 年到 1851 年，这部分人口增长了近 1.7 倍。相应地，伦敦市在该郡人口的比例逐年下降，从 1801 年的 13.4%，下降到 1821 年的 9.1%，到 1851 年时则只占 5.5%。

表 3：1801—1851 年伦敦市人口占伦敦郡总人口比例

	伦敦市的人口（人）	伦敦郡区内的人口（人）	伦敦郡区内（不包括伦敦市）的人口（人）	伦敦市占伦敦郡区人口比例
	(a)	(b)	(b - a)	a/b
1801 年	128，833	958，863	830，030	13.4%
1811 年	121，124	1，138，815	1，017，691	10.6%
1821 年	125，065	1，378，947	1，253，882	9.1%
1831 年	123，608	1，654，994	1，531，386	7.5%
1841 年	124，717	1，948，417	1，823，700	6.4%
1851 年	129，128	2，362，236	2，233，108	5.5%

注：表 2 和表 3 数据都来自同一著作，但作者所采用的数据来源不一致，并且缺少官方统计数字，因此作者在绘制表 2 和表 3 对伦敦市的人口统计存在一定的差异。本书沿照原文引用，借以说明伦敦郊区的大致发展状况。

资料来源：William A. Robson, *The Government and Misgovernment of London*, London: G. Allen & Unwin Ltd., 1939, p. 45.

由上述对表 2 和表 3 的分析我们可以看出，在 19 世纪前期，伦敦市的人口基本没有大的变化，伦敦地区的人口增加主要得益于周边地区人口的增长，这些地区包括后来被称为内伦敦的大部分地区，如开普登城、哈克尼、伊斯林顿、肯辛顿、切尔西、兰巴斯，等等。当然，增长的人口并不一定都是采取郊区生活方式的伦敦富商、银行家或专业人士，但这些人口数据至少为我们考察伦敦郊区的发展状况提供了重要的参照。而且，结合当时的作者对这些地区的描述，以及这一时期交通与通勤人口的情况，我们可以认为，到 19 世纪前期伦敦郊区人口有显著的增加。下面，我们就来看看伦敦市周边的这些地区即所谓内伦敦地区，在 19 世纪的观察者眼中是如何成为伦敦郊区的。

到 19 世纪时，许多观察者记录了伦敦郊区的发展状况。1870 年，塞缪尔·帕尔默（Samuel Palmer）注意到开普登城的“乡间小路、篱笆旁边的道路以及优美的景致，使这里早就成为人们所青睐的居住区，这些人白天待在伦敦忙于各种事务……到晚上则试图通过享受这里的安宁和清新空气而放松身心。因此，这里成为那些疲惫的伦敦人在夜晚憩居的地方”。[①] 通过帕尔默对开普登城的描述，我们可以看到，这里已经有相当一部分居民采取通勤的郊区生活方式。19 世纪历史学家沃特·索恩伯雷和爱德华·沃尔福德在《新伦敦和旧伦敦》一书中提到切尔西郊区的发展状况，他们指出：“切尔西曾经是一个宁静隔绝的小乡村，但是在建筑大军的侵袭之下，这个乡村逐渐被吸附到伦敦这个大都市当中来，成为伦敦的一个重要组成部分……在近一个世纪的演变中，切尔西实际上成了伦敦的郊区地带。”此外，他们在考察了坎伯维尔郊区的发展之后，认为“在人口方面，坎伯维尔是伦敦郊区发展的最典型例子，

① Samuel Palmer, *St. Pancras*; *Being Antiquarian*, *Topographical*, *and Biographical Memoranda*, *Relating to the Extensive Metropolitan Parish of St. Pancras*, *Middlesex*, London: Samuel Palmer, 1870, p. 17.

其人口从1801年的7，059人迅速增加到1881年的186，555人”。[①] 通过上文对伦敦不同地区的人口考察，再结合18世纪和19世纪前期当时的记录，我们可以确定，到这一时期已经有相当多一部分伦敦富人开始向郊区迁移，并采取通勤生活方式往返于伦敦市和郊区居住地之间。

18世纪后期和19世纪前期，伦敦郊区化给伦敦城市的地理面貌带来了巨大的变化。在这一时期开始和结束时，我们可以看到两个迥异的城市：开始时是一个典型的“乔治时期城镇”（Georgian Town），结束时是一个典型的“维多利亚时期城市”（Victorian City）；开始时是一个处于乡村包围之中的繁忙拥挤的伦敦城，结束时则是一个中心城市与周围郊区融为一体的大伦敦。

第三节 伦敦郊区的发展及分布概况

在18世纪后期和19世纪前期，伦敦周围的郊区发展并不平衡，各地区发展的原因也各不相同。有的地区是由于邻近伦敦市，交通便捷而成为商人们青睐的居住区，有的是因为有美丽的风景或境内有温泉而成为人们的居住地，还有的是因为当地地主为了投资获利，联合开发商一同规划，吸引富有商人居住而发展成为郊区。伦敦周围郊区的发展使这些地区后来成为大伦敦区规划中的自治市，因此为了更直观地说明伦敦周边郊区的地理位置，下面我们参照伦敦市和周围各自治市地图（图1），通过举例对18世纪后期和19世纪前期伦敦周围郊区的地理分布状况做一概述。

切尔西（Chelsea）位于泰晤士河北岸和威斯敏斯特市西边，历史上曾是米德尔塞克斯郡的一部分。切尔西有着悠久的历史，中世纪时因其风景秀丽而被称为“乡村之王”（the King of Villages），亨利八世还曾在这里修

① Walter Thornbury & Edward Walford, *Old and New London: A Narrative of Its History, Its People and Its Places (Vol. VI)*, London: Cassell & Company, Limited, 1889, p. 51, p. 285.

建了一所华丽的宫殿[①]。到 18 世纪中叶，人们沿着两条主要道路即旧教堂街（Old Church Street）和国王路（King' s Road），修建了一些郊区小屋，但即使到这时，切尔西的居住人口仍然不多。切尔西后来的发展得益于卡多根伯爵家族（Earls of Cadogan）和建筑师亨利 · 霍兰德（Henry Holland）。1771 年，卡多根伯爵继承了这里的大片地产后，将这里开发为卡多根区（Cadogan Place）。1777 年，亨利 · 霍兰德围绕着斯隆广场修建的汉斯区（Hans Place），是伦敦西区有一定规划的地产，成为伦敦富人所向往的居住区。切尔西逐渐吸引了越来越多的艺术家、作家和其他知识分子，产生了一种延续至今的波希米亚风格[②]。1764 年莫扎特（Mozart）就是在这里创作了他的第一部交响曲。1811 年的人口统计显示切尔西的人口达到 18，262 人，几乎是富勒姆和哈默史密斯两个地区人口总数的 1. 5 倍[③]。

---

① Merrell Holberton & English Heritage (eds.), *London Suburbs*, London: Merrell Holberton Publishers Ltd. , 1999, p. 211.

② 波希米亚（Bohemian），即波希米亚人，或指"放荡不羁的，不受世俗约束"的生活方式，有时称艺术家的生活方式为"波希米亚"风格。阿瑟 · 兰萨姆（Arthur Ransome）对波希米亚风格进行了分析，并且描绘了切尔西的波希米亚特征，参见 Arthur Ransome, *Bohemia in London*, London: Stephen Swift and Co. Limited, 1912, p. 7, pp. 29 –44。

③ Peter Thorold, *The London Rich: The Creation of a Great City, from 1666 to the Present*, New York: St. Martin' s Press, 1999, p. 181.

图 1：伦敦市和周围各自治市地图

资料来源：“London Councils”，http：//www. directory. londoncouncils. gov. uk/

在切尔西北边，肯辛顿（Kensington）地区也逐渐发展成为伦敦的一个郊区。早在 17 世纪，尤其是 1666 年伦敦大火之后，沿着从伦敦到布伦特福德（Brentford）的大道，这里就兴建了肯辛顿广场以及一些适合上层社会居住的大住宅。到 18 世纪时，这里陆续修建了海伊街（High Street）、教堂街（Church Street）和霍兰德街（Holland Street），在周围的小村庄如布鲁普顿（Brompton）当中，居住着越来越多的富有伦敦市民，这里日益发展成为一个兼具城市与乡村特色的郊区。布鲁普顿的绿色果园和其他村庄的美景一直都受到人们的赞美；不过到 1851 年时，由于郊区化的迅速发展，这里的自然风光遭到很大的破坏，利 · 亨特（Leigh Hunt）就曾感叹道：这个地区“在越来越多的新建筑面前，逐渐失去了它最后一点绿色景致”[①]。在这个世纪中，肯辛顿的人口飙升：1821 年肯辛顿的人口为 13，428人，而50 年之后竟然达到 120，299 人[②]，其增长速度远远超过整个伦敦地区的速度。1963 年，切尔西与肯辛顿合并，成为大伦敦区的一个自治市，称为“肯辛顿与切尔西”（Kensington and Chelsea）。

在肯辛顿以北是哈普斯特德地区，后来被划入开普登（Camden）自治市的管辖范围。拜其较高海拔和富含铁质的矿泉所赐，哈普斯特德也日益成为备受推崇的居住区。上流人士在这里修建了赛马场、茶馆和音乐厅等，在豪斯街（Health Street）一个旅店里还形成了一个中产阶级俱乐部。18 世纪时，这里修建了教堂路（Church Row），这条路被认为是“乔治时期伦敦郊区修建得最好的街道之一”[③]。此后，越来越多的富人开始在这里定居，哈普斯特德也逐渐从一个小乡村发展成为一个城镇[④]。和切尔西一样，哈普斯特德也吸引了众多的艺术家和作家，包括评论家兼诗人利·亨特、诗人约翰·济慈（John Keats）等。1818—1820 年，济慈就居住在约翰街（John Street），后来这里更名为济慈山林（Keats Grove）。

在哈普斯特德的东边，是伦敦经过一定规划而修建的郊区——伊斯林顿。伊斯林顿地势较高，能够俯瞰整个伦敦全景，并拥有一处据说具有保健作用的泉水。后来，这里与附近的卡纳伯雷（Canonbury）连为一体。1770 年，一个名叫约翰·道斯（John Dawes）的股票经纪人在这里修建了卡纳伯雷宅（Canonbury House）。1800 年左右，有人在安普街（Upper Street）对面修建了卡纳伯雷广场（Canonbury Square）和卡普顿住宅区

① Leigh Hunt, *The Old Court Suburb; or, Memorials of Kensington, Regal, Critical, and Anecdotical* (*Vol. I*), London: Hurst and Blackett, Publishers, 1855, p. 28.

② Peter Thorold, *The London Rich: The Creation of a Great City, from* 1666 *to the Present*, New York: St. Martin' s Press, 1999, p. 191.

③ Andrew Saint, "The quality of the London suburb", in Merrell Holberton & English Heritage (eds.), *London Suburbs*, London: Merrell Holberton Publishers Ltd., 1999, p. 186.

④ Daniel Defoe, *A Tour through England & Wales, Divided into Circuits or Journies* (*Vol. II*), London and Toronto: Published by J. M. Dent, 1928, p. 4.

（Compton Terrace）。此后，卡纳伯雷也逐渐发展成为一个美丽的郊区。

图2：漫画《伦敦冲出城市》（London Going out of Town）

资料来源：Christine L. Corton, *London Fog: The Biography*, Cambridge, Massachusetts: The Belknap Press of Harvard University Press, 2015, p. 63.

从18世纪90年代起，在哈普斯特德和伊斯林顿之间逐渐兴起了开普登城（Camden Town）。最初这里是开普登勋爵（Lord Camden）的地产，由于离伦敦市较远且由于拿破仑战争的影响，直到1804年这里仍然只有一条开普登大街（Camden High Street）。从19世纪初开始，尤其是在1820年摄政运河（the Regent' s Canal）横穿整个地区后，开普登城开始迅速发展起来，在这里修建了西默路（Seymour Street）和大量别墅住宅，成为中产阶级的居住区。乔治·克瑞克山克（George Cruikshank）在1829年所绘制的漫画《伦敦冲出城市》（图2）就是针对开普登城的迅速发展而作，在该漫画中，从伦敦市里如洪水般涌出的砖瓦和灰泥逐渐淹没了周围的乡村，使这些乡村日益成为伦敦的建筑居住区。作者借这幅漫画表达了对于伦敦郊区发展的忧惧。

坎伯维尔位于泰晤士河南岸，正对着伦敦市，后来成为南华克地区的一部分。18世纪70年代，这里修建了两条大路即坎伯维尔格雷夫（Camberwell Grove）和格罗夫街（Grove Lane），在这两条大路的旁边逐渐出现了一些独立式别墅，居住着富有的伦敦市民。根据18世纪末贵格派教育家普莱斯西拉·维克菲尔德（Priscilla Wakefield）的说法，坎伯维尔是“那些青睐于乡村生活，同时其职业又需要他们每天到城市去的市民所喜爱的退离之处”①。由于修建了更多的桥梁如1816年的瓦克斯霍桥（Vauxhall Bridge）、1817年的滑铁卢桥（Waterloo Bridge）和1819年的南华克桥（Southwark Bridge），该地区到维多利亚女王即位时已经成为大伦敦的一部分，后来在1965年市政改革中又被合并到南华克地区。

位于克拉朋和坎伯维尔之间的布莱克斯顿（Brixton）则主要是在19世纪初才逐渐兴起。伦敦市的商人在这里的登马克山（Denmark Hill）和赫尔山（Herne Hill）的山坡下修建了宽敞的别墅住宅。1822年，激进的新闻记者威廉·科贝特（William Cobbett）游历英国乡村时经过这里，惊讶地注意到，“在近四年中，仅仅是这一条路上就有整整两英里的股票经纪人所修建的住宅，而其他房屋仍在以日益加快的速度继续建造!”这位传统乡村的鼓吹者不禁感叹：“如果这种房屋建设再持续哪怕几年，整个乡村会变得多么可怕和荒谬!”②

由此可见，从18世纪中叶开始，伦敦周围各郡当中的一些地区日益成为伦敦的郊区。根据一份关于大伦敦的报告，在1801年英国首次进行人口统计时，切尔西已经是一个人们隐退的郊区避难所，而肯辛顿也已经是“一个古老的郊区”了③。注意到19世纪早期伦敦周围乡村居住着越来越多的富有市民，G. M. 扬（G. M. Young）感叹道：“维多利亚早期的伦敦人，越来越不能像以前那样，从楼上的卧室下来就到楼下的店铺或办公处去从事他的工作，他越来越成为一个不得不经过相当一段距离的路程去工作的人。”④ 1845年，戴维·伊万斯（David Morier Evans）也证实了这一

① Walter Thornbury and Edward Walford, *Old and New London*: *A Narrative of Its History*, *Its People and Its Places* (*Vol. VI*), London: Cassell & Company, Limited, 1889, p. 270.

② William Cobbett, *Rural Rides*, London: Published by A. Cobbett, 1853, p. 64.

③ William A. Robson, *The Government and Misgovernment of London*, London: G. Allen & Unwin Ltd., 1939, pp. 25–26.

④ G. M. Young, *Early Victorian England*, 1830–1865, London: Oxford University Press, 1963, p. 170.

点，他提到“在伦敦市拥有住宅不再被视为一件令人渴望的事情，人们都迁移到郊区居住，一方面是出于对生活时尚的追求，另一方面是因为房租便宜和空气清新”①，由此可见，郊区的生活方式日益成为人们所追求的一种“生活时尚”。

1841 年，约翰·默里（John Fisher Murray）在《布莱克伍德爱丁堡杂志》上连载发表了《伦敦的世界》一文，在文中作者虚构了一位富有冒险精神的游客，在游览了伦敦市周围各地区后，来到肯辛顿或特汉姆格林时看到的仍是一片繁华景象，终于发现要游遍整个伦敦地区是一项自讨苦吃的工作，不得不半途而废，并感叹伦敦的的确确是一个没有尽头的都市！伦敦吞噬了周围的各乡村，将其转化为自己的郊区地带，因此“在伦敦周围郊区连着郊区，就好像在一根绳子上的五十颗洋葱”②。默里的这一比喻极其生动有趣，伦敦城市本身的发展的确就像一根绳子牵引着周围乡村地区，将它们紧紧维系在一起。

从中世纪以来，伦敦就已经成为英格兰的重要城市。到 18 世纪后期和 19 世纪前期，在英国殖民扩张和工业革命的推动下，伦敦最终成为英国乃至于世界的商业、制造业、金融业以及文化中心，而这一地位的确立为伦敦的郊区化提供了基本前提。伦敦城市的经济和社会发展，为人口和财富的增长提供了必需条件，使伦敦最早进入郊区化阶段。从 18 世纪后期开始，在伦敦城市这根绳子上逐渐系上一颗又一颗洋葱，最终使该城市和周边郊区连为一体，发展成为后来的大伦敦区。

---

① David Morier Evans, *The City; or, the Physiology of London Business*, London: Baily Brothers, 1845, p. 190.

② John Fisher Murray, “The world of London (Part III)”, *Blackwood' s Edinburgh Magazine* (July – December, 1841), Edinburgh: William Blackwood & Sons, 1841, p. 64.

第二章 “出埃及记”中的人们

——城市环境和社会问题对郊区化的影响

“这些街道呈现出只有伦敦才有可能出现的拥挤混乱现象……看起来绅士们这种逃离伦敦的出埃及记行动（exodus from London）已经成为一种大规模逃亡。”

——威廉·吉布森和布鲁斯·斯特林：《差异引擎》

18 世纪后期和 19 世纪前期是伦敦发展的重要时期，英国的殖民扩张和工业革命的开展都为伦敦带来了新的发展机遇，使伦敦的政治、经济和社会功能日益完备。与此同时，伦敦城市的发展或是带来了新的城市问题，或是加剧了旧的城市问题。对此，加里斯·斯德曼·琼斯一针见血地指出：“伦敦的经济地位就预示了它所面临的城市问题有多复杂多严重”，“伦敦被认为是那些放荡之人、懒惰之人、行乞之人、粗野之人和挥金如土之人的朝拜圣地，这里所拥有的庞大财富、众多的慈善机构、临时就业的广泛机会以及利用各种非法手段维持生计的可能性，都使伦敦对于怠惰者、说谎者和罪犯充满了吸引力。”① 18、19 世纪伦敦的城市问题主要包括人口和环境问题、社会秩序和安全问题以及贫穷和社会隔离问题，这些都是 18 世纪后期和 19 世纪早期一部分伦敦人逃离城市迁移到周围乡村的

---

① Gareth Stedman Jones, *Outcast London*: *A Study in the Relationship between Classes in Victorian Society*, Harmondsworth: Penguin Books, 1991, p. xxv, p. 12.

强大推力，也是伦敦郊区形成和发展的重要动因之一。

第一节 人口和环境问题

伦敦城市中的人口拥挤和环境污染问题，是推动郊区化进程的主要动力之一。实际上，人口问题对于18世纪的伦敦来说并不是一个新问题，作为英国最重要的城市，伦敦长期以来都是一个人口拥挤的大都市。王室的吸引力和政治、文化活动的需要，使大多数贵族、乡绅以及依赖于他们而生存的人都聚集在这里，使这个城市的人口迅速扩张。但是，到18世纪初，人口问题已经严重到社会各界都难以容忍的程度：在1700年伦敦已经成为欧洲最大的城市①。尽管政府一直试图采取各种措施限制外来贫民和流浪汉，但由于伦敦码头需要大量搬运工，上层社会家庭需要大量仆佣，这些工作机会以及对伦敦遍地财富的幻想，都持续吸引着各郡县的人们。

许多学者对于伦敦人口进行了考察。E. A. 里格利认为，伦敦的“社会和经济变化在工业革命时期发展到顶峰”，而与之相应，伦敦的人口压力到工业革命时期也达到了令人惊异的程度。根据表4所示，伦敦人口从1700年的575，000人迅速增长到1750年约675，000人；到1800年时已经达到1，117，000人，50年后人口再次翻了一番，达到2，685，000人。这一时期，人口仅次于伦敦的欧洲城市是巴黎，但在1800年和1850年，巴黎的人口均只有伦敦的一半左右。同时，巴黎人口在法国总人口中所占的比例也远远低于伦敦。据估计，1650年，巴黎人口约占法国总人口的2.5%，到1750年时这一比例没有太大变化；而在1650年伦敦人口占英格兰总人口的7%，到1750年时这一比例则上升至11%②。由此可见，18、19世纪伦敦的人口有了迅速的增长。

---

① Jeremy Boulton, “London 1540 - 1700”, in Peter Clark (ed.), *The Cambridge Urban History of Britain* (*Vol.* Ⅱ), Cambridge: Cambridge University Press, 2000, p. 316.

② E. A. Wrigley, “A simple model of London’s importance in changing English Society and Economy 1650 - 1850”, *Past and Present*, 1967, (37), pp. 44 - 70, p. 45.

表 4：1750—1850 年伦敦与巴黎人口统计表（单位：人）

	1700 年	1750 年	1800 年	1850 年
伦敦	575，000	675，000	1，117，000	2，685，000
巴黎	510，000	576，000	581，000	1，053，000

注：表中 1800 年和 1850 年伦敦的人口统计范围是后来的大伦敦区（GreatLondon Council Area）。

资料来源：［英］B·R·米切尔编：《帕尔格雷夫世界历史统计》（欧洲卷：1750—1993 年），贺力平译，北京：经济科学出版社，2002 年，第 78 页；Jeremy Boulton，"London 1540－1700"，in Peter Clark（ed.），*The Cambridge Urban History of Britain*（*Vol.* Ⅱ），Cambridge：Cambridge University Press，2000，p. 316.

伦敦的人口拥挤程度不仅令后来的统计学家和历史学家感到惊讶，也令当时的人们印象深刻。1771 年，一个乡下女孩来到伦敦，她虽然为圣保罗大教堂（St. Paul Cathedral）的壮观以及里尔纳夫（Ranelagh）和瓦克斯霍（Vauxhall）游乐园的豪华所惊叹，但最令她震惊的却是伦敦城市的拥挤现象。她在日记中写道："即使是那些富丽堂皇的事物也不如街道上拥挤的人潮令我惊讶。最初我以为是某个大型集会散场才有这么多人，于是站在一旁想等着人们通过，但人潮一直涌动，没有中断也没有减少，从清晨一直到深夜。"① 产生了同样错觉的还有英国作家罗伯特·骚塞（Robert Southey），他在 1808 年写道，自己"完全被街头的人潮吓住了。在道路的两旁是川流不息的人潮，一边是向东而去，一边是向西而行。一开始我以为肯定是某个盛大的集会才集合了这么多的人，但是很快我就意识到这只不过是伦敦街头的日常景象"②。伦敦的拥挤情况由此可见一斑。

然而，长期以来，伦敦人口的迅速增长并不是由于自然增长，而是更多得益于外来移民。由于在 1800 年之前英国没有进行过正式的人口统计，因此我们无法确切知晓 18 世纪伦敦的出生率和死亡率以及人口数量。剑桥人口史研究小组以及其他学者的详细考察，使人们可以基本认定在 18 世纪

① M. Dorothy George（ed.），*England in Johnson's Day*，Freeport，New York：Books for Libraries Press，1972，p. 7.

② Robert Southey，*Letters from England*（*Vol. I*），New York：Published by David Longworth，1808，p. 39.

的大多数时间中，伦敦的出生率低于死亡率，也就是说伦敦的人口自然增长率为负数①。如表5所示，在整个18世纪，伦敦的人口一直呈负增长，在1700年伦敦减少的人口达到其他地区增长人口的1/3左右，在1725年这一比例最高，超过50%。此后伦敦负增长的速度有所减缓，到1800年才第一次出现人口正增长，出生率略微超过死亡率，即使在这时也只达到其他地区总增长的3.6%。

表5：1700—1800年伦敦和英国其他地区人口自然增长统计表

	伦敦（人）	英国其他地区（人）	总数（人）	伦敦与其他地区的人口比例
1700年	-131，719	394，808	263，090	-33.4%
1725年	-204，771	375，823	171，052	-54.5%
1750年	-152，068	839，731	687，663	-18.1%
1775年	-46，184	1，356，239	1，310，055	-3.4%
1800年	88，413	2，469，905	2，558，318	3.6%

资料来源：E. A. Wrigley and R. S. Schofield, *The Population History of England* 1541-1871: *A Reconstruction*, Massachusetts: Harvard University Press, 1981, p. 168.

根据表4和表5，伦敦人口从1700年的575，000人增加到1800年的1，117，000人，而1800年之前，伦敦的自然人口一直呈负增长，那么毫无疑问，在这一时期有大量移民流入伦敦。正因如此，拉斐尔·塞缪尔（Raphael Samuel）认为18、19世纪伦敦社会的特征之一就是有许多“来来往往的人”（comers and goers），其中大多数就是“移民阶层”（the migrating class）②。为了寻找工作、追求财富和地位，英国各郡省的人尤其是年轻人络绎不绝地来到这个大城市。18世纪著名作家阿瑟·扬（Arthur Young）注意到伦敦对于这些年轻人的吸引力：“乡村当中的年轻男女都把目光锁定在伦敦，将其看作他们最终的希望。他们在农村努力干活，不是

① E. A. Wrigley and R. S. Schofield, *The Population History of England* 1541-1871: *A Reconstruction*, Massachusetts: Harvard University Press, 1981, pp. 77-81.

② Raphael Samuel, “Comers and goers”, in H. J. Dyos and Michael Wolff (eds.), *Victorian City: Images and Realities* (*Vol. I-II*), London: Routledge, 1973, pp. 123-131.

为了别的，而只是为了能够积攒起足够的钱到伦敦去闯荡。"① 詹姆斯·沃尔文（James Walvin）指出，伦敦之所以对各种人都充满了吸引力，是因为"这个都市为那些身体健全的人提供了工作赚钱的前景，为那些悲惨无能的人则提供了乞讨过活的机会"②。根据统计，仅仅是在1801—1831年这30年间，来自米德尔塞克斯郡的移民就有896，790人，来自萨里郡（Surrey）的移民有115，357人，来自兰开郡（Lancashire）的则有183，500人③。

除了英国国内的移民之外，伦敦还有大量的海外移民，这里也成为许多外国人的定居之所。自从中世纪以来，就有一些出生于欧洲大陆的商人开始定居伦敦，而到18世纪时他们的人数有显著的增长。法国胡格诺教徒和犹太人为了逃避宗教迫害而移居伦敦，已经是当时人和后来学者们所关注的一个显著现象④。此外，伦敦作为商业贸易、制造业和国际金融中心所具有的吸引力，也是海外移民聚集伦敦的一个重要原因。有学者统计，到18世纪中叶，伦敦有多达3/4的商人的祖辈为大陆移民⑤。

伦敦人口的增长带来了各种问题，如住房紧张、物价上涨以及社会矛盾和冲突。而对于伦敦中上层来说，一个首要的问题就是交通的拥挤。霍拉斯·沃尔波尔（Horace Walpole）就对出行的拥挤和不方便抱怨不已，他在1791年的一封信中写道："这个城市无法容纳它的所有居民，因为其人口增长是如此的惊人。在行进到皮迪卡利（Piccadilly）时，我两次停下马车，还以为前面有暴乱，后来才发现原来不过是人们在推推搡搡地行走。还有一次是在午夜两点钟，我去看望加里克夫人和汉娜·莫尔小姐

① Arthur Young, *The Farmer' s Letters to the People of England: Containing the Sentiments of a Practical Husbandman, on Various Subjects of Great Importance* (*Vol. I*), London: Printed for W. Strahan, 1768, p. 353.

② James Walvin, *English Urban Life* 1776 - 1851, London: Hutchinson & Co. Ltd., 2007, p. 16.

③ Robin M. Reeve, *The Industrial Revolution* 1750 - 1850, London: University of London Press, 1971, p. 103.

④ Stephen Inwood, *A History of London*, London: Macmillan, 1998, pp. 273 - 275.

⑤ Stanley Chapman, *Merchant Enterprise in Britain: From the Industrial Revolution to World War I*, Cambridge: Cambridge University Press, 1992, p. 30.

(Hannah More)，在到达诺桑伯兰宅第之前不得不停下来五次，因为四轮马车、双轮马车还有其他各种马车实在是太多了，没完没了。”① 这说明当时伦敦的人口拥挤状况引起了伦敦中上层的强烈不满。此外，伦敦人口的快速增长所带来的社会秩序不安定，也使社会中上层对伦敦城市充满恐惧和排斥。这一时期伦敦人口增长主要来自大量移民，他们大多数都比较年轻、精力充沛，同时也比较贫穷，容易造成各种骚动。

如果说人口拥挤问题是伦敦在发展过程中日益加剧的城市积弊之一，那么环境的恶劣状况也是18世纪初伦敦人不得不正视的严重问题。1666年，一场大火将伦敦市的大量建筑毁坏殆尽，伦敦面临着重建的任务。但是，此后伦敦并没有建设成为一个格局合理、秩序井然且环境良好的城市。重建后的道路大多数仍然比较狭窄，并因其脏乱和黑暗而闻名。甚至直到19世纪，狭窄、黑暗和吵闹都是伦敦市的一个显著特征：垃圾仍然散乱在大街上，臭气冲天的排水沟常常因此而堵塞；小贩的叫卖声和摇铃声，邮差的报信声，路人的喧哗声，以及车轮行进在狭窄过道中的咯吱声，这些都令人难以忍受。休·克劳特分析了伦敦火灾后没有重建为一个环境良好的城市的原因，包括：伦敦的土地大多是私人地主和机构所有，难以统一规划；火灾对于伦敦富商来说损失巨大，为了弥补损失，他们希望尽快地恢复到大火前的状况，而不愿意等待一项庞大详细的规划，等等。因此，实用主义成为伦敦重建的重要原则，重建后的伦敦由于缺乏规划，在城市面貌上更接近于中世纪的城市②。

伦敦市在灾后重建过程中缺乏规划，这种情况给城市环境带来了严重的后果，一个明显的表现就是城市当中仍残留着中世纪旧有的农业经营活动，用罗伊·波特的话来说就是，人们试图“在西区这繁华地带引入一些

① Peter Cunningham (ed.), *The Letters of Horace Walpole, Fourth Earl of Orford* (*Vol. IX*), Edinburgh: John Grant, 1906, p. 304.

② Hugh Clout, “Prologue to the present”, in Hugh Clout and Peter Wood (eds.), *London: Problems of Change*, Harlow: Longman Group Limited, 1986, p. 26.

威尔特郡（Wiltshire）[1] 的色彩”[2]。在一些豪华宏伟的建筑物旁，人们可以看到有羊群在栏杆后悠闲地吃草，好像这里是它们的牧场一样。1771年，詹姆斯·斯图尔特（James Stuart）指出，城市中所饲养的这些动物使环境又脏又乱，使街道“成为动物园，成为羊群的走道，成为所有的一切，而唯独不是街道本身所应有的样子。”[3]

伦敦的环境问题也使一些外国游客印象深刻。1772年，法国人皮埃尔·琼·格罗斯利（Pierre Jean Grosley）游历伦敦之后写下了《伦敦游记》一书，该书对伦敦两条主要大道之一海滨大道（the Strand）的恶劣环境做了详细的描述。作者指出即使在这条主要干道“最漂亮的一段，在我待在伦敦的整段时间里都可以看到，街道中央到处是肮脏的积水坑，有的深达三至四英寸；有的积水坑溅起的污泥会弄湿路过行人的全身，会洒进路过的马车——如果它们的窗户正好开着的话——并且弄脏马车”。[4]

在伦敦的环境污染中，对人们影响最大的可能是烟雾。虽然早在14世纪就有王室法令禁止使用煤作燃料，但由于伦敦人口的大量增长，日常生活和手工业生产都离不开煤，因此煤炭的大量使用导致城市中的空气弥漫着令人窒息的气味。约翰·伊夫林（John Evelyn）曾经写过一本题为《防烟》（Fumifugium）[5] 的书，在书中他把被烟雾笼罩的伦敦比作“火神的庭院”和“地狱的郊区”。烟雾给人们的健康带来了极大的威胁，“在这么多不可避免的麻烦中，那些富人无法舒服而清爽地生活，无法显得举止文雅、气定神闲”[6]。彼得·索罗尔德描述了伦敦环境污染尤其是烟雾污染的

---

① 威尔特郡是英格兰南部一个以农业为主的郡，只有少数工业城镇。

② Roy Porter, *London: A Social History*, Cambridge, Massachusetts: Harvard University Press, 2001, p. 113.

③ James Stuart, *Critical Observations on the Buildings and Improvement of London*, London: Printed for J. Dodsley, 1771, pp. 8-9.

④ Pierre Jean Grosley, *A Tour to London; Or, New Observations on England, and Its Inhabitants* (*vol. I*), London: Lockyer Davis, 1772, p. 33.

⑤ “Fumifugium”一词由拉丁文“fumo”（烟）和“fugo”（驱走）合并而来。

⑥ John Evelyn, *Fumifugium: or the Inconvenience of the Air and Smoke of London Dissipated*, London: Printed by W. Godbid, 1661, p. 6.

严重性：有一位达德利·诺思先生居住在伦敦市的一所大宅子里，这位诺思先生把所有的窗户和烟囱都堵死，以防止外部的烟雾进入房屋；即使这样，如乌云般的烟尘也笼罩了他的宅子，以至于有些房间都无法安放家具[①]。

到18世纪后期，随着工业革命逐渐拉开帷幕，煤炭的使用大量增加，给伦敦人带来了更为严重的污染。1772年，格罗斯利就曾写道：“在灰尘污泥之外，还有长年不散的烟雾覆盖整个伦敦，完全包裹住这个城市……这些烟雾整天不散，如果伦敦继续这样发展下去，那么这里的人最后必然会从此再也看不到太阳。”[②] 19世纪初的一位游客也对伦敦的烟雾污染进行了详细的描绘：“空气中……充斥着一层层烟雾，说得好听点就像一朵朵烟尘雪花，因为很轻而飘浮在空中，不会坠落，这种黑色的雪会黏附在你的衣服上，或是停留在你的脸上。你常常感觉有什么东西在你的鼻子里或喉咙里，用手指不停地抠，发现是一块块黑色的物体!”[③] 1819年，佩西·雪莱（Percy Bysshe Shelley）在一部诗歌的“地狱”一节中，对于伦敦的恶劣环境说得更为直接：“地狱就和伦敦一样——是一个人满为患且烟雾不散的城市。”[④] 在一个医疗条件仍然很落后的时代，很多人都相信伦敦难闻的空气是引起各种疾病的根源，因此一些有足够财富的人在选择居住地区的时候，希望能够远离污染源，正如彼得·索罗尔德所说：“能够从污染最严重的地方逃离出来的欲望”成为一部分富人“向伦敦周围乡村移居的重要原因”[⑤]。

---

① Peter Thorold, *The London Rich: The Creation of a Great City, from* 1666 *to the Present*, New York: St. Martin's Press, 1999, p. 30.

② Pierre Jean Grosley, *A Tour to London; Or, New Observations on England, and Its Inhabitants* (*vol. I*), London: Lockyer Davis, 1772, pp. 43 – 44.

③ Louis Simond, *Journal of a Tour and Residence in Great Britain, during the Years* 1810 *and* 1811, *by a French Traveller*, Edinburgh: Printed by George Ramsay and Company, 1815, p. 38.

④ Percy Bysshe Shelley, *The Poetical Works of Percy Bysshe Shelley* (*Vol. II*), Boston: Little Brown and Company, 1855, p. 447.

⑤ Peter Thorold, *The London Rich: The Creation of a Great City, from* 1666 *to the Present*, New York: St. Martin's Press, 1999, p. 30.

伦敦市政府也意识到该城市的卫生问题，试图改善伦敦城市的环境状况，但由于缺乏规划而收效甚微。G. M. 扬对维多利亚早期的英国进行考察后指出，伦敦既是英国最大最富裕的城市，同时也是卫生环境状况最恶劣的城市，“直到 1855 年一系列法令通过，伦敦的现代卫生事业才算是真正开始。”[①] 在这种情况下，当时人们普遍相信，“离伦敦越远，空气就越清新……生活也就更加洁净。”[②] 因此，这一时期伦敦的环境污染问题，成为富有商人、银行家和专业人士逃离城市的强大推动力。

第二节 社会秩序和安全问题

在 18 世纪的英国人眼里，伦敦城市一直徘徊在“暴民”统治的边缘[③]，这不仅是由于在伦敦街头拥挤着主要由下层贫困百姓组成的庞大人潮，也是由于在这个城市里频繁发生的争斗和骚动。著名小说家兼剧作家亨利·菲尔丁（Henry Fielding）曾担任过伦敦的地方法官和警察厅长，他在 1752 年写道：人们在伦敦“只注意到三个阶层即国王、贵族和平民”，却忽略了“还有一个非常庞大而强有力的群体，他们形成了第四阶层”，这就是暴民[④]。这些人威胁着伦敦正常的社会秩序，威胁着富人们的财产和人身安全，使其他阶层的人不可能“在白天穿过伦敦街道而不受到侮辱，夜晚穿过街道而不受到攻击……甚至威胁着颠覆我们宪法的平衡”[⑤]。社会秩序问题成为促使一些富有中产阶级成员向伦敦郊区迁移的重要动因

① G. M. Young, *Early Victorian England*, 1830 - 1865, London: Oxford University Press, 1963, p. 23.

② M. Dorothy George, *London Life in the Eighteenth Century*, London: Kegan Paul, Trench, Trubner & Co. Ltd., 1925, p. 156.

③ Robert B. Shoemaker, *The London Mob: Violence and Disorder in Eighteenth - Century England*, London and New York: Hambledon and London, 2004, p. XI.

④ Henry Fielding, *The Works of Henry Fielding, Esq. With the Life of the Author (Vol. XII)*, London: Printed for A. Millar, 1766, p. 139.

⑤ Henry Fielding, *The Works of Henry Fielding: Miscellaneous: Covent - Garden Journal. (Vol. X)*, London: Printed for J. Johnson, 1806, p. 140.

之一。

在当时伦敦社会中上层人士的眼中，所谓暴民几乎包括了下层百姓中的所有人，他们是那些因为贫穷而缺乏教养、粗野不文明、道德素质低下的人。在这些人威胁伦敦秩序和安全的各种行为中，暴乱是一个重要的部分，从一小群人大喊大叫的侮辱中伤，到毁屋伤人的大规模骚乱都包括在内。从当时法律上来说，任何聚集了三个或三个以上的人，其行为有意地干扰或有可能干扰社会秩序的事件，都可以称为暴乱①。罗伯特·休梅克（Robert B. Shoemaker）分析了引起暴乱的各种原因，包括通奸行为引起人们的聚众谩骂，与店主的争吵，劳工冲突，等等。他发现，“18世纪伦敦各种暴乱的重要特点之一就在于在场路人和旁观者那种自发的参与性。当发现有争吵时，男男女女都会马上过来围观，如果争吵当中的问题引起了他们的兴趣，那么他们就会加入这场争吵中来。人群之所以能够迅速集中起来，是因为每天在伦敦街上有许多人在行走，在卖东西，在行骗，或是在乞讨。”② 当相当一部分路人被吸引聚集在一起时，常常会发生暴乱，旁观者也就常常转变成为暴乱者。这样，“暴民”一词更经常的是指那些出现在伦敦街头的下层百姓，在中产阶级眼中，街头上拥挤着的“暴民”都潜在地对社会秩序造成威胁。在他们看来，城市中心不再是一个安全的居住场所。

彼得·阿克罗伊德（Peter Ackroyd）认为伦敦下层百姓的特点就是“他们的暴躁易怒和情绪的善变性，当有一点火星投入其中就会迅速燃起大火”③，而这场大火燃烧的对象往往是上层社会的成员。下层百姓对上层社会的敌意令当时的许多外国游客感到非常讶异。1746年，意大利著名旅行作家吉奥瓦尼·卡沙诺瓦（Giovanni Giacomo Casanova）写道：“一个穿着体面的人不可能穿越伦敦的街道而不被那些暴民投掷以污泥……当国王

---

① Michael Dalton, *The Countrey Justice*, London, 1618, pp. 191 – 196.

② Robert B. Shoemaker, “The London ‘mob’ in the early eighteenth century”, *The Journal of British Studies*, Vol. 26, No. 3. (Jul., 1987), pp. 273 – 304.

③ Peter Ackroyd, *London: The Biography*, London: Chatto & Windus, 2000, p. 389.

和王室成员出现在公众面前时，伦敦人也报以嘘声和叫喊。”① 18世纪伦敦生活的所有观察者都会注意到街头是多么拥挤无序。1770年，一个德意志游客在一封信中描绘了伦敦街头的混乱情状，他写道：“一个人突然发现自己的手帕被偷走了，大喊‘抓贼’，于是街上的人都奔跑起来，互相推挤——然而他们大多数人都不是为了抓住小偷，而是为了在混乱中顺手牵羊偷走别人的东西，例如一块表或一个钱包。”② 18世纪时一个游览伦敦的瑞士人注意到，街头就是下层民众取乐的地方，他们在伦敦街上向人或动物扔掷石头，踢球，并且“以打破别人家的窗户，或是——如果他们正好遇到的话——马车的窗户为一大乐事”③。

在1772年的《伦敦游记》中，皮埃尔·琼·格罗斯利对伦敦暴民的描述更是入木三分。他指出：“在英格兰，没有哪个阶级或地位的人能够逃脱暴民的侮辱，即使当年轻的王后本人第一次出现在伦敦公众面前时，也会受到这样的公然侮辱。”格罗斯利还心有余悸地记录了他所经历的一次民众骚乱：有一天他经过一个地方时，“发现那里挤满了人，等着欣赏一个可怜的家伙戴着头手枷示众，结果却听说这一惩罚要推迟到其他时间。这群暴民由于失望而陷入狂怒，并发泄到所有经过的人身上——无论是步行的人还是坐马车的人。他们向行人扔掷污泥、臭鸡蛋、死狗以及各种垃圾污物，而这些原本是打算用来对付那个被惩罚的人的。这些暴民的怒火尤其爆发在那些驾马车的人身上，马车上的人都被迫用马鞭或帽子向这些暴民致敬，并大喊‘万岁’。”④ 仅仅因为没有如愿观看到惩罚示众，人们便向路过的人发泄怒火，可见暴民骚乱是如何容易因微不足道的事而

① Giovanni Giacomo Casanova, *Memoirs of Casanova* (*Vol. 22: To London*), Project Gutenberg Ebbok, http://www.archive.org/stream/memoirsofcasanov02972gut/2972.txt.

② Georg Christoph Lichtenberg, *Lichtenberg' s Visits to England: As Described in His Letters and Diaries*, Manchester: Ayer Publishing, 1969, p. 64.

③ Beat - louis de muralt, *Letters Describing the Character and Customs of the English and French Nations*, London: Printed by Tho. Edlin, 1726, pp. 38 - 39.

④ Pierre Jean Grosley, *A Tour to London; Or, New Observations on England, and Its Inhabitants* (*vol. I*), London: Lockyer Davis, 1772, p. 88.

发生。这对于那些渴望秩序安定以及人身、财产安全的中产阶级人士来说，是多么令人恐惧的一幕场景，而充斥着这类场景的伦敦市也就成为他们亟欲逃离的地方。

在所谓的暴民当中，对社会秩序威胁最大、令社会中上层最为恐惧的是罪犯。在伦敦这个庞大的都市当中，四处充斥着诱惑、不道德和罪恶，更容易成为罪犯的乐园。甚至有的学者指出，在18世纪伦敦出现了所谓的“罪犯阶层”（a criminal class）[①]。暴力抢劫被认为是首都城市当中最普遍的犯罪行为之一，因为无论是在伦敦的主干道上还是在周围的道路上，抢劫目标众多而且罪犯比较容易逃脱。根据18世纪初伦敦中央刑事法庭（the Old Bailey）[②] 的审判记录，有一个人承认参与了各种犯罪行为，包括夜盗、入室抢劫，并与其他5个人共同偷盗船运货物；几年后另一个人承认在16个月内伙同另外8个人施行了36次夜盗；还有两个人提到自己与他人一起白天在道路进行抢劫，晚上潜入住房和商店偷盗，并且偷窃了大量马匹。[③] 类似的故事简直数不胜数。从17世纪末开始，各种侵犯私人财产安全的犯罪行为迅速增加。我们可以看到，在1690年至1713年间，伦敦被起诉侵犯财产安全的犯罪行为有3，170宗，而从1714年到1750年，这个数字则迅速上升至5，624宗，增加了77%。[④]

除了上述犯罪行为之外，作为政治中心的伦敦也常常因政治事件而导

① J. M. Beattie, “Crime and the courts in Surrey 1736 – 53”, in J. S. Cockburn (ed.), *Crime in England* 1550 – 1800, Princeton: Princeton University Press, 1977, p. 186.

② 中央刑事法庭即Central Criminal Court，因位于伦敦市的老贝利街（Old Bailey），又被称为“老贝利”。

③ J. M. Beattie, *Policing and Punishment in London*, 1660 – 1750, Oxford: Oxford University Press, 2001, p. 22.

④ J. M. Beattie, *Policing and Punishment in London*, 1660 – 1750, Oxford: Oxford University Press, 2001, p. 65.

致骚乱和动荡。从17世纪80年代的废黜危机[①]，到18世纪威尔克斯运动[②]和戈登暴动[③]的爆发，伦敦常常处于政治暴动的边缘。伦敦市民与其他地区的人相比享有较为普遍的选举权，如在1761年，伦敦大概有9，000人享有选举权[④]。选举过程本身常常充斥着倾轧，而在威斯敏斯特频繁举行议会选举，激烈的党派斗争又导致政治家们常常向伦敦市民寻求支持，这些都容易引发社会秩序的混乱。同时，随着17世纪末出版检查法的废除以及普通市民识字率的上升，伦敦出现了大量的廉价出版物，各种漫画、民谣、报纸和小册子充斥大街小巷，这些都导致伦敦人容易参与到政治示威甚至暴动中来。

第三节　贫穷和社会隔离问题

贫穷一直与城市相伴相生，尤其是在伦敦这个大都市，贫穷问题更加严重。18世纪对穷人的救济仍然以伊丽莎白时代的济贫法为依据，穷人能够得到的救济微乎其微，“在最坏的情况下，穷苦的劳动者和他们家庭的生活几乎相当于，可能甚至低于美国的奴隶或俄罗斯的农奴”[⑤]。根据18世纪统计学家、法官帕特里克·科尔豪（Patrick Colquhoun）的估计，在该世纪末的伦敦“有超过两万人属于非常贫困的阶层，他们不知道如何——或者说以何种方式——获得食物度过接下来的一天，在很多情况下甚

① 废黜危机（Exclusion Crisis）是17世纪80年代议会围绕着排斥约克公爵詹姆斯的王位继承权所引发的一次危机。在危机期间，辉格党（Whig）和托利党（Tory）逐渐形成，是为英国两党政治的起源。

② 约翰·威尔克斯（John Wilkes）是18世纪英国著名的激进派记者和政治家，他曾因撰文反对政府而被判毁谤罪，虽多次被选入议会却一再被逐出。他曾当选伦敦市长，在伦敦获得广泛支持，其支持者组成的团体多次引发骚动。

③ 戈登暴动（Gordon Riots）是1780年6月乔治·戈登勋爵在伦敦煽动起来的一次反天主教的骚乱。

④ John Stevenson, *Popular Disturbances in England* 1700－1870, London and New York: Longman, 1979, p. 62.

⑤ ［英］肯尼思·O. 摩根主编：《牛津英国通史》，王觉非等译，北京：商务印书馆，1993年，第403页。

至也不知道在哪里能找到住处以度过接下来的夜晚。”[①] 科尔豪所说的“非常贫困的阶层”，也就是笛福所说的“生活悲惨，缩衣节食却仍然温饱不足的”[②] 这一部分人。在18世纪的记录中，我们可以看到在“肮脏的庭院和摇摇欲坠的房子”里，挤满了“无人理睬的全身污秽的孩子”和“衣着破烂的妇女”，许多人不得不挤在“脏乱、黑暗、空荡的房间里”，因为“他们的衣服过于破烂而承受不了阳光的照耀”[③]，而那些甚至连这样一个住处都没有的人则只能蜗居在被遗弃的老房子或是露宿街头。直到1836年，贫困状况仍然没有得到明显的改善。据估计，在臭名昭著的贫民窟圣吉尔斯地区（St. Giles）大约有260所住宅，平均每所住宅里居住的人数在20个人以上，其中有些单间就紧紧挤着住满了15个人，在每个房间里，“这个角落住着一群房客，那个角落住着另一群房客，而中间也挤着一群人，这些人都是没有什么关系的不同家庭住户。”[④]

1782年，议会在1601年济贫法的基础上通过了一项法案，扩大了济贫面，1834年又出台了济贫法修正案，即后来所称的“新济贫法”，但这些法案都没有产生明显的效果。尤其是伦敦的贫穷人口众多，贫富差距较大，且社会中上层对所谓“暴民”充满恐惧，由此日益导致一种社会隔离（social segregation）现象。约瑟夫·艾迪生（Joseph Addison）在1712年的《旁观者》（Spectator）杂志中曾指出：伦敦就像是“由好几个国家拼凑在一起，而这些国家有各自不同的风俗、习惯和利益……圣吉尔斯地区的人和齐普塞街（Cheapside）的人完全不同”[⑤]。约翰·菲尔丁则在1776年的

① Patrick Colquhoun, *A Treatise on the Police of the Metropolis, Explaining the Various Crimes and Misdemeanors*, London: Printed by H. Fry, 1797, p. 33.

② Marcellus Laroon, Sean Shesgreen, *The Criers and Hawkers of London: Engravings and Drawings*, Palo Alto: Stanford University Press, 1990, p. vii.

③ Peter Ackroyd, *London: The Biography*, London: Chatto & Windus, 2000, p. 599.

④ T. C. Barker and Michael Bobbins, *A History of London Transport: Passenger Travel and the Development of the Metropolis (Vol. I: The Nineteenth Century)*, London: George Allen & Unwin Ltd., 1963, p. xxvii.

⑤ George Washington Greene (ed.), *The Works of Joseph Addison (Vol VI: The Spectator)*, G. P. Putnam & Co., 1856, p. 305.

一本伦敦指南当中写道："当一个人来到主要居住着船员的罗瑟海西地区（Rotherhithe）或威滨区（Wapping）[①] 时，虽然彼此讲的是同一种语言，但他会怀疑自己来到了另一个国家，因为那里的生活、说话、行为、穿着等方式都是如此与人不同。"[②] 伦敦的这种社会隔离现象给人留下了深刻的印象，当时许多人都认为："如果说你希望在伦敦找到任何'共同生活'（a community life）的场景，那么你实际上是希望在'沙漠中找到鲜花'。"[③] 或许这一论断过于夸大了阶级内和阶级间的差距，但在18、19 世纪的伦敦，由于贫穷和其他问题所导致的社会隔离确实比较明显。当时的文学作品也从另一个侧面充分证明了这一点。

1805 年，浪漫派诗人威廉·华兹华斯（William Wordsworth）在诗作《序幕》（The Prelude）中回忆他第一次到伦敦时感受到的震撼，他注意到这个城市中人的隔离和孤独感："我感到困惑，人们是怎样生活 / 即使比邻而居，却仍然 / 陌不相识，甚至不知道彼此的名字。"[④] 查尔斯·狄更斯（Charles Dickens）在 1836 年出版的《博兹特写集》中对当时的伦敦人做了详细的描述，他一开篇就提到伦敦人与人之间的冷漠疏离是多么可怕："令人奇怪的是，一个人在伦敦生与死，是多么的不受注意，无论是好的、坏的，还是冷漠的。他在任何人的心中都激不起任何同情；他的存在，除了他自己之外没有人会在意。在他死去的时候，不能说他被遗忘，因为在他活着的时候就没有人记得他。"[⑤] 在拥挤的市中心，人们在各种活动中的

① 罗瑟海西（Rotherhithe）位于南华克地区，威滨区（Wapping）位于东区，两者均以码头运输和造船业为主。

② Henry Fielding, *A Brief Description of the Cities of London and Westminster*, *the Public Buildings*, *Palaces*, *Gardens*, *Squares*, *&c.*, London: Printed for J. Wilkie, 1776, p. xv.

③ Peter Ackroyd, *London*: *The Biography*, London: Chatto & Windus, 2000, p. 392.

④ William Wordsworth, *The Poetical Works of William Wordsworth* (*Vol. VII*), Boston: Little, Brown, and Company, 1865, p. 159. 华兹伍斯的《序幕》完成于 1805 年，但在作者死后才得以出版。

⑤ Charles Dickens, *Sketches by Boz*, *Illustrative of Every - day Life and Every - day People*, Philadelphia: Published by Getz, Buck & Co., 1852, p. 119。1833 年，狄更斯开始在杂志和报纸上发表各种评论，1836 年结集为《博兹特写集》出版。

物理距离也许不大，但社会距离却越来越大。现代城市生活的弊端之一，即人与人之间的隔离，在18世纪的伦敦已经出现，这或许也算是伦敦作为第一个现代城市所必然具备的一个特征。

随着贫富差距的日益加大，社会隔离逐渐以一种居住隔离（residential segregation）或称居住分区（residential zoning）[①] 的方式表现出来。不少学者注意到了贫富差距和社会分化对于居住隔离，尤其是郊区发展所带来的影响，他们指出：“社会分层以空间形式和建筑形式表达出来，这在1700年以来的伦敦表现得最为明显，当时一些富有市民纷纷迁移到周边的郊区地带，而这一迁移在此后则日益加快速度。”[②] 在这种物理空间和社会空间重组的过程中，传统的城市地形发生了巨大的变化。迈克尔·里德通过对1700—1840年城市空间结构的研究，得出结论：“城市环境结构在18世纪发生了越来越快的变化……城市社会地理的传统模式，即富人居住在城市中心区而穷人居住在周边地区的模式在18世纪被破坏，取而代之的是在家庭和工作分离的基础上以社会经济地位为划分依据的郊区居住方式。”[③]

在这种新的城市社会地理中，社会下层没有能力也没有条件居住在离工作场所较远的地方。18世纪的伦敦是英国顶尖的手工业中心城市，该城市的一些行业如制衣业和家具制造业都位于伦敦东区，这里的工作与在码头、市场和仓库的工作一样，通常都不允许工人居住得太远。由于与工作场所捆绑在一起，他们既没有充裕的时间步行，也没有足够的金钱乘坐马

① 西方学者对居住隔离（residential segregation）或称居住分区（residential zoning）现象的看法不尽相同，但他们都认为居住隔离是城市生活中明显的特征之一，并强调居住隔离和社会分层之间的密切联系。居住隔离主要指城市居民由于种族、宗教、职业、生活习惯、文化水准和财富差异等关系，相类似的集团聚居于同一特定地区，不相类似的集团则彼此分开，产生隔离作用，有的甚至产生歧视或敌对的态度。参见黄怡著：《城市社会分层与居住隔离》，上海：同济大学出版社，2006年，第25—27页；欧阳萍：《贫民窟与郊区：19世纪英国社会分层与城市社会地理》，载《学海》，2018年第2期，第147—152页。

② P. Griffiths et al., “Population and disease, estrangement and belonging 1540 - 1700”, in Peter Clark (ed.), *The Cambridge Urban History of Britain* (*Vol.* Ⅱ), Cambridge: Cambridge University Press, 2000, p. 227.

③ Michael Reed, “The transformation of urban space 1700 - 1840”, in Peter Clark (ed.), *The Cambridge Urban History of Britain* (*Vol.* Ⅱ), Cambridge: Cambridge University Press, 2000, p. 615.

车到较远的地方去工作。相比较而言，中产阶级人士则有更大的能力远离城市当中的种种问题，建立起属于同一阶层或同一职业的居住区。于是，一些伦敦富商为了更好的环境和更宽阔的空间，往往选择居住在离伦敦市的工作地有一定距离的郊区。M. 多萝西·乔治指出："18世纪是伦敦从中世纪城市景观开始转变的时期，在这一时期居住空间和良好空气首次成为富人才能享受的奢侈品……18世纪城市地理的发展很大程度上源于他们对更广阔的生活空间的欲望。"中产阶级是如此渴望远离城市，以至于他们"将居住在离工作地较远的地方，当作自己的福祉之一。"[①] 由此可见，贫穷劳动者由于生活和工作所迫不得不集中于城市的工作场所周围，而富人则可以凭借其财富迁移到郊区，在这个意义上，我们可以说贫富差距和社会隔离问题是伦敦郊区化的重要原因之一。

通过对伦敦城市发展中产生的各种问题的讨论，我们可以看到，伦敦虽然是一个带来财富和权力的繁华之都，但同时也是一个带来骚乱和罪恶的新巴比伦（Babylon）或所多玛（Sodom）之城[②]。正因为城市中存在着人口和环境问题、社会秩序和安全问题以及贫穷和社会隔离问题，伦敦中产阶级选择向城市外围迁移。许多学者在论述中产阶级的这种迁移时不约而同地用了同一个词："出埃及记"（Exodus）[③]，借以表达中产阶级逃离城市的愿望和行动，如威廉·罗伯森（William A. Robson）用"出埃及记"来比喻人们从伦敦城市的逃离[④]，罗伊·波特和其他学者也都将这种迁移

① M. Dorothy George, *London Life in the Eighteenth Century*, London: Kegan Paul, Trench, Trubner & Co. Ltd., 1925, pp. 95 – 96.

② Roy Porter, *London: A Social History*, Cambridge, Massachusetts: Harvard University Press, 2001, p. 160。巴比伦是古代王国巴比伦尼亚（Babylonia）的首都，因其繁华放荡的都城生活而被后人视为"罪恶之城"。所多玛是传说中的古巴勒斯坦城市，据《圣经》记载因其邪恶而被焚毁。

③ 《出埃及记》是《圣经·旧约》中的一卷，叙述的是摩西带领其门徒犹太人逃出埃及法老王奴役的经历。

④ William A. Robson, *The Government and Misgovernment of London*, London: G. Allen & Unwin Ltd., 1939, p. 43.

称为一场大规模的出埃及记[①]。如果说在出埃及记中，以色列人在摩西带领下终于逃脱埃及的暴政和奴役，最终走向西奈旷野而脱离苦海，那么伦敦中产阶级则穿越伦敦城市的边界，来到他们理想中地域开阔、空气清新、道德纯洁的世外桃源——郊区。

综上所述，伦敦的富有商人、银行家和专业人士等发现这个城市在给他们带来财富和荣耀的同时，同时也给他们的家庭、财产以至健康带来了威胁。因此，一些富人选择居住在与其商业活动有一定距离的地方，采用通勤的生活方式。在1766年的一出戏剧中，主人公所发出的感叹表达了他们的心声：“哦，我是多么希望来到格罗斯温纳广场（Grosvenor Square）[②]那可爱的地区，而远远地，远远地离开阿尔德斯格特（Aldersgate）、彻普（Cheap）、坎德维克（Candlewick）和法拉伦登内外（Farringdon Without and Within）[③]这些令人窒息的地方！”[④]渐渐地，这一感叹成为越来越多有较高收入的中产阶级人士的心声，最终推动着他们“逃出埃及”，而将他们的创造物——城市远远地抛弃在后面，留给了那些贫穷的下层百姓。

① Roy Porter, *London: A Social History*, Cambridge, Massachusetts: Harvard University Press, 2001, p. 224; William Gilbson and Bruce Sterling, *The Difference Engine*, New York: Bantam Books, 1991, p. 159.

② 格罗斯温纳广场是伦敦城外的一个高级居住区。

③ 阿尔德斯格特（Aldersgate）是伦敦市城墙上的一道城门，彻普（Cheap）是伦敦市内的一个市场，坎德维克（Candlewick）是伦敦市内一个较小的护卫区（ward），而法拉伦登内外（Farringdon Without and Within）是指以法拉伦登为界的两个护卫区，都位于伦敦市内。

④ George Colman and David Garrick, *The Clandestine Marriage*, *A Comedy*, London: Printed for T. Becket and p. A. De Hondt, 1766, p. 12.

第三章
“伦敦很快就会成为我们的隔壁”
——土地利用模式和建筑业发展对郊区化的影响

“如果他们继续以这种速度盖房子，那么伦敦很快就会成为我们的隔壁。”

——一个居住在伦敦郊区的孩子，1787 年

在城市史和社会史当中一直存在着这样一个争论：土地利用模式对于城市的物理面貌和社会特性到底产生了什么样的影响①。实际上，在本书的讨论中我们可以把这一问题简化为：土地利用模式对于伦敦城市郊区化是否产生影响？如果有影响，又是什么样的影响？前文已述，在 18 世纪后期和 19 世纪前期，伦敦已经发展成为英国的政治、经济和社会文化中心，由此提升了城市中心区的经济功能，而相应地削弱了中心区作为居住场所的功能。在伦敦城市的发展过程中，出现了各种城市问题，如人口拥挤、环境恶劣、秩序混乱和社会隔离，这些问题进一步导致城市中心区作为居住场所而失去吸引力。在上述情况下，伦敦城市的土地利用模式发生了重大的变化，城市土地越来越多地成为商业和行政办公用地，即店铺、银

① F. M. L. Thompson, "Town and city", in F. M. L. Thompson (ed.), *The Cambridge Social History of Britain* 1750 - 1950 (*Vol. I*), Cambridge: Cambridge University Press, 1990, p. 39.

行、办事处以及政府办公机构，伦敦用于居住的空间越来越小，作为社会各阶层主要居住地的传统功能日益被削弱。

在伦敦城市经济功能日益凸显而居住功能日益减弱的情况下，一些私人地主利用自己所掌握的地产资源，与投机开发商签订建筑租约，共同开发伦敦市及周围的土地，为那些希望居住在伦敦城外的商人和银行家修建高级住宅，从而带动了伦敦郊区建筑业的发展。

第一节 土地利用模式的变化

空间（space）是人类赖以生存和发展的基础。一方面，城市空间为城市人提供了基本的生活和工作场所，对人们的活动产生了重要的影响；另一方面，人们又会将自己的特性施加给周围的环境，并尽其所能地改变和调整环境，使之成为满足自身需求并体现自身价值的地方（place），这就是保罗·诺克斯和史蒂文·平奇所说的“社会空间辩证法（sociospatial dialectic），即人们在创造和改变城市空间的同时又被他们所居住和工作的空间以各种方式控制着”[①]。因此，空间不能被简单地视为一种用于表述社会、经济和政治过程的媒介，它的不同分配、组合和关联即土地利用模式，对城市的发展模式以及郊区化的进程也十分重要。

在西方的城市地理学中，城市土地一般被划分为以下几种：（1）商业用地，其中包括零售业、批发贸易和专业服务业的用地。相对而言，零售业和专业服务业通常都要求位于交通最方便和人口最集中的城市中心区，而批发贸易需要较大的空间储存货物，且主要是以零售商为经营对象，可位于非市中心区。（2）工业用地，可分为小型工场和大型工业，由于前者占地面积较小，大多位于邻近中心区的地段，后者往往占地面积大，所以很少建在土地使用费昂贵的城市中心。（3）政府机关用地，由于政府的重

① ［美］保罗·诺克斯、史蒂文·平奇著，柴彦威、张景秋等译：《城市社会地理学导论》，北京：商务印书馆，2005 年，第 7 页。

要支配地位，机关用地通常不考虑租金问题，而以交通方便和邻近服务对象为主要的考虑因素。（4）住宅用地，居民的住宅用地主要受到购买或租赁房屋的费用以及到工作地点的交通费用的限制，他们在选择居住地点时通常会综合考虑生活费用、居住面积、租金和交通费，并往往是以交通费迁就租金。（5）休憩用地和绿化地带，随着对生活质量和城市环境的日益重视，休憩用地和绿化地带也在城市的土地利用中占有重要地位。（6）交通用地和其他公用事业用地[①]。

由上述可知，土地利用模式主要是以市场经济力量为导向，因为土地作为一种特殊的市场商品，是一种不可再生的资源。根据新古典经济学的观点，使用土地的报酬是商业地租，包含转移收入（即对地力消耗的补偿）和经济地租（即一种反映土地稀缺有价值的支付）两个部分[②]。因此，在土地相对稀缺的城市中心区，商业地租几乎完全由经济地租组成，转移收入可以忽略；反之，在土地资源相对丰富的郊区，转移收入通常大于经济地租，甚至有时经济地租可以被忽略。马克思主义地租理论认为，“土地所有权本身已经产生地租”[③]，也就是说，绝对地租以土地所有权为前提，因土地等级不同而产生数量不等的地租，则是级差地租。在城市土地中，只要使用土地就需要支付绝对地租；而由于同一城市的不同地区具有不同的经济效益，在不同的城市地区使用土地就会产生级差地租。

如图3所示，在城市土地利用的三种主要方式中，商业用地对城市中心区的依赖性最强，经济地租最高；住宅用地对地区的敏感性最弱，经济地租最低；而工业用地则居于二者之间。

因此，在一个完全竞争的社会，产生的所有经济地租均由土地拥有者以租金的形式收取，而土地拥有者则把土地出租给出价最高的使用者。由

① 关于城市土地利用的具体模式和功能，参见许学强等编：《城市地理学》，北京：高等教育出版社，1997年，第186—192页。

② 关于对转移收入和经济地租的具体分析，参见谢文蕙、邓卫编著：《城市经济学》，北京：清华大学出版社，1996年，第232—233页。

③ 《马克思恩格斯全集》第46卷，北京：人民出版社，2003年，第854页。

于土地价值和租金的不同，通常城市中心为零售业，中心外围为专业服务业、工业及批发业，再远一些为高密度多层住宅，更远的地方则是低密度住宅。上述地租理论是西方经济学家通过考察工业时代的城市和土地问题所做出的理论总结，在很大程度上也适用于18、19世纪的伦敦，因为这一时期伦敦已经具备了现代城市的基本功能，在经济方面不仅是英国的制造业中心，而且是当时整个欧洲的贸易和金融中心。在伦敦城市和郊区的发展中，上述土地利用模式发挥着越来越重要的作用。

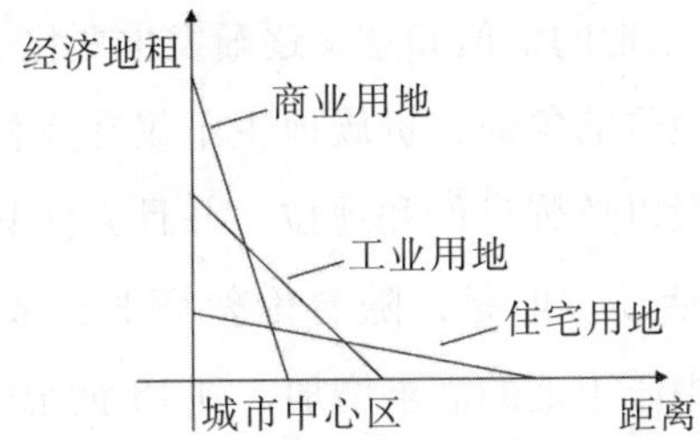

图3：城市土地地租曲线图

伦敦土地利用模式的变化与18世纪伦敦在英国乃至世界经济当中的地位有密切的关系。如前所述，伦敦是英国的商业贸易和金融业中心，这些行业的扩大和复杂化，使伦敦的商人和银行家越来越重视选择一个合适的地方作为办公场所，因为他们只有置身于接近商业活动中心的地方，才有可能接触到市场、原料和商务信息。在土地利用模式中，现代批发商的顾客主要是零售商，他们可以把仓库设立在离城市中心有一定距离的地方；但对于18世纪的伦敦批发商来说，他们仍然需要将仓库设立在城市中心，因为当时仍然有很大一部分交易都是在买卖双方之间直接进行，并且主要是采取口头交流的方式。因此，仓库离那些重要商业机构和交易对象越近，这些批发商在贸易中的竞争力也就越大，越有可能获得高额利润。至于零售业店主更是如此，他们要与顾客保持紧密联系，才可能出售更多商品。

这样，商人、店主和银行家都争相在伦敦市谋得一块商务用地，导致伦敦市中心区日益成为商业贸易的集中地。正如 J. 劳伦斯（J. Lawrence）所说："书面文件的发展，当事人亲自商谈的要求，以及接近商务的信息源如邮局、阅读室和咖啡馆的必要性，都使得拥有一个正式的、离商务活动中心不太远的办公室变得越来越重要。"[①] 而这种需求最终对土地价值、居住方式和城市社会地理产生了重要的影响。由于土地的稀缺性和不可再生性，土地的利用模式日益受到市场力量的制约，换言之，几乎所有土地都能够根据所提供的最高竞价而被使用。

从 18 世纪开始，土地的价值和意义逐渐发生变化。在近代早期，土地更多的是一种身份和地位的象征，贵族地主不仅在乡村而且也在伦敦这个大城市中修建豪华宫殿以炫耀身份和地位，并且方便其围绕在王室周围参加政治活动和社交季活动。但是，随着伦敦商业、金融业和服务业的发展，商业人士对城市中心土地的需求增加，到 18 世纪中后期传统的土地价值观遂发生变化。G. M. 扬曾经写道："人们仍然谈论着土地，但是土地越来越多地意味着居住地产和工业用地。"[②] 也就是说，土地及其开发越来越多地与市场力量联系在一起。爱瑞克·伊万斯（Eric J. Evans）认为土地价值的这种变化，是与英国的经济和社会发展联系在一起的。"在英国，和在欧洲其他国家一样，土地是财富和特权的基础；但相比之下，在英国，土地更多地与贸易和制造业联系在一起。"[③] 社会地理学家保罗·诺克斯和史蒂文·平奇也认为，"对新工厂、仓库、商店和办公室的最佳区位的争夺，引起了土地利用的第一次极为重要的变化"[④]：城市土地被用于获取最高地租，而不是像传统的那样被用于居住。为了在城市土地上收取尽

① Peter Scott, "The evolution of Britain' s urban built environment", in Peter Clark (ed.), *The Cambridge Urban History of Britain* (*Vol. III*), Cambridge: Cambridge University Press, 2000, p. 500.

② G. M. Young, *Victorian England*, *Portrait of an Age*, London: Oxford University Press, 1936, p. 147.

③ Eric J. Evans, *The Forging of the Modern State*: *Early Industrial Britain* 1783 - 1870, London and New York: Longman Group Limited, 1983, p. 6.

④ [美] 保罗·诺克斯、史蒂文·平奇著，柴彦威、张景秋等译：《城市社会地理学导论》，北京：商务印书馆，2005 年，第 27 页。

可能高的地租，伦敦中心区的土地日益成为重要的商业用地。理查德·罗杰（Richard G. Rodger）在分析英国城市中市场力量、住房问题和土地模式之间的关系时，指出虽然有其他因素如气候、传统等的影响，但是城市当中的居住模式是在市场力量的推动下发展的，而发展的一个重要方面就是城市中的住宅区被商务用地取代①。

因此，根据地租理论和伦敦经济的具体发展进行分析，我们可以看到伦敦市的居住区日益让位于办公室、仓库和商店。正因如此，1760 年后伦敦市的部分城墙被拆除以便利商业交通。富有商人和银行家为了追求宽阔的居住空间和良好健康的环境，开始向城墙外迁移，同时仍然在伦敦市保持办公场所或零售店铺。当然，这一时期仍然有非常多的人拥挤在伦敦市内，除了少数大贵族居住在这里的豪华宫殿中之外，更多的是生产规模不大、经济能力不强的小商人和普通工匠，以及穷困潦倒、拥挤在贫民窟里的下层百姓。不过，一部分有负担能力的人发现在伦敦城市中存在各种城市问题，尤其是商业用地的发展日益挤占住宅用地，他们逐渐向城市周围乡村迁移。

P. L. 加塞德（P. L. Garside）在考察了伦敦及周围各郡乡村的关系之后，强调城市土地利用模式变化对郊区发展的影响，他指出：“土地租金的上涨和商业用地的发展一起导致了一场影响几乎遍及所有人的‘出埃及记’——只有一些小商人和最贫穷的人仍然集中在拥挤的城市中心。”② 这场“出埃及记”随着伦敦市对办公用地和商业用地的需求日益上升而愈演愈烈。彼得·索罗尔德也提出：“到 19 世纪 40 年代时，如果仅从居住的角度来看，事实上所有较为富有的商人都已经迁离伦敦市。”③ 索罗尔德的观

① Richard G. Rodger, “The invisible hand: Market forces, housing and the urban form in Victorian cities”, in Derek Fraser and Anthony Sutcliffe (eds.), *The Pursuit of Urban History*, London: Edward Arnold, 1983, pp. 190 – 211.

② P. L. Garside, “London and the home counties”, in F. M. L. Thompson (ed.), *The Cambridge Social History of Britain* 1750 – 1950 (*Vol. I*), Cambridge: Cambridge University Press, 1990, p. 481.

③ Peter Thorold, *The London Rich: The Creation of a Great City, from* 1666 *to the Present*, New York: St. Martin' s Press, 1999, p. 252.

点可以从 19 世纪英国作家戴维·伊万斯（David Morier Evans）的记录中找到论据。伊万斯于 1845 年写道：在晚上七点以后的伦敦市中心，“在交易所附近，你看不到任何人；在巴斯洛梅街巷，你所能听到的只有公共马车夫吆喝着到帕丁顿或霍拉维去的声音；而在隆巴德街，警察会特别注意你，好像你在秘密策划着要抢劫格林银行或巴克莱银行似的，甚至可能会询问你为什么在这附近游荡。”之所以会出现上述这种现象，伊万斯认为是由于伦敦市商业和银行业的发展，使得这一时期“伦敦这个城市不再成为人们选择居住场所时的首要考虑”，而“在那些修建得最好的大道两旁的旧房子，要么被出租出去作办公室，要么就转让给店主作门面”。[①] 在伊万斯写下这段话时，伦敦商业区的居住人口还有大约 130，000 人，不过主要集中在靠近城市边缘的分区内。到 1861 年，伦敦中心区的居住人口减少到约 112，000 人，十年后进一步减少到约 75，000 人[②]。

在土地利用模式发生变化的情况下，伦敦中心区日益成为商务用地，有经济能力的人迁移到郊区居住，而在中心区和郊区之间还存在一部分小规模制造业。因此，戴维·格林（David R. Green）指出，早在 19 世纪前期伦敦就已经形成了特定的社会和经济地理结构，“伦敦明确的分为三个互相补充但又泾渭分明的区域：处于中心的是伦敦市，这是一个贸易和金融的中心，混杂着办公室、商贸楼和仓库……比较富有的市民已经移居到周围的郊区，在这些郊区中主要居住着中产阶级专业人士和商人，以及他们的家庭佣人和随从；处于市中心和郊区之间的是环绕着伦敦市的制造业区，这里集中了许多传统的手工行业，也聚集了大量雇佣工人。”[③] 本书认为这种说法还有值得商榷之处，因为在 19 世纪早期甚至到后期，还有大量

① David Morier Evans, *The City*; *Or*, *the Physiology of London Business*, London: Baily Brothers, 1845, p. 189, p. 190.

② B. W. Clapp, H. E. S. Fisher and A. R. J. Jurica, *Documents in English Economic History*, *England Since* 1760, London: G. Bell & Sons Ltd., 1976, pp. 224 – 225.

③ David R. Green, “The metropolitan economy: Continuity and change 1800 – 1939”, in Keith Hoggart and David Green (eds.), *London*: *A New Metropolitan Geography*, London and New York: Hodder & Stoughton Limited, 1991, pp. 17 – 18.

工人阶级下层拥挤在伦敦市中心居住，这里并没有完全成为商业中心区；但如果说在19世纪前期伦敦特殊的土地利用模式已经基本发展起来，显示出比较明确的不同城市用地方式，则有相当的可信度。

经济的发展使伦敦商人和银行家日益希望在城市中心拥有办公场所或仓库，在周围较空旷的乡村中拥有豪华住宅，但伦敦市及周围的土地大多数都是属于大贵族和少数机构的地产，如果这些地主不对自己的土地进行开发以作商业用途或住宅用途，那么土地利用模式仍然不会有太大变化，伦敦的郊区化也无从谈起。下面一节我们主要探讨地主和投机建筑商在伦敦城市和郊区发展中所起到的重要作用。

第二节　地主和投机建筑商的作用

在关于城市化尤其是郊区化的研究中，学者常常将注意力集中在商人、工业家或其他中产阶级成员身上，而忽视地主阶级在其中所起的作用。实际上，在19世纪，地主几乎是城镇当中大规模建筑的唯一组织者和规划者，他们对建筑业发展、交通改善做出了重要的贡献。哈罗德·珀金（Harold Perkin）认为正是这些地主对城市发展加以规划，设计街道和广场，划分土地并租赁给建筑商以修建住宅、市政厅和其他公共建筑物，才能够“在根据他们的特权地位想方设法追求自己利益的同时，创造一个工业革命得以发生的环境和条件，并且在必要的时候对这一革命提供有效的立法支持”①。事实上，地主不仅在一定程度上为工业化和城市化创造了环境和条件，而且为伦敦郊区化进程提供了重要的前提。早在18世纪，一些评论家就注意到大地主对伦敦郊区化进程所起到的作用，如霍拉斯·沃尔波尔在一封信中提出，很快伦敦就会吞噬周围十英里范围内的所有乡村，他的一个重要依据就在于“开普登勋爵将他位于肯蒂什城（Kentish Town）

① Harold Perkin, *The Origins of Modern English Society*, London and New York: Routledge, 2002, p. 78.

的地产出租给建筑商开发，大约要修建 1，400 所住宅”①，而开普登勋爵开发的地产，后来发展成为伦敦的开普登郊区，最终成为大伦敦区规划中的一个自治市。

16 世纪 30 年代以前，伦敦城市以及周围土地大多都掌握在教会和修道院手里。1534 年宗教改革在很大程度上改变了伦敦的城市地理结构：亨利八世没收了教会和修道院的土地，将之赏赐或出售给贵族。17 世纪，伦敦周围的土地基本上都已经归大地主所有。起初，这些土地除了因为邻近首都城市而为伦敦提供大量食物之外，与其他地区的乡村地产并无二致。然而，到 18 世纪随着伦敦的迅速扩张，这些土地为一些地主带来了新的发展机会。G. E. 明格（G. E. Mingay）在考察 18 世纪英国的土地社会时，注意到土地贵族对伦敦周边地区的开发：“随着城市的发展，城市周边的土地日益被开发为住宅用地。当然，没有哪个地方像伦敦周围土地有那么大的机遇，因为在这里，对于舒适高级的住宅——尤其是位于能够方便到达伦敦市和议会地段的住宅——需求正迅速扩大。”②

与英国其他城市相比，伦敦一个显著的特点在于其土地所有模式，它的土地不是被划分为许多小块归小地主所有，而是实行大地产所有制。大量土地集中在少数大地主家族和机构组织手中，这就使他们能够对伦敦市当下以至未来的发展施加强大的影响。于是，在 18、19 世纪伦敦周围郊区的发展当中，大地主起到了重要的作用。唐纳德·奥尔森（Donald J. Olsen）指出：“地产的转变——从一个遍布草地、沼泽、花园的地方，转变为一个有住房和园林的地方，是一个漫长而复杂的过程。在这个过程当中，地主及其代理人所起到的作用不会比实际的建筑者小。”③ 事实上，地主在郊区发展中的作用从这些郊区的名称当中可以看出来，罗伊·波特甚

① Peter Cunningham (ed.), *The Letters of Horace Walpole, Fourth Earl of Orford (Vol. IX)*, Edinburgh: John Grant, 1906, p. 324.

② G. E. Mingay, *English Landed Society in the Eighteenth Century*, London: Routledge, 1963, p. 58.

③ Donald J. Olsen, *Town Planning in London: The Eighteenth & Nineteenth Centuries*, New Haven & London: Yale University Press, 1982, p. 16.

至认为，郊区的开发商们“尽力使他们所开发的这些长期以来默默无闻的乡村、杂草丛生的空地充满吸引力”，“成功开发的秘密就在于对其命名……地主家族的名字就是一种常常被采用的方法”①。

对于这些贵族地主和其他土地所有者来说，城市土地开发通常都是一桩有利可图的投资，其收益一般都比从农业用地的投资中获得的收益要高。为此，他们将伦敦市中心的土地开发为工商业用地，而在位于伦敦城外的土地上则更多的是修建广场、街道和住宅，吸引不愿意居住在拥挤、脏乱的城市中心的伦敦富人。在1855年都市工作委员会成立之前，伦敦在城市规划方面缺乏统一的政府机构，而且这些大地产都是私人所有，当时的伦敦市政府无权对其加以规划。因此，这些私人地主在伦敦土地的开发过程中就占据了主导性地位。F. M. L. 汤普森分析了私人地主开发伦敦郊区的一些具体情况之后，认为“其中出现了较大的城市地主，无论他们是正努力还是已经成功地吸引那些较高社会阶级的人居住在他们的地产上，他们都成为城市的政治和社会生活中强大而有影响的人物”，汤普森甚至称这些私人地主“是大城市的无冕之王（uncrowned kings)”②。

的确，这些贵族地主控制了伦敦市及周围地区的大部分地产，而随着地产价格的上涨，他们也积累了规模庞大的财富，其中最为显著的例子是格罗斯温纳（Grosvenor）家族。正是由于格罗斯温纳家族在伦敦附近有大片地产，而这些土地的价值又不断上升，他们才迅速从18世纪初普通的乡绅变为18世纪末的权贵巨头。1722年，格罗斯温纳家族因为联姻而获得伦敦的大片地产，该部分地产在当时的价值仅仅约2，000英镑左右，远远低于格罗斯温纳家族在柴郡（Cheshire）地产的价值。然而，到1779年时，这部分地产迅速上升至价值大约7，000英镑，约相当于格罗斯温纳家族在柴郡和其他地区所有地产合在一起的价值；到1795年时，该土地的价

① Roy Porter, *London: A Social History*, Cambridge, Massachusetts: Harvard University Press, 2001, p. 123.

② F. M. L. Thompson, "Town and city", in F. M. L. Thompson (ed.), *The Cambridge Social History of Britain* 1750 – 1950 (*Vol. I*), Cambridge: Cambridge University Press, 1990, p. 39, p. 40.

值超过了7，500英镑，自1802年以后每年能从中获利12，000英镑[①]。除了格罗斯温纳家族，其他大地主的地产也迅速增值。

贵族地主对伦敦土地的开发，通常并不是由他们自己建筑施工，有时也并不是由他们亲自主持规划的，而是通过中介者即投机开发商来实现的。18世纪后期和19世纪前期的所谓投机开发商几乎包括了形形色色的人：有时候他就是地产所有者本人，有时候是富有的资本家，有时候是一名建筑师，有时候只是一名普通工匠，有时候可能是一名律师、一名教师，甚至可能会是一个江湖骗子。实际上，这几乎包括了所有阶级或职业，只要他们能够得到地主的信任并被委以地产开发。

贵族地主和投机开发商对土地的开发，主要通过建筑租约机制（Building－lease system），根据地主与开发商签订的租约，地主不需要将土地出售给别人，也不需要自己负责修建房屋。建筑租约的主要内容通常包括：（1）地主和投机开发商各自的职责，即地主将土地租赁给开发商，开发商则负责在这些租来的地产上修建房屋，然后再将这些房屋出租以获取利润。（2）开发的一些基本要求，如不砍伐地产上某一区域的树木，或是保护溪流。（3）房屋的基本质量和出租对象，开发商要负责维护和保持该地产的完整性，不能将其租给下层百姓。（4）租约的年限，租约年限有长有短，一个总的趋势是有所延长：从17世纪中叶最早的租赁31年，到18世纪前期的61年或80年，从18世纪后期到19世纪中叶，租约年限延长至99年。（5）租约到期后的归属，到期后该地产和地产上的所有房屋都收归为地主所有，地主可以将该地产及其房屋继续租给建筑商并责令其维护修缮，也可以拆除旧有房屋并将地产出租给其他建筑商再建新房屋。1772年皮埃尔·琼·格罗斯利在伦敦游历时记录了他所看到的情况："在伦敦的所有房屋——除了市中心的少数房屋除外——都属于开发商，他们根据一份有效期限为40年、60年或99年的租约在土地上修建住宅，一旦

---

① G. E. Mingay, *English Landed Society in the Eighteenth Century*, London: Routledge, 1963, p. 58.

租约到期，他们将这些房屋交付给该地产的主人。”① 格罗斯利的这一记载说明在18世纪后期的伦敦，根据建筑租约开发地产的情况已经比较普遍。

地主将自己的地产出租给开发商后，这些开发商不一定独立地完成这些开发工程。大多数开发商的活动如下：获得一块土地后，将其划分为小块，然后要么自己出资在这些小块土地上建筑房屋，要么将这些土地再承包给建筑商，并和这些建筑商签订新的建筑租约，最后再对整片地产收取基本租金。当然，有的时候这两种情况会并存，即开发商仅负责地产上房屋的结构规划或是只修建其中的一部分，然后再雇请其他建筑商来完成剩余的工作。至于建筑商，则根据与开发商签订的建筑租约，在自己所承租的这一小块地产上建筑几所住宅，然后再将住宅直接出租给住户或是出售给开发商。这些建筑商常常由建筑工匠如木匠、砖匠、泥瓦匠等组成，他们集体劳作，除了建筑原料之外实际上并不需要大量资金。

显然，这种建筑租约机制适应了当时城市土地开发的需要，并使租赁各方在保护自己权益的前提下尽可能多地获得利润。对于贵族地主来说，他们的地产能够在不被转让的前提下一再被开发以获取利润。伦敦绝大多数地产要么是由某个家族所限定继承，要么是委托某个机构组织管理。除非是根据议会法案，否则其中很多地产无论是其中一部分还是整片，都是不允许任意买卖的。在这种情况下，建筑租约机制就成为一种非常方便的手段，既能保证地产的完整性，又可以在不投入过多资金的情况下使地产得到开发。而且，租约中常常会规定地主对开发商修建的房屋拥有监管权，这有利于保持地主在地产开发中的重要地位，使他们在保证房屋质量和获得一份固定收入的同时，达到利润最大化。

至于投机开发商和建筑商，很多情况下实际上就是资本家和工匠，他们也可以从相互合作中获利：资本家将小块土地租赁给工匠，并从开发后的土地租金中获利，而工匠则从他们出售或出租的住宅中赚取租金。这种

① Pierre Jean Grosley, *A Tour to London; Or, New Observations on England, and Its Inhabitants* (*vol. I*), London: Lockyer Davis, 1772, p. 76.

租约机制一方面有利于地产的大规模开发，另一方面也使开发商即使投入有限资金，建筑商投入劳动而几乎不用什么资金，也能够获取收益，这样就有效地鼓励了建筑业的发展。R. J. 莫里斯尤其强调投机开发商在伦敦城市开发中的作用，他在分析了中产阶级和英国城市之间的紧密联系之后，强调指出“中产阶级在很大程度上控制了城市的物质结构，包括住房和公共建筑等的发展”①，莫里斯在这里所称的中产阶级，实际上就是开发商和建筑商。

在这些地主和开发商中，我们不能不提到第四任巴德福德伯爵、第四任南安普敦伯爵和尼古拉斯·巴本。第四任巴德福德伯爵最早对地产进行投资性开发，在17世纪初就将自己的地产即位于海滨大道北边的考文花园（Covent Garden）加以分割，由建筑师伊尼格·琼斯（Inigo Jones）修建了广场、住宅以及教堂。第四任南安普敦伯爵则首次引入建筑租约机制，在1670年时修建了南安普敦广场（Southampton Square）及其周围的豪华宫殿和住宅。尼古拉斯·巴本是早期比较著名的投机开发商兼金融家，在1666年伦敦大火灾后主持修建了伦敦市内的许多住宅，并且开办了最早的火灾保险公司。在贵族地主和开发商的共同推动下，伦敦周围原本是乡村的地方日益成为市民居住区。下面，我们选择18、19世纪对伦敦郊区化影响比较大的开发实例，来具体说明地主和开发商在郊区化进程中所起到的作用。

布鲁斯伯雷（Bloomsbury）是位于今天伦敦自治市开普登城中的一个地区，主要是由南安普敦伯爵和罗素家族（Russell family）加以开发，后来成为伦敦中产阶级的高级住宅区。该地区因拥有众多的花园广场和浓厚的文化气息而闻名，在19世纪末20世纪初还形成了著名的文化圈子“布

① R. J. Morris, “The middle class and British towns and cities of the industrial revolution, 1780 - 1870”, in Derek Fraser and Anthony Sutcliffe (eds.), *The Pursuit of Urban History*, London: Edward Arnold, 1983, p. 293.

鲁斯伯雷团体”（Bloomsbury Group）[①]。在布鲁斯伯雷第一个修建的是南安普敦伯爵开发的南安普敦广场（后来被称为布鲁斯伯雷广场），在广场兴建的居住小区即布鲁斯伯雷居住区，被约翰·伊夫林视为“一个小城市”[②]。在18世纪后期，该处地产因联姻关系而转为巴德福德公爵即罗素家族所有。1776年，巴德福德公爵与开发商罗伯特·帕尔默（Robert Palmer）签订了建筑租约，在附近修建了巴德福德广场（Bedford Square），到1783年这里成为伦敦中产阶级上层的住宅小区。巴德福德广场是当时投机建筑开发的典型，约翰·萨莫森也把它看作18世纪后期贵族地主和建筑商对地产加以开发的最佳代表[③]。1800年，巴德福德公爵从议会获得两项地产开发许可令后，将土地出租给当时著名的建筑师詹姆斯·伯顿（James Burton），后者将原来的南安普敦住宅拆除，代之以两排独立别墅，其住户主要是中产阶级上层的专业人士。在别墅群的北边是罗素广场（Russell Square），其大致样式主要是模仿巴德福德广场。伯顿在开发这些地产时通常都分为小块，再租赁给小建筑商，由砖匠、泥瓦匠和木匠合作完成。

1820年，巴德福德公爵与另一位著名开发商托马斯·古比特（Thomas Cubitt）签订租约，由后者继续开发巴德福德地产。古比特是第一个雇请专业化建筑工人的房产承包商，组建了第一个建筑公司，该公司拥有2000多名建筑工人，包括了木匠、泥瓦匠、水管工和油漆工等。古比特在罗素广场的东边修建了特维斯托克广场（Tavistock Square），并且在不远处规划了戈登广场（Gordon Square），两者的大小相近，风格相似，中间的花园空地成为周围别墅住户私有的休闲处。在1829—1847年，古比特还修建了

① 布鲁斯伯雷团体主要包括小说家E. M. 福斯特（E. M. Forster）、传记作家里顿·斯特雷奇（Lytton Strachey）、艺术评论家克莱夫·贝尔（Clive Bell）、经济学家约翰·梅纳德·凯恩斯（John Maynard Keynes）、费边社作家伦纳德·伍尔夫（Leonard Woolf）和弗吉尼亚·伍尔夫（Virginia Woolf）等人，他们定期在布鲁斯伯雷地区会面并讨论问题，因此被称为布鲁斯伯雷团体。参见S. P. Rosenbaum, *Victorian Bloomsbury: The Early Literary History of the Bloomsbury Group*, New York: St. Martin's Press, Inc., 1987。

② John Evelyn, *Diary and Correspondence of John Evelyn, F. R. S. (Vol. I)*, London: Henry G. Bohn, 1862, p. 412.

③ John Summerson, *Georgian London*, Harmondsworth: Penguin Books, 1986, p. 166.

沃伯恩广场（Woburn Square），这是布鲁斯伯雷区最小的广场，最初的规划只有 40 多所住宅列于周围。此外，在 19 世纪前期，这里还有其他开发商所建筑的托雷顿广场（Torrington Square），不过到今天这个广场为伦敦大学所有，仅仅留下一个地名，而周围的住宅都已被拆除。

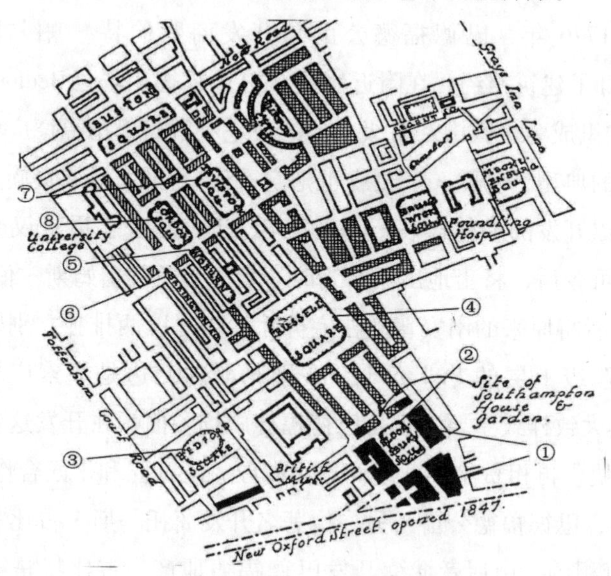

图 4：布鲁斯伯雷地区开发草图

资料来源：John Summerson, *Georgian London*, Harmondsworth: Penguin Books, 1986, p. 172.

图 4 是布鲁斯伯雷地区从 18 世纪到 19 世纪前期的开发草图。我们可以看到，图中数字①所表示的黑色部分是 17 世纪留下来的建筑物，在这些建筑物中间，用数字②表示的是布鲁斯伯雷广场，西边用数字③表示巴德福德广场。图 4 中间占地较广的是罗素广场，用数字④表示。在罗素广场的北边偏西处，是沃伯恩广场和托雷顿广场，分别用数字⑤和⑥表示，再北边是两个规模和设计都相似的广场即特维斯托克广场和戈登广场，分别用数字⑦和⑧表示，在这些广场周围都是高级住宅。整个布鲁斯伯雷成为当时伦敦中产阶级所青睐的居住区，在后来的市政规划中成为大伦敦区中

开普登城的一部分。

接下来，我们来看看卡多根伯爵家族和格雷斯温纳家族如何将自己的地产加以开发，使之成为中上层社会的时尚居住区。1771 年，卡多根伯爵在娶了伊丽莎白·斯隆之后，从岳父汉斯·斯隆那里继承了切尔西的大片地产。开发建筑商亨利·霍兰德与卡多根伯爵签订了 99 年的建筑租约，租赁了 89 英亩土地。霍兰德将这片地产再租赁出去加以建设，修建了汉斯区（Hans Place）即一个以居住为主的花园广场。虽然后来建筑商们断断续续地对这个广场加以修缮，但是总体规模在租约期限内没有太大改变。19 世纪初，著名小说家简·奥斯汀（Jane Austen）在拜访伦敦的时候就曾居住在这里。在汉斯区以南，霍兰德建筑了一个较小的广场，即斯隆广场，斯隆街穿越其中，周围修建的住宅主要是三到四层的砖瓦结构房屋。后来，这一地区就发展成为汉斯城（Hans Town），由于该地区已经有一定的规划，因而成为伦敦西区富人所青睐的居住区。

在斯隆街以东的许多地产则是属于格罗斯温纳家族所有。在 19 世纪初，托马斯·古比特和格罗斯温纳家族签订建筑租约，租赁了 19 英亩土地，修建了贝尔格雷夫广场（Belgrave Square）。这个广场主要分为四个部分，每个部分都由 11 栋豪华的住宅所组成，而且在广场的三个角落都有独立的大别墅和私人花园，被视为 19 世纪伦敦最宏伟的广场建筑之一。在贝尔格雷夫广场南边，是伊顿广场（Eaton Square），虽然比前者更大，但是没有那么豪华。伊顿广场周围的住宅大都是四至五层楼，有阁楼、地下室和马厩。此外，古比特为了吸引更多的伦敦中产阶级人士居住，还规划修建了当地的主下水道。经过多年的开发，以贝尔格雷夫广场为中心，加上周边的伊顿广场和切斯特广场（Chester Square），这片地区成为有名的巴尔格雷维尔区（Belgravia）。从其建立之初直到今天，巴尔格雷维尔区都是伦敦的高级住宅区，是城市富人迁离市中心时的最佳选择之一。

图 5 说明了在 18、19 世纪汉斯城和巴尔格雷维尔区的开发情况。在图的左边是用数字①标注的汉斯城，在这一区域中用数字②标注出汉斯区，图中的斯隆广场则用数字③表示。右边区域主要是巴尔格雷维尔区，处于

中心的是用数字④表示的巴尔格雷夫广场，周围林立着豪华舒适的高级住宅。靠南边是伊顿广场，用数字⑤表示，这里的住宅相对较小，也缺乏巴尔格雷夫广场的宏伟气势。这一片较大的地区就成为巴尔格雷维尔区，即伦敦富人的高级居住郊区。

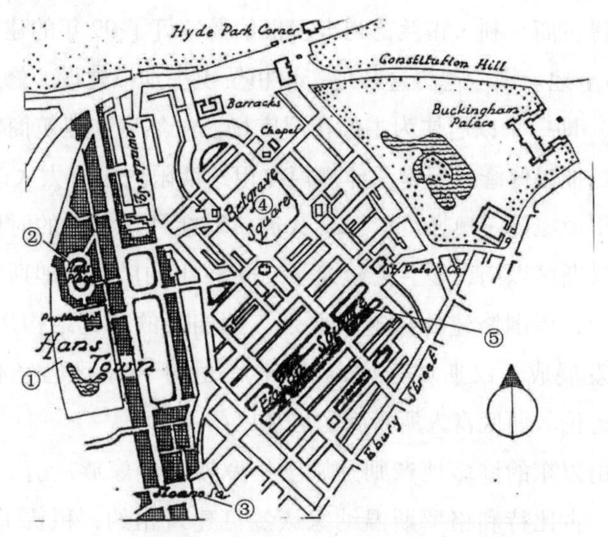

图 5：汉斯城和巴尔格雷维尔区开发草图

资料来源：John Summerson, *Georgian London*, Harmondsworth: Penguin Books, 1986, p. 195.

由上述开发实例我们可以看出，在 18、19 世纪，地主与投机开发商、建筑商合作，在签订建筑租约的基础上共同开发伦敦市周围的地产，为中产阶级人士提供高级的住宅区。这种开发模式有双重效能：一方面贵族地主和开发建筑商自身能够从城市土地建设中获利，另一方面也适应了伦敦富有商人和银行家离开城市，居住在环境优美、空气良好的郊区的要求。否则，伦敦中产阶级虽然具备逃离城市的愿望和经济能力，却找不到可以居住的地方。只有在城市周围的土地得以开发，住房的供应量达到一定程度之后，中产阶级才能够向城市外围迁移，伦敦郊区化也才能够得以启动。

F. M. L. 汤普森强调，在郊区的兴起过程中，住房的供给和需求都是重要原因：一方面建筑商能够获得城市周围的土地加以开发和建设，为希望居住在郊区的人提供住宅；另一方面由于城市内部的经济发展，人们对于住房的要求也发生了变化，希望能够在保持城内办公场所的同时居住在城外的郊区①。确实，贵族地主和投机开发商修建房屋、街道，从供给角度为伦敦的郊区化提供了重要的物质条件。西门·冈恩（Simon Gunn）在讨论伦敦城市郊区时就强调：郊区的兴起离不开贵族地主和投机商人的开发，由于城市中心地价的上涨和周边地价相对便宜，地主和投机建筑商在伦敦周边地区修建了大量针对中产阶级富人的住宅，这是郊区化的一个重要原因②。如果贵族地主仍然将自己的地产用于农业生产，如果没有建筑商从事修建和买卖，那么较大规模的郊区化进程是难以想象的。

第三节 伦敦郊区建筑业的发展

在18、19世纪的伦敦，由于城市中心日益成为商业贸易和金融信贷的中心，越来越多的富有商人开始向周围地区迁移，而私人地主和投机建筑商也利用这一机会在郊区大兴土木。建筑业的迅速发展使当时的人们震撼不已。1787年一位观察者生动地描绘了这一感受，他将伦敦的扩张比作感冒发烧，认为“建筑狂热这种流行性感冒……将其病毒迅速传播到乡村地区，它以一种狂猛的势头横行猖獗……我们的首都毫无疑问是这场传染病的核心……每一天，在兰巴斯的土地上，在肯辛顿的道路旁，在哈普斯特德的山坡上，都有新的住宅修建起来……这些建筑群将乡村与城市联系得如此紧密，以致吉普塞德和圣乔治广场之间的差别已经消失殆尽”。③ 这说

① F. M. L. Thompson, “Introduction: The rise of suburbia”, in F. M. L. Thompson (ed.), *The Rise of Suburbia*, Leicester: Leicester University Press, 1982, pp. 10 – 13.

② Simon Gunn, “Urbanization”, in Chris Williams (ed.), *A Companion to Nineteenth – Century Britain*, Malden: Blackwell Publishing Ltd., 2004, p. 242.

③ Thomas Monro and John Nichols, *Olla Podrida: A Periodical Work, Complete in Forty Four Numbers*, London: Published by J. Nichols, 1788, pp. 422 – 423.

明当时在伦敦周围乡村中建筑业的发展是何等迅速。

在 18 世纪和 19 世纪前期，英国的建筑模式发生了较大的变化，这也为伦敦郊区化提供了重要的条件。这种变化主要包括两个方面：一是建筑风格的变化，即“画意风格运动”（Picturesque Movement）的兴起；二是住宅样式的变化，即独立和半独立式住宅的发展。所谓画意风格运动是浪漫主义在建筑风格当中的一种表现，最初兴起于英国，随后影响到欧洲其他国家。1794 年，建筑艺术家尤维达尔·普莱斯（Uvedale Price）出版了《论画意、崇高和优美之异同》① 一书，第一次提出建筑上的画意风格，强调自然景观在建筑物中的再现，以表现图画和雕塑构图中那种不规则的美感。在家庭住宅建筑中，这种风格尤其强调在房屋前后要有占地较广的花园。A. 古德温（A. Goodwin）认为，画意风格“是英国对于视觉艺术的发展最重要的贡献之一……在房屋的花园景观设计中有最显著的表现。”②在卡罗尔·斯特里克兰（Carol Strickland）等人所编著的建筑史作中，他们也给予画意风格以极高的评价：“英国在美学上最大的贡献，并且对欧洲和美国有着深远影响的，是 18 世纪的画意风格运动，这种风格要求在房屋建设中表现出优美而不是崇高的特点……画意风格对于建筑发展有重要的影响。”③ 在 18 世纪画意风格的影响下，伦敦许多住宅建设开始强调优美的自然景观特色，尤其是在屋前或屋后划出一定的范围辟作花园。这种理想在拥挤而狭窄的伦敦市是难以实现的，只有在结合了城乡优点的郊区，才能够借村庄的自然景观加以规划设计，更好地表现出住宅中的画意风格。正因为画意风格在郊区能够获得最恰当的表现，一些学者提出，“进一步使郊区生活合理化的是画意风格运动”，因为这一运动“强调自然

① Uvedale Price, *An Essay on the Picturesque, as Compared with the Sublime and the Beautiful*, London: Printed for J. Robson, 1794.

② A. Goodwin, *The New Cambridge Modern History: American and French Revolutions*, 1763 - 1793, Cambridge: Cambridge University Press, 1976, p. 106.

③ Carol Strickland et al (eds.), *The Annotated Arch: A Crash Course in the History of Architecture*, Kansas City: Andrews McMeel Publishing, 2001, p. 85.

的、田园的和浪漫的风格，以及表达这些风格的建筑物、小道和其他景观”。[①] 由此可见，建筑风格的变化对伦敦的郊区化产生了重要影响。

另一方面，在建筑风格中对自然色彩和浪漫主义的强调，对乡村田园风光以及宽敞的花园空地的重视，直接导致了房屋建筑样式的变化。建筑史学家约翰·萨莫森对乔治时期的伦敦建筑风格、样式和地产开发进行了较为详细的考察，发现在乔治时代早期的伦敦，绝大多数富人住宅都是一排排“在长且狭窄的地段上修建的高且狭窄的住房”；而到18世纪晚期这种建筑样式发生了改变，“首先是在伦敦的一些地区，然后是在其他城市，都抛弃了排屋住宅，改为半独立式的别墅——这是一场非常重要且有着深刻影响的革命。”[②] 这种新兴的半独立式别墅最早可以追溯至17世纪末。大约在1688年，伦敦海格特（Highgate）的格罗夫（Grove）地区就修建了少数半独立性的乡村住宅，目的是为了吸引那些希望拥有与众不同住宅风格的人。到18世纪后期，这种半独立性别墅大多变为独立的住宅，后者到19世纪初逐渐成为英国大城市中产阶级主要的住宅样式。

这种独立式郊区别墅实际上就是位于郊区的宽敞地段、通常拥有前后花园和草地的独户住宅。图6列举了在18、19世纪伦敦流行的别墅建筑样式，这种别墅设计围绕一个中心紧凑地安排内部空间，而不是像17世纪那些大住宅一样通常采用直线式的设计。在别墅室外强调立体几何学意义上的对称感，并且与乡村的纯朴风景结合起来，使之融为一个整体。独立别墅之所以逐渐成为伦敦郊区主要的建筑样式，从某个角度来说也是这种别墅的象征意义所决定的。18世纪后期到19世纪前期，居住在郊区的主要是社会中上阶层，而独立的住宅别墅不仅能够给予他们以舒适温暖的家，还能给他们带来一种身份上的满足感。克里斯·密勒察觉到这一时期郊区建筑与身份地位之间的联系，他指出：“乔治时代后期的这种‘独立’（detachment）是完全不同的东西，因为它是相对于总体发展的一种独立，

① J. W. R. Whitehand & C. M. H. Carr, *Twentieth – Century Suburbs: A Morphological Approach*, London: Routledge, 2001, p. 7.

② John Summerson, *Georgian London*, Harmondsworth: Penguin Books, 1986, p. 49.

换句话说，独立是地位的象征。‘独立别墅’体现出更高的社会地位；而‘半独立’或是‘准独立’的住宅，则体现相对低下的社会地位。”[①] 因此，从这个意义上说，18 世纪后期的别墅超越了建筑上的意义，在一定程度上还预示了后来的郊区生活方式，例如它们包含了城市所不能提供的隐私性：在向郊区迁移过程的背后，一个重要动因就是拉大与其他人，尤其是下层人之间那种空间距离，这种隔离的原则即是郊区建筑当中的一个重要准则。

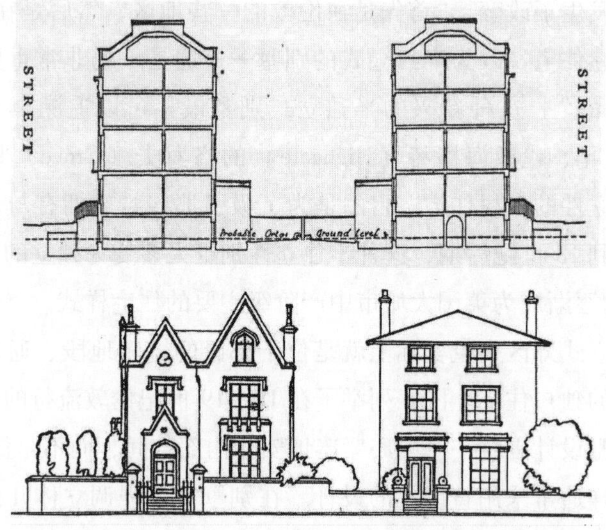

图 6：18、19 世纪伦敦郊区的典型别墅建筑样式

资料来源：John Summerson, *Georgian London*, Harmondsworth: Penguin Books, 1986, p. 166, p. 176.

18 世纪后期建筑风格和建筑样式的转变，为伦敦郊区的发展提供了物质样式的准备，那么，伦敦的郊区是以什么样的具体方式发展起来的呢？对于这一问题，约翰·萨莫森认为，伦敦郊区可以分为四种建筑发展模

① Chris Miele, “From aristocratic ideal to middle-class idyll: 1690-1840”, in Merrell Holberton & English Heritage (eds.), *London Suburbs*, London: Merrell Holberton Publishers Ltd., 1999, p. 48.

式：一是乡村自身发展（village development），主要是指在较远的乡村地段修建大住宅；二是郊区别墅的修建（country villa building），即在一定的场地上修建较小但通常都比较奢华的住宅；三是道路旁边地区的开发（road-side development），即在从伦敦向外延伸的道路两旁修建各种住宅；四是地产开发（estate development），主要是指有规划地修建住宅和通往伦敦的主要干道。[①] 然而，笔者认为，中产阶级在大多数郊区当中修建的住宅都是以别墅为建筑样式，因此萨莫森提出的第二种发展模式似乎与其他模式都有所重叠。如前所述，18 世纪时建筑风格和样式都有所变化，富有的商人和银行家日益青睐于独家独户的乡村别墅，当他们有能力修建或租赁郊区住宅时，也更倾向于这种住宅结构，因此从这个角度来说，伦敦郊区的许多住宅都是乡村别墅。这种别墅占地规模不大，一方面是因为中产阶级的经济能力在很多方面比不上贵族地主，难以负担居住在豪华宫殿当中的开销；另一方面他们也没有居住在大宫殿中的需要，因为中产阶级大多数是核心家庭，即夫妻两人和几个孩子以及几个仆佣居住在一起，同时他们也不像贵族地主那样需要在住宅周围拥有大片地产以获得农业收入。当然，在这些地区也有贵族的宫殿、宅第，但其居民主要是中产阶级人士，他们常常以通勤方式工作和生活。

下面，我们分别讨论三种郊区建筑模式的发展。

第一种是由乡村自身发展而来的郊区。伦敦周围乡村的发展主要源于首都对周边地区的依赖：伦敦需要从这些地区输入各种水果和蔬菜，有时还需要一些制造业产品，如肥皂、砖瓦、瓷器等。正是由于这一原因，富勒姆地区才被称为伦敦的“厨房花园”（kitchen garden），而其他地区则被称为伦敦的“市场花园”（market - garden）、“果园”（orchard）或“苗圃”（nursery）[②] 等。此外，伦敦人还依赖于这些乡村作为假日休闲的好去处，如哈普斯特德的温泉、布鲁顿的果园在夏季和假日时都人满为患。这

① John Summerson, *Georgian London*, Harmondsworth: Penguin Books, 1986, p. 270.

② John Summerson, *Georgian London*, Harmondsworth: Penguin Books, 1986, p. 269; Roy Porter, *London: A Social History*, Cambridge, Massachusetts: Harvard University Press, 2001, p. 121.

些乡村自身的发展，再加上优美的风景和便利的交通，导致这些地区成为一些伦敦富人逃离城市时所想到的第一个选择：能够远离城市问题又享受城市和乡村的好处。

第二种是由于道路发展而兴起的郊区。萨莫森将这种发展称为“带状发展”（ribbon - development），因为在从伦敦市辐射出去的道路两旁，这些建筑形似一条条松散不规则的缎带①。实际上，从中世纪以来就有人在道路两旁修建住宅，但由于交通条件的限制，社会中上层人士长期以来更愿意居住在伦敦市区。直到18世纪后期道路和交通工具得到改善后，才逐渐在道路周围出现了一些城郊别墅。伊斯林顿就是这种由于道路发展而兴起的郊区典型：1756年，新道路（the New Road）② 正式开通，从帕丁顿的爱吉维尔穿越空旷的乡村地区，一直延伸到伦敦市北边伊斯林顿的安吉尔。随着这一道路的发展，伊斯林顿渐渐聚居了一些伦敦市民，用学者们的话来说，就是“一些体面的富有商人家庭”③。20世纪一些学者考察了伊斯林顿依赖于该道路而成为伦敦郊区的情况，指出：“从当地交通道路的发展可以看出，这里更多的是通勤性质的郊区住宅，因为随着富有的人越来越多，新道路在伊斯林顿到伦敦的交通中发挥越来越重要的作用，而这条线路也成为最繁忙的马车交通线路之一。”④

第三种是地产开发所创建的郊区。上述第一种郊区主要形成于伦敦周围比较发达的乡村，第二种郊区则形成于交通要道的两侧；而与这两种郊区不同的是，第三种郊区基本上形成于地广人稀、交通不便的乡村。在这种郊区中，地主和投机开发商起到更大的作用，在他们的主持下，这里开

---

① John Summerson, *Georgian London*, Harmondsworth: Penguin Books, 1986, p. 275.

② 即今天的玛丽拉波尔路（Marylebone Road）、休斯顿路（Euston Road）和彭特维尔路（Pentonville Road）。

③ Walter Thornbury and Edward Walford, *Old and New London: A Narrative of Its History, Its People and Its Places* (*Vol. II*), London: Cassell & Company, Limited, 1889, p. 280.

④ T. C. Barker and Michael Bobbins, *A History of London Transport: Passenger Travel and the Development of the Metropolis* (*Vol. I: The Nineteenth Century*), London: George Allen & Unwin Ltd., 1963, p. 2.

始兴建街道、广场和住宅。由于既存的建筑物较少，这种郊区的建设通常都能够有一定的整体规划，被时人看作是一种“新城镇”（new town），其命名方式常常是在地主家族或头衔后加上“城镇”（town），如汉斯城（Hans Town）、开普登城和索玛斯城（Somers Town）。1771年，建筑师亨利·霍兰德租赁卡多根勋爵的地产，在该地产上兴建了一个“新城镇”，为了纪念卡多根勋爵的岳父汉斯·斯隆爵士，该城镇被命名为汉斯城。索玛斯城位于新道路的北边，1786年由投机建筑商亨利·勒鲁（Henry Leroux）在索玛斯勋爵（Lord Somers）的地产上兴建起来。开普登城的开发则得益于第一任开普登伯爵查尔斯·普拉特（Charles Pratt）和建筑师约瑟夫·凯（Joseph Kay）。

由上述可知，18、19世纪伦敦周围的地区主要是根据三种建筑模式发展起来，从而成为伦敦的郊区地带，最后被纳入大伦敦区的管辖范围。由于伦敦及周围土地大多是大地产所有制，不论哪种发展模式，地主和建筑商对地产的开发作用都不可忽视。

土地利用模式的变化和郊区建筑业的发展，是伦敦郊区化进程开始的物质前提。土地利用模式的变化提升了城市周围地区的居住价值，而为了从这一价值提升中获利，地主和投机建筑商联合对伦敦周围的土地以建筑租约的方式加以开发，修建了广场、街道、花园以及高级住宅，推动了郊区建筑业的发展。在郊区化过程中，18世纪末19世纪初建筑风格和建筑样式也发挥了重要影响。独立式和半独立式的小别墅开始星星点点地出现在伦敦周围原本是乡村的地方，并且成为许多人借以彰显身份地位的居住场所。在这些因素的影响下，伦敦一部分有经济实力的人开始向城外迁移，成为早期郊区的最早定居者。

无论人们居住在城市还是居住在郊区，住房都是基本的载体。在郊区的兴起过程中，住房的供给和需求两者缺一不可：一方面，地主和建筑商对伦敦外围地区加以开发，修建街道和住宅，才能为伦敦富商和银行家们提供他们所追求的生活方式；另一方面，城市本身的经济发展导致土地利用模式的变化，城市中心日益成为商业用地，其居住功能不断被削弱，使中产阶级上层产生了向城外迁移的需求。当郊区住房的供给和需求这两个因素都基本形成的时候，伦敦郊区化就具备了重要的物质条件。因此，正如《建筑师》杂志在 19 世纪中叶时所总结的："给伦敦及其周围地区注入新的生命和活力的是对土地和建筑的投机开发。"① 一条条道路、一排排房屋将伦敦和周围地区密切联系起来，伦敦扩张的形象使一个居住在克拉朋郊区的孩子如此印象深刻，以至于他说："如果他们继续以这种速度盖房子，那么伦敦很快就会成为我们的隔壁"②。事实上，当这个孩子长大成人后，伦敦不仅成为他们的"隔壁"，而且将周围地区吸纳进来，最终融合成为大伦敦区。

① Roy Porter, *London*: *A Social History*, Cambridge, Massachusetts: Harvard University Press, 2001, p. 224.

② Thomas Monro and John Nichols, *Olla Podrida*: *A Periodical Work*, *Complete in Forty Four Numbers*, London: Published by J. Nichols, 1788, p. 423.

第四章
“道路很快就会通往周围每个乡村”
——交通发展和通勤生活方式对郊区化的影响

“很快，从伦敦市到布朗特福特（Brentford）就会有宽阔大道相通；哎，应该说道路很快就会从伦敦市通往周围十英里范围内的每一个乡村。”

——霍拉斯·沃尔波尔，1791 年

1791 年，霍拉斯·沃尔波尔在一封信中感叹道，伦敦周围乡村到伦敦市的道路状况改善得如此迅速，很多地方都修建了直接通往伦敦的大道。沃尔波尔说：“很快，从伦敦市到布朗特福特就会有一条宽阔大道；哎，应该说道路很快就会从伦敦市通往周围十英里范围内的每一个乡村。”[①] 确实，18 世纪后期到 19 世纪，或是政府主持或是私人集资，在伦敦周围地区修建了多条大道，形成了以伦敦市为中心的交通道路体系，便利了伦敦人的出行和通勤工作，推动了这一时期伦敦郊区化的发展。

伦敦交通的发展是伦敦郊区化进程中不可或缺的条件之一。在很大程度上，交通状况决定着伦敦郊区向哪个方向、在哪个范围内以及以何种速

① Peter Cunningham (ed.), *The Letters of Horace Walpole, Fourth Earl of Orford* (*Vol. IX*), Edinburgh: John Grant, 1906, p. 324. 布朗特福特原是米德尔塞克斯郡的一个乡村，在 18 世纪末时逐渐成为伦敦一个郊区，后来成为大伦敦区规划中自治市豪斯勒（Hounslow）的一部分。

度发展。从 18 世纪后期开始，伦敦人口出现爆炸式的增长，解决人们住房问题的方法之一就是在城墙外的郊区修建住宅，让居民采用通勤工作的方式往返于伦敦市和周边郊区之间。18 世纪后期，这些居民更多的是使用私人马车或船只作为交通工具，而到 19 世纪由于工业革命的深入开展和技术的进步，人们逐渐采用公共马车和蒸汽船，随着郊区的日益扩张，火车也成为伦敦郊区化进程中的重要交通工具。到 19 世纪中叶，如果说公共交通还不是伦敦社会中的一个关键因素，那么它至少已经成为日常生活的重要特征。本章拟对 18 世纪到 19 世纪前期伦敦的道路和交通状况进行分析，论述伦敦交通的进步如何为其郊区化进程提供了必要前提。当然，我们并不是将交通进步和郊区发展割裂为两个独立的过程，因为交通进步会为人们向郊区迁移提供便利，而在郊区的扩张过程中马车数量也会增加，道路状况也会改善，因此交通进步和郊区发展是相辅相成的关系。不过因本书篇幅所限，只侧重于探讨交通发展对于伦敦郊区化的推动作用。

第一节　道路和桥梁状况的改善

随着伦敦到周围农村道路的日益改善，肯辛顿（Kensington）、波尔（Bow）、格林尼治（Greenwich）、坎伯威尔（Camberwell）和斯基特汉姆（Streatham）等乡村聚集了越来越多的人口。尼古拉斯·罗杰斯（Nicholas Rogers）尤其强调交通对于郊区发展的重要性，他认为："居住型乡村最早出现于 17 世纪末，并随着 1713—1718 年道路的修建而日益受到青睐。到 1773 年时已经有 37 辆马车每日从伦敦市中心和西区出发。6 年后，从伦敦到哈克尼这一金融家们所青睐的郊区，开始有了每小时一班的马车。"① 罗杰斯认为，道路交通的发展是居住型乡村出现的重要原因。

从 18 世纪后期到 19 世纪前期，伦敦的道路和桥梁网络逐渐形成。如

① Nicholas Rogers, "Money, land and lineage: The big bourgeoisie of Hanoverian London", *Social History*, vol. 4 (1979), p. 449.

图7所示，在这一时期以伦敦市为中心向周围各地区呈辐射状形成了集中的道路系统，并且有桥梁跨越泰晤士河。从图7中，我们可以看到，以伦敦市为中心向周围扩散的道路系统以及跨越泰晤士河的桥梁，为伦敦人的出行和迁移提供了极大的便利。图中标明数字的各点是18世纪时与伦敦之间有道路通达的地区，大多数是周围各郡的村庄，而且最终发展成为伦敦的郊区，并在后来的行政规划中被划入伦敦郡及大伦敦区的范围之内。

在图7中，部分标明数字的点对应着米德尔塞克斯郡中的村庄：标注着数字1—12的分别是位于东南地区的特哈姆格林、彻斯威克（Chiswick）、哈默史密斯、厄尔斯格特（Earls Court）、布鲁普顿、富勒姆（Fulham）、沃姆格林（Walham Green）、帕森斯格林（Parsons Green）、肯辛顿、切尔西、耐茨布里奇（Knightsbridge）和威斯敏斯特，标注着数字13和14的是位于西边地区的阿克顿（Acton）和帕丁顿，标注着数字15—19的是位于西北地区的哈普斯特德、开普登城、海格特、肯蒂什城和索玛斯城，标注着数字20—24的是位于北边地区的霍恩西（Hornsey）、霍拉维（Holloway）、伊斯林顿、托特汉姆（Tottenham）、纽因顿（Newington），标注着数字25—27的是位于东北地区的克拉普顿（Clapton）、哈克尼和哈默顿（Homerton），以及东边用35和36标注的利姆豪斯（Limehouse）和布莱克维尔（Blackwell）。由此可见，伦敦的道路系统几乎延伸至整个米德尔塞克斯郡，伦敦郊区逐渐吞噬了该郡几乎所有的乡村地区，难怪早在1662年，托马斯·福勒（Thomas Fuller）就在他传记体著作《英格兰名人史》中指出：米德尔塞克斯郡“实际上不过是大伦敦的郊区而已，除了一些贵族的豪宅和三座王室行宫之外，这里到处都是乡绅和伦敦市民的休闲住宅。”① 当然，福勒这里所指的大伦敦只是一个相对概念。到1956年大伦敦区正式建立时，伦敦几乎包括了米德尔塞克斯郡的所有地区，最终这个郡逐渐消逝于历史的长河之中。由此可见，伦敦郊区的发展不仅推动了

① Thomas Fuller, *The History of the Worthies of England*, London: Printed by F. G. W. L., 1662, p. 176.

伦敦市本身的扩张和伦敦市民的外迁，还对整个英国的地理、社会和经济有着深远的影响。

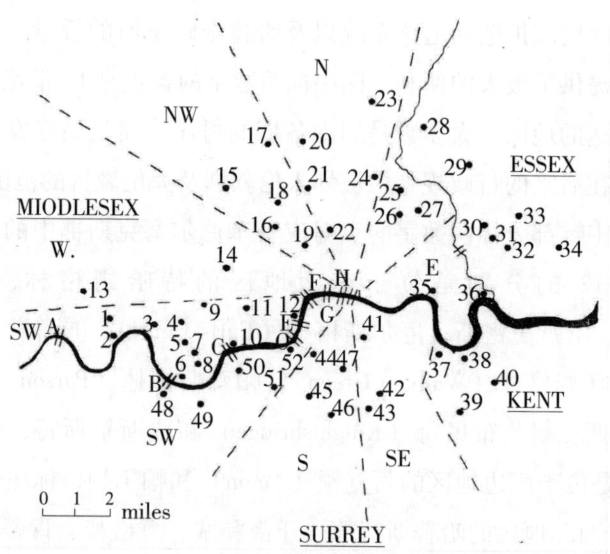

图 7：1750—1850 年伦敦的郊区道路和桥梁网络

资料来源：John A. Chartres & Gerard L. Turnbull, “Road Transport”, in Derek H and Aldcroft, Michael J. Freeman (eds.), *Transport in the Industrial Revolution*, Manchester: Manchester University Press, 1983, p. 77.

除了米德尔塞克斯郡之外，伦敦与周围其他郡也有着方便的道路网络，主要包括埃塞克斯郡（Essex）中分别以数字 28—34 标注的沃特汉姆斯托（Walthamstow）、莱顿（Leyton）、斯加特福德（Stratford）、西哈姆（West Ham）、普拉斯托（Plaistow）、福里斯特格特（Forest Gate）和东哈姆（East Ham），肯特郡（Kent）中分别以数字 37—40 标注的德特福德（Deptford）、格林尼治（Greenwich）、利维西姆（Lewisham）和布莱克赫斯（Blackheath）。与伦敦有道路相通的地区在萨里郡也比较多，在图 7 中分别以数字 41—52 标注的沃尔沃（Walworth）、帕克姆、道尔维奇、肯宁顿（Kennington）、布里克斯顿（Brixton）、赫尔山、坎伯维尔、帕特尼（Putney）、温兹沃斯（Wandsworth）、巴塔西（Battersea）、克拉朋以及瓦克斯霍（Vauxhall）。

由上述可知，到19世纪中叶，伦敦市到周边相邻地区的道路系统已经基本建立起来。1910年，H. G. 韦尔斯（H. G. Wells）在形容铁路给城市发展带来的影响时曾说：“铁道延伸而来，住宅也随之而来。”[①] 实际上，在铁路时代来临之前，陆上道路的发展也是如此。尤其是在伦敦这个人口和财富都远远超过其他地区的城市，很多负担得起交通费用的人为了追求更宽敞更舒适的居住条件，都在这些道路两旁修建住宅。虽然这一时期伦敦市内的街道仍然狭窄不便，但是伦敦通往其他城市和地区的大道有了很大改善，成为伦敦郊区化发展的重要推动力。

除了陆上道路，桥梁的建设也是伦敦郊区兴起的重要条件，尤其是对隔泰晤士河与伦敦市相望的南部郊区而言，情况更是如此。根据记载，每天穿越泰晤士河往返于南部和伦敦市的通勤情况，最早可以追溯至1636年。在这一年，政府注意到有一些“水上伦敦人”（divers Londoners）在汉普顿（Hampton）等地拥有住宅，“他们习惯于每天往返于伦敦和这些地区之间”[②]。由于害怕这些人会带来瘟疫，政府还试图对这些人进入伦敦城墙内加以限制。

在图7中，在泰晤士河沿岸以英文字母标注的是沟通南北的桥梁，其中“I”表示伦敦桥（London Bridge），该桥的历史悠久，早在12世纪就已经修建，并且直到18世纪初仍是伦敦通往泰晤士河对岸的唯一桥梁。1729年，政府在泰晤士河上修建了富勒姆桥（Fulham Bridge），即图中所标示的“B”。水上交通的较大发展始于1750年，在这一年完成了威斯敏斯特桥（Westminster Bridge，即图中的“E”）的修建。此后，政府又陆陆续续兴建了几座桥梁，极大地便利了伦敦市至南部郊区的交通，如1759年修建的用“A”标注的凯威桥（Kew Bridge）、1769年修建的用“G”标注的布莱克弗莱尔桥（Blackfriars Bridge）以及建于1772年的用“C”标注的巴

① H. G. Wells, *The New Machiavelli*, Toronto: McLeod & Allen, 1910, p. 26.

② Chris Miele, “From aristocratic ideal to middle - class idyll: 1690 - 1840”, in Merrell Holberton & English Heritage (eds.), *London Suburbs*, London: Merrell Holberton Publishers Ltd., 1999, p. 39.

塔西桥（Battersea Bridge）。随着这些新桥跨越泰晤士河，南部郊区日益成为一些伦敦市民所青睐的居住地。此外，19世纪初修建的桥梁还有1816年完工的瓦克斯霍桥（即图中的“D”）、1819年的南华克桥（即图中的“H”）以及1817年的滑铁卢桥（即图中的“F”）。因此，到19世纪初期，泰晤士河终于不再成为伦敦郊区扩张的障碍，而南岸地区也迅速发展起来。

道路和桥梁的大量修建有助于伦敦人的出行或通勤往返于伦敦市和周围地区。下面我们根据学者们的统计结果，来分析从18世纪后期到19世纪前期从伦敦通往其他地区的乘客运输量，以此考察该时期的交通以及伦敦郊区的发展状况。首先，我们来考察伦敦市到一些主要郡市中心区的乘客运输量。表面上看起来，伦敦市到其他郡市中心区的交通似乎与郊区的发展并不相关，但是实际上有些郊区，尤其是早期的郊区是沿着伦敦到其他地区的大道而兴起的，因此有必要对这种道路情况和运输情况加以分析。表6显示了从伦敦到地方郡市中心区的道路交通量，其中排除了运货马车而以载客马车的运输里程为统计对象。在考虑到马车载客量差异和与伦敦距离差异的前提下，表6分析了1715—1840年从伦敦到各地区每个星期的乘客出行英里数，简写为“PMW”（Passenger Mileages per Week），并以1，000英里为单位。表中“相对值”是以1796年为参照对象，定为“100”，然后再以其他年份与该年的英里数相对照得出其他年份的相对值。需要加以强调的是，在表6中所列的乘客出行英里数，是指当时公共交通工具如驿站马车和公共马车所运载的乘客的出行英里数。至于私人马车和出租马车，因为缺乏统计资料难以考察，所以没有归纳在表格之内。

在表6中，与伦敦有道路联系并有马车往返的地区被划分为几大块，具体范围如下：（1）北部家乡郡地区（Northern Home Counties），包括巴德福德郡（Bedfordshire）、白金汉郡（Buckinghamshire）、埃塞克斯郡、赫特福德郡（Hertfordshire）和米德尔塞克斯郡；（2）东南部地区（South - east），包括肯特郡、萨里郡和苏塞克斯郡（Sussex）；（3）东英吉利亚地区（East Anglia）包括诺福克郡（Norfolk）和萨福克郡（Suffolk）；（4）东英格兰中部地区（East Midlands），包括剑桥郡（Cambridgeshire）、亨廷顿郡（Huntingdonshire）、莱斯特郡（Leicestershire）、北安普敦郡（Northamptonshire）、诺丁汉郡（Nottinghamshire）、拉特兰郡（Rutland）和沃里克郡（Warwickshire）；（5）南部和西部地区（South and West），包括伯克郡（Berkshire）、多塞特郡（Dorset）、格洛斯特郡（Gloucestershire）、汉普郡（Hampshire）、牛津郡（Oxfordshire）和威尔特郡；（6）西英格兰中部地区（West Midlands），包括德比郡（Derbyshire）、赫里福德郡（Herefordshire）、什罗普郡（Shropshire）、斯塔福德郡（Staffordshire）伍斯特郡（Worcestershire）；（7）东南部地区（South－west），包括康沃尔郡（Cornwall）、德文郡（Devon）和萨莫塞特郡（Somerset）；（8）北部地区和苏格兰（North and Scotland），包括卡伯兰郡（Cumberland）、德拉姆郡（Durham）、诺桑伯兰郡（Northumberland）、威斯特摩兰郡（Westmorland）以及苏格兰；（9）威尔士（Wales）包括蒙茅斯郡（Monmouthshire）。此外，还有兰开郡和柴郡、约克郡和林肯郡两部分。

表6：1715—1840年伦敦通往其他郡市中心区乘客运输量统计表

地区 年份	1715年		1765年		1773年		1796年		1816年		1840年	
	PMW	相对值	PMW	相对值	PMW	相对值	PMW	相对值	PMW	相对值	PMW	相对值
北部家乡郡（Northern Home Counties）	6.2	20	8.1	26	13.5	43	31.3	100	65.9	211	46.2	148
东南部地区（South－east）	5.5	4	9.6	7	11.5	8	146	100	216.3	148	184.8	127
东英吉利亚（East Anglia）	4.1	21	6.1	31	6.1	31	19.9	100	22.6	114	51.5	259
东英格兰中部（East Midlands）	8.9	8	14	13	21	20	107.3	100	215.2	201	267.4	249
南部和西部地区（South and West）	13.4	7	28.5	15	28	15	192.3	100	236.4	123	199.2	104
西英格兰中部（West Midlands）	5.6	13	12.3	27	16.9	38	45	100	149.9	333	179.4	399

续表

年份＼地区	1715 年		1765 年		1773 年		1796 年		1816 年		1840 年	
	PMW	相对值	PMW	相对值	PMW	相对值	PMW	相对值	PMW	相对值	PMW	相对值
东南部地区（South – west）	15. 2	7	17. 2	8	55. 4	26	214. 7	100	555. 7	259	453. 3	211
兰开郡和柴郡（Lancashire and Cheshire）	—	—	7. 4	14	8. 7	16	54. 4	100	90. 6	167	121. 1	223
约克郡和林肯郡（Yorkshire and Lincolnshire）	8. 2	18	19. 4	43	21. 1	47	45. 4	100	200. 6	442	211. 6	466
北部地区和苏格兰（North andScotland）	—	—	—	—	—	—	139. 1	100	216. 4	156	508. 9	366
威尔士（Wales）	—	—	0. 8	2	0. 8	2	44. 5	100	73. 7	166	145. 9	328
总计	67	7	123	12	183	18	1,040	100	2,043	197	2,369	228

注：每周乘客出行英里数（PMW）的单位是千英里。

资料来源：John A. Chartres & Gerard L. Turnbull, 'Road Transport', in Derek H. Aldcroft and Michael J. Freeman (eds.), *Transport in the Industrial Revolution*, Manchester: Manchester University Press, 1983, p. 71。

从表 6 中我们可以看出：首先，虽然在 18 世纪时英国的交通还比较闭塞，出行不便，但以伦敦这个首都城市为中心的交通大致上覆盖了整个英格兰，以及苏格兰和威尔士的部分地区；其次，到 18 世纪末，伦敦的交通有了迅速的发展，如果以 1796 年为参照数“100”，那么在 1773 年及以前所有地区都没有达到 1796 年乘客出行英里数的一半，而到 1816 年，几乎所有地区的出行英里数都有所增加，上升最快的是约克郡和林肯郡，相对值达到 442；其次是西英格兰中部地区，相对值是 333；增长幅度最小的是东英吉利亚地区，相对值只有 114。到 1840 年，各地区的乘客出行英里数有不同的变化，但与 1796 年相比，总体上而言出行英里数仍然有大幅度增长：最快的仍然是约克郡和林肯郡，相对值上升到 466；排在第二位的是西英格兰中部地区，相对值是 399；接下来是北部地区和苏格兰以及威尔士，相对值分别是 366 和 328。

18、19世纪，伦敦对外的交通状况得到迅速的发展，新道路的修建和旧道路的改善，使人们的出行大为方便，因此乘客出行的英里数有明显增加。道路增加，往来方便，不仅促进了伦敦与其他地区之间的交流，同时也使一些富有的伦敦人能够沿着这些大道，在紧邻伦敦市的地方修建住宅别墅，在从事城市经济活动和享受城市生活的同时，携家居住在周边郊区享受田园诗的生活。

表7统计了从伦敦市通往郊区的乘客出行英里数，进一步分析交通对伦敦郊区化的深刻影响。在表7中，“PMW”和“相对值”的含义与表6中一样，前者指每个星期乘客平均出行英里数，不过由于这些郊区紧邻伦敦市，距离不远，往返英里总数也不大，因此单位不是“千英里”而是“英里”。后者仍是以1796年为参照对象，定为“100”，并以其他年份与该年的英里数相对照，得出其他年份的相对值。此外，伦敦市到郊区的乘客运输在18世纪前期并不是显著现象，缺乏统计数据，因此表7是以1765年为考察起点的。同时，与表6一样，这里所统计的乘客运输量也不包括私人交通，即私人马车和出租马车的乘客出行英里数。

表7：1765—1840年伦敦至郊区乘客运输量统计表

地区＼年份	1765年		1773年		1796年		1816年		1840年	
	PMW	相对值	PMW	相对值	PMW	相对值	PMW	相对值	PMW	相对值
米德尔塞克斯郡										
西南地区	3.3	7.5	10.2	23.3	43.7	100	43.0	98.3	109.5	250.3
西部地区	0.2	20.8	—	—	1.0	100	3.3	326.4	27	2,683.3
西北地区	0.5	6.3	2.9	38.9	7.3	100	16.9	230.9	54.4	742
北部地区	0.4	2.5	4.6	27.9	16.6	100	15.7	94.8	41.4	249.7
东北地区	—	—	7.7	83.6	9.2	100	5.4	58.3	45	487.3
东部地区	—	—	0.5	20.5	2.5	100	5.9	238.6	19.5	790.9
小计	4.4	5.4	25.9	32.2	80.4	100	92.7	115.3	296.9	369.4
萨里郡										
西南地区	0.5	3	2.7	15	18.2	100	13.5	74.6	49.3	271.3
南部地区	0.2	2.4	0.7	9.7	6.9	100	4.9	70.9	83	1,200.7
东南地区	0.6	11.7	1	19.2	5	100	8.9	177.4	18.5	367.6
小计	1.3	4.3	4.4	14.5	30.1	100	27.4	90.9	150.8	500.7

续表

地区 年份	1765 年		1773 年		1796 年		1816 年		1840 年	
	PMW	相对值	PMW	相对值	PMW	相对值	PMW	相对值	PMW	相对值
肯特郡	1	3.3	2.8	9.2	30.1	100	23.2	77	56.8	188
埃塞克斯郡	0.7	6.6	5.8	53.4	10.9	100	13.6	124.8	35.9	328.5
总计	7.4	4.9	38.9	25.7	151.6	100	157	103.5	540.3	356.5

注：每周乘客出行英里数（PMW）的单位是英里。

资料来源：John A. Chartres & Gerard L. Turnbull, “Road Transport”, in Derek H. Aldcroft and Michael J. Freeman (eds.), *Transport in the Industrial Revolution*, Manchester: Manchester University Press, 1983, p. 75.

表 7 的地域划分是以图 6 为基础的，主要包括米德尔塞克斯郡、萨里郡、肯特郡和埃塞克斯郡。从表 7 中我们可以看出，1765 年从伦敦到周围这些郊区地带的每星期平均公共交通运输量还比较低，有的地区甚至还不到 1 英里，最多的米德尔塞克斯郡的西南地区也只有 3.3 英里。1773 年运输量有所增加，如米德尔塞克斯郡的西北地区增加了 4.8 倍，北部地区增加 10 倍多，萨里郡的西南地区增加了 4.4 倍。增长较快的还有埃塞克斯郡，1765 年时是 0.7 英里，到 1773 年时为 5.8 英里，是前者的 8 倍。到 1796 年，随着道路和桥梁的新建和改善，每星期乘客的出行英里数有较大增长。整个米德尔塞克斯郡从 1773 年的 25.9 英里上升到 1796 年的 80.4 英里，增加了 2 倍；萨里郡在这 20 多年间也增长了近 6 倍，肯特郡和埃塞克斯郡则分别增长了 9.8 倍和 0.9 倍。虽然在 18 世纪后期伦敦通往郊区的乘客英里数有所增加，有的甚至达到 10 倍以上，但是从绝对数字来看，这一时期乘坐公共交通工具到郊区的人数并不多，因此从路程来算乘客出行英里数量也不大。

然而，18 世纪后期公共交通的乘客出行英里数不大，并不说明这一时期郊区就人烟稀少或者说根本没有发展起来。前述 18 世纪作家如丹尼尔·笛福、约翰·霍拉特、理查德·格雷夫等人对伦敦周围地区的描绘，都指出居住在伦敦郊区的是比较富有的商人和银行家，这些人的财富使他们能够负担得起拥有一辆甚至更多私人马车，或者至少能够较为频繁地使用出租马车。因此，这一部分处于中产阶级上层的伦敦富人，即使不依赖公共交通工具，也有充分的条件可以居住在郊区。只不过使用私人马车和出租马车往返于伦敦和郊区的乘客运输量并不在表格的统计范围内，因此在这两个表格中就不能体现这部分居住在郊区的富人的交通状况。相对的，中产阶级下层经济能力较低，难以负担私人马车或长期使用出租马车，随着18 世纪和 19 世纪初的驿站马车和公共马车的发展，他们才有能力向伦敦郊区迁移。不过，这或许从一个侧面证明了本书的观点，即 18 世纪后期是伦敦郊区化的萌芽时期，这一时期在郊区居住的只限于部分非常富有的大商人和银行家，到 19 世纪前期，郊区生活方式才逐渐扩展至中产阶级中下层。

那么在 19 世纪初，伦敦到郊区的道路交通是否有所改善，是否推动了中产阶级中下层向郊区的迁移呢？我们继续来分析表 7 中 1816 年和 1840 年的乘客出行英里数。因为具体情况不同，在 1816 年各个地区的乘客出行情况也有所不同，有的地区减少，如萨里郡的西南地区、南部地区等，而有的地区则有所增加，如米德尔塞克斯郡的西部地区，1816 年与 1796 年的相对值是 326. 4，西北地区是 230. 9。但是到 1840 年时，所有地区的乘客出行英里数都有大幅增加，增长最快的是米德尔塞克斯郡的西部地区，1840 年与 1796 年的相对值竟然高达 2，683. 3。其次是萨里郡的南部地区，这一相对值也达到 1，200. 7。还有米德尔塞克斯郡的东部地区和西北地区，这一相对值分别是 790. 9 和 742。相对值较低的是肯特郡和米德尔塞克斯郡的北部地区，分别是 188 和 249. 7。或许从今天的眼光来看，19 世纪前期乘客出行英里数的绝对数值仍然很低，但是如果将其与 18 世纪前期相比，却会发现有些地区的增长速度是惊人的。如果没有这些公共交通的发展，那么伦敦的郊区生活方式将会只限于中产阶级上层，郊区化也就无从深入发展。

从图 7、表 6 和表 7 的分析中我们可以看出，在 18 世纪后期伦敦开始修建越来越多的道路和桥梁，到 19 世纪初已经形成一个通往各郡市中心区以及伦敦周围地区的交通网络。图 7 尤其说明在伦敦与周边家乡郡的一些乡村之间已经建立了紧密的交通体系，这使这些乡村日益成为伦敦的郊区并最终被纳入大伦敦区的规划范围。通过分析表 6 和表 7 中每周乘客出行英里数，我们可以看到，伦敦通往其他地区的公共交通在 18 世纪后期相对落后，到郊区游玩和居住更多的是属于非常富有的商人和银行家的特权，但到 19 世纪初，每周乘客平均出行英里数迅速增加，1840 年有的地区甚至达到 1796 年的 2，000 多倍。这说明道路和桥梁的发展使驿站马车和公共马车日益深入人们的生活，越来越多收入偏低的中产阶级人士可以负担得起通勤费用，可以选择在郊区居住。历史的车轮转得越来越快，最终在 19 世纪后期使伦敦郊区化进入了一个迅速发展的时期。

第二节　交通工具的发展

在 19 世纪中叶铁路时代来临之前，包括伦敦在内，整个英国公共交通工具方面都是以马车为主。18 世纪，除了贵族乡绅和一部分富有商人拥有私人马车以作出行之用以外，大部分人能够选择的交通工具是出租马车或驿站马车。出租马车被称为“Hackney”[①]，这个词源于法语，本意为出租供短途旅行的马匹。因为当时政府严格限制出租马车公司的经营许可证的颁发，实际上出租马车的经营者几乎垄断了伦敦市内的公共交通。出租马车主要是在伦敦市内行驶，也有少数富人会长期利用出租马车通往伦敦周围地区。

相比之下，对于伦敦郊区发展影响更大的是驿站马车（Stage Coach），因为人们要到较远的地方如米德尔塞克斯郡的海格特和哈默史密斯，更多的是使用驿站马车。这种马车一般从伦敦市内的某些旅馆出发，由于受到出租马车垄断权利的影响，通常出了伦敦市范围才能让乘客上下车。1650 年，伦敦出现了可以预定的驿站马车。1681 年，伦敦通过驿站马车与 88

① 出租马车（Hackney）与伦敦一个郊区哈克尼（Hackney）拼写一样，因此有人认为哈克尼区因拥有大量出租马车而得名于“出租马车”一词，参见 Walter Thornbury & Edward Walford, *Old and New London*：*A Narrative of Its History*, *Its People and Its Places*（*Vol. V*），London：Cassell & Company，Limited，1889，p. 524。

个城镇建立了交通联系，到 1705 年则增加到 180 个城镇。最早确定的通往郊区的驿站马车固定路线是从伦敦到克拉朋：根据学者们的考察，早在 1690 年从伦敦市到克拉朋就已经建立起当天往返的马车服务①。18 世纪 70 年代，根据当时城市指南和旅行手册的记载，一共有 80 辆马车每天晚上离开伦敦和威斯敏斯特到周围家乡郡中一些乡村目的地，这个出发时间说明所有乘客当中至少有一部分是采取通勤生活方式的人。到 1805 年，驿站马车数量已经增加了 4 倍。到 1821 年，当天往返的驿站马车车次已经达到大约 600 趟。克里斯·密勒强调驿站马车对一些郊区发展的重要作用，他举例说，虽然“哈普斯特德的教堂街（Church Row）没有一座房子有马厩，说明这里的居民没有私人马车，但马匹与马车都可以在附近租到，而且到 1740 年时这里已经有两趟进城的固定马车。因此，这里的住宅要么是被当作夏日避暑的别墅，要么是被当作通勤者居住的郊区住宅，要么是被当作那些完全隐居于乡村的人的居住处”②。

进入 19 世纪之后，这种短途驿站马车发展得更快，驿站马车所及范围也更广。19 世纪 20 年代的旅行手册表明，伦敦市和威斯敏斯特的各个旅店几乎都提供每小时一次的驿站马车服务，这些马车通往逐渐兴起的郊区和周围乡村。1825 年 12 月，伦敦治安委员会（City Police Committee）曾经统计了从伦敦市内出发的短途驿站马车数量、目的地以及当天返回的马车数量。根据统计，每天有 418 辆马车往返一共 1，190 次旅程，约占当时整个英国马车交通量的 1/5。在所有这些从伦敦市出发的旅程当中，大约有 400 次是到泰晤士河南岸，还有 400 次是到伦敦市北边和东边，约 170 次是到西边，240 次到西北边，其中去得最多的是到帕丁顿③。

① Chris Miele, “From aristocratic ideal to middle - class idyll: 1690 - 1840”, in Merrell Holberton & English Heritage (eds.), *London Suburbs*, London: Merrell Holberton Publishers Ltd., 1999, p. 39.

② Chris Miele, “From aristocratic ideal to middle - class idyll: 1690 - 1840”, in Merrell Holberton & English Heritage (eds.), *London Suburbs*, London: Merrell Holberton Publishers Ltd., 1999, p. 39.

③ T. C. Barker and Michael Bobbins, *A History of London Transport: Passenger Travel and the Development of the Metropolis* (*Vol. I: The Nineteenth Century*), London: George Allen & Unwin Ltd., 1963, p. 4, p. 5.

根据 1825 年伦敦治安委员会的统计数据，我们制成表 8。从该表中可以看出，到 1825 年，以伦敦郊区为终点站已经修建了方便的道路，使马车可以每日往返于这些地区和伦敦市之间。据统计，伦敦到帕丁顿的马车数量最多，有 54 辆，每日往返次数达到 158 次。其次是从伦敦到布莱克沃，有 29 辆，但是往返次数是 72 次，比到坎伯维尔的 23 辆马车往返的 104 次要少一些。在这些郊区当中，马车数量最少的是 5 辆，往返次数最少的是 30 次。由这些数字可以看出，在 19 世纪初期，只要具备一定的经济能力，人们要居住在伦敦周围的郊区并每日往返伦敦并不困难。

表 8：1825 年伦敦通往周围郊区 12 条主要道路的终点站分布表

终点站	马车数量（辆）	每日往返次数（次）
帕丁顿	54	158
坎伯维尔	23	104
布莱克沃	29	72
克拉朋	21	57
伊斯林顿	11	53
肯蒂什城	7	50
克拉普顿	12	44
帕克姆	10	40
埃德蒙顿	17	39
哈克尼	7	39
哈默顿	5	32
哈默史密斯	12	30

资料来源：T. C. Barker and Michael Bobbins, *A History of London Transport: Passenger Travel and the Development of the Metropolis* (*Vol. I: The Nineteenth Century*), London: George Allen & Unwin Ltd., 1963, p. 5.

伦敦通往其他地区的驿站马车不仅越来越方便，而且其费用也越来越低。1768 年，阿瑟·扬就将伦敦市移民的增加归因于交通的发展，提到乡村中的年轻人都希望到伦敦去闯荡，这在以往“并不容易，因为驿站马车要四五天才能走 100 英里，这些费用和消耗过于庞大。但现在，一个农村小伙子，即使离伦敦 100 英里，却能够在早上跳上一辆马车，花费 8 到 10

先令在晚上就可以到达伦敦”。[①] 由此可管窥驿站马车交通的发展对伦敦郊区化的推动作用。

不过，总体而言，虽然19世纪初已经有比较方便的驿站马车可以通往伦敦周围郊区，但这种马车载客量不大，如果长期乘坐价格仍然显得比较昂贵。郊区交通的真正革命发生在1829年，是年出现了公共马车（Omnibus）[②]。这种马车最早于1828年出现于法国巴黎，1829年曾在巴黎工作的英国商人乔治·西利比尔（George Shillibeer）将其引入伦敦。如图8所示，公共马车由3匹马拉动，有较长的、包间式样的车厢，车厢可以容纳20个乘客。大部分马车都不止1个车厢，车费也相对较低。1829年7月4日，第一辆由3匹马拉动的公共马车从帕丁顿出发，通过伊斯林顿的安吉尔地区到达伦敦市，从此公共马车正式成为伦敦人的公共交通工具。这一事件被视为开创了大不列颠城市交通的新时代，或者更确切地说，标志着大不列颠城市交通的真正开端[③]；而罗伊·波特则提出，“公共马车开始了一场通勤者的革命”[④]，这说明公共马车对于伦敦及其他地区的郊区发展起到了非常重要的作用。

---

① Arthur Young, *The Farmer's Letters to the People of England: Containing the Sentiments of a Practical Husbandman, on Various Subjects of Great Importance* (*Vol. I*), London: Printed for W. Strahan, 1768, p. 353.

② “Omnibus”一词的词源在拉丁文中意谓“所有人的”（for all），1828年巴黎人用来指公共马车，强调其为公众服务的特点。

③ T. C. Barker and Michael Bobbins, *A History of London Transport: Passenger Travel and the Development of the Metropolis* (*Vol. I: The Nineteenth Century*), London: George Allen & Unwin Ltd., 1963, p. 1.

④ Roy Porter, *London: A Social History*, Cambridge, Massachusetts: Harvard University Press, 2001, p. 225.

图8：1829年西利比尔的公共马车图

资料来源：Sheila Taylor (ed.), *The Moving Metropolis: A History of London's Transport since* 1800, London: Laurence King Publishing Ltd., 2002, p. 11.

虽然公共马车早期的设计并不完善，乘坐时摇摇晃晃，不如私人马车和出租马车那么舒服，但这种马车的费用相对较低，中等商人或店主完全能够借助这种交通工具采取通勤生活方式。西利比尔公司的公共马车车费视路程而定，或为1先令，或为6便士，超过了大多数劳动人民的承受能力，但比起驿站马车的费用来说毕竟便宜得多。而且，和驿站马车不同的是，无论公共马车是否坐满乘客，其发车时间都是固定的。同时，乘坐公共马车不像乘坐驿站马车那样需要提前预订，而是在发车时由马车驾驶者收取费用。此外，乘客可以在固定路线上的任何地点上下车。由于上述优势，公共马车一出现就受到广泛欢迎。不过，虽然西利比尔创建了最早的公共马车公司，但他在当时出租马车公司的垄断压力下一直未取得伦敦市内经营许可证，只能在伦敦周边地区，尤其是连接伦敦市和伊斯林顿的新道路上行驶，再加上经营不善，西利比尔最终宣告破产。直到1832年，政府通过了《马车法》（the Stage Carriages Act），废除了出租马车的垄断权利，允许公共马车进入市中心后，公共马车公司才大量涌现并迅速发展。

如上文所述，伦敦治安委员会在所作的统计报告中指出，1825年从伦敦市出发到周边郊区的短途驿站马车有418辆，每日往返车程达到1，190次。然而，公共马车出现后，1834年短途驿站马车就迅速下降至293辆，每日往返车程也跌至790次。相比之下，公共马车在其出现的5年后即1834年，就迅速增至232辆，每日往返车程为770次①。到1839年，在伦敦获得经营许可证的公共马车已经有620辆，每辆可以同时容纳至少15名乘客。到1850年，公共马车的数量增加到1，300辆左右，载客量也上升到每辆平均22人②。到1845年，短途驿站马车就几乎销声匿迹了。公共马车的便捷及其相对低廉的车费，使那些由于昂贵的马厩设备、马车夫和马匹而难以负担私人马车的中产阶级中下层，可以开始考虑在郊区生活，由此为伦敦郊区的发展提供了强大的动力。

除了公共马车之外，在1834年，伦敦还从法国引入了小型出租马车（Hansom cab）③，这种马车轻便小巧，只用一匹马拉动，有两个车轮，通常只能坐两三个人。小型出租马车速度较快，不过相比之下在公共交通发展当中的作用不如公共马车那么重要。希拉·泰勒（Sheila Taylor）考察了火车出现前的两种新公共交通工具即小型出租马车和公共马车，认为“这两种马车可以分别被视为现代出租汽车和公共汽车的前身。19世纪20到40年代，它们几乎取代了伦敦所有既存的出租马车和短途驿站马车”④。

18、19世纪，唯一能与马车相竞争的可能就是船只。直到19世纪，泰晤士河仍是伦敦通往周边地区的主要交通干线，而随着蒸汽动力的应用，轮船日益在伦敦人的交通出行中占据重要的地位。在泰晤士河上航行的蒸汽轮船最早出现于1815年，并很快就在从格林尼治到切尔西的泰晤士

---

① T. C. Barker and Michael Bobbins, *A History of London Transport*: *Passenger Travel and the Development of the Metropolis* (*Vol. I*: *The Nineteenth Century*), London: George Allen & Unwin Ltd., 1963, p. 26.

② Sheila Taylor (ed.), *The Moving Metropolis*: *A History of London' s Transport since* 1800, London: Laurence King Publishing Ltd., 2002, p. 30.

③ 该名称得自于其创始人约瑟夫·汉萨姆（Joseph Hansom），他曾经对改良过后的小型马车申请专利。

④ Sheila Taylor (ed.), *The Moving Metropolis*: *A History of London' s Transport since* 1800, London: Laurence King Publishing Ltd., 2002, p. 11.

河航段上，为出门游玩者和通勤者提供便宜且固定的交通服务。在 1820—1830 年的 10 年间，泰晤士河沿岸的一些小村庄，如格雷夫森德（Gravesend）、玛格特（Margate）和拉姆斯盖特（Ramsgate），每天都有大量蒸汽船往返其间。因此，1831 年一位议会议员认为：这几个村庄“已经被建成（伦敦）市民的居住区，而这些人中大多数都是利用蒸汽轮船作交通工具”①。

与陆上马车相比，蒸汽轮船拥有许多优势，例如蒸汽轮船一次可以运载几百个乘客，不需要缴纳较高的交通税，资费相对便宜。因此，这种交通工具很快就成为许多伦敦人出行和通勤的重要选择。1837 年，一些能够容纳 120 名左右乘客的蒸汽轮船开始在伦敦桥和威斯敏斯特桥之间行驶，途中经过南华克桥，整个航程费时 15 到 30 分钟，旅程费用则为 4 便士。从早上八点至晚上九点，这种蒸汽船平均每隔 15 分钟一趟，每天载客量达五六百人。1838 年，钢铁蒸汽轮船公司（Iron Steam Boat Company）成立，每隔半小时就从伦敦桥发船到萨里郡的瓦克斯霍，中途停靠滑铁卢桥和威斯敏斯特桥，整个旅程的费用也不过是 4 便士。到 1843 年，有 8 艘钢铁蒸汽轮船在伦敦桥和米德尔塞克斯郡的切尔西之间提供往返服务，每隔 15 分钟一趟，每年载运的乘客超过 2，000，000 人，且由于竞争激烈，其费用有时甚至低至 2 便士②。据学者们的统计，到 19 世纪 50 年代，每天大约有 15，000 人通过蒸汽轮船往返于伦敦和周围郊区③。由此可见，低廉的票价和便捷的服务使蒸汽轮船成为伦敦人的重要交通工具，为伦敦郊区尤其是泰晤士河沿岸的郊区发展提供了极大的推动力。

---

① T. C. Barker and Michael Bobbins, *A History of London Transport*: *Passenger Travel and the Development of the Metropolis* (*Vol. I*: *The Nineteenth Century*), London: George Allen & Unwin Ltd., 1963, p. 40.

② T. C. Barker and Michael Bobbins, *A History of London Transport*: *Passenger Travel and the Development of the Metropolis* (*Vol. I*: *The Nineteenth Century*), London: George Allen & Unwin Ltd., 1963, p. 43.

③ Sheila Taylor (ed.), *The Moving Metropolis*: *A History of London' s Transport since* 1800, London: Laurence King Publishing Ltd., 2002, pp. 30 – 31.

19 世纪 30 年代，伦敦还出现了第一列载人火车，从而翻开了交通发展史上的新篇章。1836 年，伦敦和格林尼治铁路公司（London & Greenwich Railway）成立，其修筑的第一条铁路从南华克到德普德福，很快就延伸至伦敦桥和格林尼治。1839 年，伦敦开通了通往克罗伊登的铁路，1841 年，伦敦到布莱顿的火车也投入运行。同时，伦敦周围地区的主要铁路干道都修建了终点站，如 1837 年建于休斯顿（Euston）、1838 年建于帕丁顿的火车站。

虽然火车在 19 世纪上半叶就出现并投入使用，但并不像 19 世纪 60、70 年代那样，给伦敦城市和郊区的发展带来巨大的飞跃。原因主要在于：一方面议会反对在城市中心铺设铁路，因为这样会对城市中心的建筑造成大规模的破坏，另一方面伦敦市内长期以来存在的交通拥挤现象也不允许在地面上开通火车，所以大多数火车站都距离伦敦市区较远。这样，任何通过铁路出行到伦敦的人都不得不再从火车站坐出租马车或公共马车到伦敦市。直到 1854 年议会通过立法同意在地下修建铁路，才最终同时解决了这两个难题，并且成为后来许多国家和地区所效仿的解决办法。虽然第一条铁路即伦敦至格林尼治线实际上是为郊区交通服务的，但接下来在 30、40 年代所开通的铁路则主要是为长途交通而服务的，因为当时人们更多的是把铁路作为城际而不是城内交通工具，铁路公司也没有太多地考虑为中产阶级通勤者提供到郊区的交通方式。

尽管与其他陆上或水上交通工具相比，火车并没有给伦敦人的生活带来立竿见影的影响，但毕竟为一部分居住在郊区的人提供了通勤工作的便利。1836 年 2 月，第一列火车从肯特郡的德普特福开往南华克，在其后的 15 个月内运载的乘客超过 650，000 人。次年，从每个工作日的早上八点到晚上十点，这条铁路每隔 15 分钟即发一次车，极大地推动了沿线郊区的发展。1844 年，这条线路的年载客量超过了 2，000，000 人[①]。其他铁路公司也竞相修建铁路，开通列车，为伦敦中产阶级向城市郊区迁移提供了便利条件。据罗伊·波特的统计，19 世纪 50 年代，每天乘坐火车通勤到伦敦市工作的人已经达到 27，000 人，不过这个数字只占依靠步行或公共马车交通而通勤上班的人数的 1/10[②]；换句话说，19 世纪 50 年代，除了乘坐私人交通工具到伦敦市的人之外，公共交通的发展已经使郊区生活成为近 30 万人的生活方式。

诚然，并不是所有乘坐公共马车、蒸汽轮船或火车出行的人都居住在郊区，都是往返于城市和郊区的通勤者；但从这些公共交通的起止地点、数量和其他学者的分析中，我们可以认定，到 19 世纪前期，许多伦敦商人、银行家以至公司职员都已经开始享受郊区生活，通勤成为一种现实的选择。

第三节　通勤：马背上的人们

郊区作为城市发展的产物和城市富人的居住区，由于依赖于城市中心区所提供的工作机会、娱乐休闲和其他设施，必然以交通的发展为前提条件，而郊区的发展以及由此产生的交通方式也带来了一种特殊的生活和工作方式，这就是通勤方式。“通勤”是郊区的一个基本特征，指的是每天往返于家庭住宅和工作场所之间[③]。保罗·兰福德（Paul Langford）指出，英国人的特性之一就是“流动不居”（locomotion）：许多英国人居住在郊区而到城市中工作，“这使美国人后来创造出‘通勤’（commuting）一词，然而这一现象本身至少是早在 18 世纪后期到 19 世纪，就成为英国的一种

① T. C. Barker and Michael Bobbins, *A History of London Transport: Passenger Travel and the Development of the Metropolis* (*Vol. I: The Nineteenth Century*), London: George Allen & Unwin Ltd., 1963, pp. 45 – 46.

② Roy Porter, *London: A Social History*, Cambridge, Massachusetts: Harvard University Press, 2001, p. 229.

③ David C. Thorns, *Suburbia*, London: Paladin, 1973, p. 32.

典型现象。”[①] 克瑞斯·密勒甚至将伦敦人的通勤生活方式追溯得更早，他指出，17 世纪“哈克尼地区居住着四个被封爵的家庭，还有约一百名被授予伦敦市民身份的富有居民……这一地区有一百多辆马车”，这些都“足以证明在这一时期出现了一种不是偶尔居住而是完全通勤的生活模式（a pattern of full – time commuting rather than occasional residence）”。[②]

18 世纪，伦敦一些富有市民开始向周边地区迁移，一些风景优美、环境良好且靠近伦敦市的乡村吸引了越来越多的人居住，而郊区生活尤其是通勤者的生活方式也逐渐成为人们谈论的焦点。1781 年，约翰·豪利特认为社会的奢侈和虚荣使一些人抛弃古老的简朴生活习惯，并注意到伦敦商人开始采取通勤工作方式：“一百年前的人会满足于有一个住处，最多是一所单独的住房，而现在的人们则要求在城市中有一所精致的房屋，在乡村还有一所同样漂亮的别墅。家庭中大多数成员主要居住在乡村别墅中，而他自己在那里度过每个夜晚，只是在白天时出于商业事务的需要才回到伦敦市。”[③]

通勤往来于郊区和城市之间在 18 世纪后期还是一种并不多见的现象，因而受到当时一些作家的关注。1757 年，罗伯特·劳埃德（Robert Lloyd）在《伦敦杂志》上发表了一首打油诗来形容这种生活方式：

在伦敦城外三至四英里之处，
（一个小时的车程把你带到那里），
他精挑细选确定他的住宅，

① Paul Langford, *Englishness Identified*, *Manners and Character* 1650 – 1850, Oxford: Oxford University Press, 2000, pp. 36 – 37.

② Chris Miele, “From aristocratic ideal to middle – class idyll: 1690 – 1840”, in Merrell Holberton & English Heritage (eds.), *London Suburbs*, London: Merrell Holberton Publishers Ltd., 1999, p. 32.

③ John Howlett, *An Examination of Dr. Price's Essay on the Population of England and Wales; and the Doctrine of an Increased Population in This Kingdom; Established by Facts*, Maidstone: Printed for the Author by J. Blake, 1768, p. 88.

与马路相距不到半弗隆①，
而它所处的位置是如此便利，
马车每天从旁边经过：
因此这是多么舒适、多么美好，
拥有一所如此靠近伦敦城的住宅！②

在 1813—1816 年间，理查德·菲力普斯（Richard Philips）在《每月杂志》上发表了一系列有关伦敦的散论，并于 1817 年以《从伦敦到基尤的晨间漫步》为题结集出版。菲力普斯惊讶地发现相当一部分伦敦人采取通勤的生活方式，并在该书中对此进行了详细的描述。尽管菲力普斯并没有使用“通勤”一词，但他对人们每天往返于伦敦和郊区住宅之间情况的描述，对我们了解这一时期的通勤生活仍然是极有价值的。当菲力普斯早晨从伦敦出发向城外行进时，他“注意到很少人和我同方向前进，每个人的脚步都是坚定地向伦敦迈去，这种情况体现了现代生活的一个特点，即在伦敦从事各种经营活动的人都在周围乡村中居住，并将自己的家庭也安置在那里”③。这些人每天步行或乘坐马车到伦敦市，出发时间根据他们的工作性质和紧急程度而有所不同。在九点之前，各条道路上都是政府文职部门、银行和商业公司的职员，他们必须在这个时间赶到办公室。从九点到十一点，菲力普斯看到的则是商店店主、股票经纪人、律师和各大机构的主席在奔忙，他们的脸上满是谨慎而焦虑的表情，表明他们具有较高的身份地位。在十二点，漫步而来的是那些较悠闲的大富豪，他们到伦敦办公室来查看经营状况以及办理汇款业务，或者仅仅是阅读报纸和探听消息。因此在每天中午之前，在通往伦敦市的各条大道上，都拥挤着驿站马

① 弗隆（furlong）是英国的长度单位，相当于 1/8 英里，即 201 米。

② Robert Lloyd, “The cit’s country – box, 1757”, *The London Magazine*, *Or*, *Gentleman's Monthly Intelligencer*, (Vol. XXXVII), January 1768, p. 490.

③ Richard Philips, *A Morning’s Walk from London to Kew*, London: Printed by J. Adlard, 1817, p. 11.

车和私人马车。菲力普斯大致估计了居住在城外7英里范围内、每天在早上八点至晚上六点之间往返于伦敦市和郊区住宅之间的人数，他对当时各主要路线的通勤者人数估计如下：“大约200人来自皮姆里柯，300人来自切尔西，200人来自金斯路（King’s Road）和斯隆路（Sloane Street），50人来自富勒姆和普特尼，还有50人来自贝塔西和温兹沃斯；因此每天从这些地区而来的大致有800人。”如果再加上其他道路上固定进出于伦敦市的人数，那么一共约有16，000人，“其中大约有8，000人是步行，2，000人是采用公共交通工具，还有6，000人是骑马，或乘坐敞篷的和封闭的马车。”菲力普斯对伦敦人这种通勤生活方式惊奇不已，认为这是伦敦经济和社会发展所产生的特有现象，强调“这种现象除了像我们这个集合了人口、财富、贸易和各种职业的大都市之外，在世界上其他任何地方都不可能再出现”①。

到19世纪30、40年代，随着伦敦经济的进一步发展，这种通勤上班的方式更加普遍。1845年，戴维·伊万斯对当时伦敦市的经济生活进行了考察，并详细地描绘了当时的通勤状况：“伦敦市的喧嚣和各种活动从早上九点至十点开始，到晚上六点至七点时结束。早上九点到十点，从郊区和西边地区陆陆续续涌入好几千人，他们的工作日是星期一到星期六；而每到晚上六点至七点时，这些人就开始返回到城外他们的家中，并准备次日的工作。因此，在早上九点以前和晚上十一点之后，伦敦市的街道和庭院就一片空寂。伦敦交易所、布罗德街（Broad - street）、巴塞洛缪巷（Bartholomew - lane）、隆巴德街（Lombard - street）、斯罗莫顿街（Throgmorton - street）以及伦敦市其他所有大道在这时都被人们抛弃了。”② 当然，伊万斯的叙述有夸大之嫌，因为这一时期仍然有很多人，尤其是下层劳动者拥挤着居住在伦敦市内。伊万斯和当时其他许多作家一样，忽略了

① Richard Philips, *A Morning’s Walk from London to Kew*, London: Printed by J. Adlard, 1817, p. 13.

② David Morier Evans, *The City; or, the Physiology of London Business*, London: Baily Brothers, 1845, p. 188.

这一部分人的生活状况，而将目光集中于伦敦商人、银行家、店主和专业人士。但是，伊万斯对 19 世纪中叶伦敦经济生活的描写，恰恰说明了当时大多数富有的中产阶级人士白天在伦敦市工作，晚上则回到自己的郊区住宅当中，而这正是通勤生活方式的基本特征。

我们还可以通过对约翰·罗斯金（John Ruskin）家族的分析，来考察 18 世纪末 19 世纪初伦敦通勤生活方式的发展。约翰·罗斯金是 19 世纪著名的艺术评论家，他的父亲是伦敦市一位殷实的酿酒商人。根据约翰·罗斯金的传记作家 W. G. 柯林伍德（W. G. Collingwood）的说法，罗斯金家族“从来不是一个显赫的大宗族”，而是“属于中产阶级上层”①。柯林伍德在传记中专辟一章描述约翰·罗斯金的父亲约翰·詹姆斯·罗斯金（John James Ruskin）的生活和工作状况，从中我们可以看出通勤已经成为当时伦敦富人的一种习惯。詹姆斯起初居住在伦敦市的汉特街（Hunter Street），但在每个夏天他都会带着全家人在哈普斯特德或道尔维奇居住。因此，小约翰在出生后的前三个夏季都是在乡村别墅当中度过。1823 年，这个家庭迁离伦敦市而“居住在一所郊区住宅当中，他们选择的地点是道尔维奇的赫尔山”。从这个时候开始，小约翰的父亲不再把这里看作偶尔的休养之处，而把它当作真正的家庭居住地，他让家人尤其是孩子们留在乡村，自己则“每天乘坐马车到伦敦处理事务”②。从上面的描述中我们可以看出，由于伦敦中产阶级人士经济能力的提高和对乡村生活的向往，他们日益倾向于将家庭安置在风景秀丽的郊区，男性家长每天往返于城市和郊区之间，逐渐发展起一种通勤生活方式。罗伊·波特在《伦敦社会史》中也提到约翰·罗斯金的父亲在工作和生活中表现出来的通勤特征，并且还强调这种现象并不是个别现象，“罗斯金家族属于一个更大规模的出埃

---

① W. G. Collingwood, *The Life and Work of John Ruskin* (*Vol. I*), Boston and New York: Houghton, Mifflin and Company, 1893, pp. 6 - 7.

② W. G. Collingwood, *The Life and Work of John Ruskin* (*Vol. I*), Boston and New York: Houghton, Mifflin and Company, 1893, p. 21, p. 22.

及记人群中的一部分”①。

值得强调的是，虽然我们不能把18、19世纪的通勤生活方式看作个别现象，但我们也不能走到另一极端，把这种现象看作伦敦市民当中非常普遍的情况。在一个还是以马车为主要交通工具的时代，通勤费用仍是伦敦大多数人所难以负担的。正如T. C. 巴克（T. C. Barker）和迈克尔·罗宾斯（Michael Robbins）所说，直到19世纪初，“在郊区拥有住宅并每天驾着马车通勤工作的生活方式，仍然只限于一部分——却是不断发展壮大的一部分人。”② 他们所说的这一部分人就是中产阶级，尤其是中产阶级上层。R. J. 莫里斯（R. J. Morris）在分析中产阶级时，看到了郊区居住和通勤生活方式对于中产阶级内部分层所产生的影响，指出：“郊区将中产阶级划分为两类：一类是负担得起私人马车或出租马车费用的人，一类则是没有这种能力的人。”③ 由此可见，在18世纪后期到19世纪前期并不是伦敦所有中产阶级人士都能够负担得起通勤生活方式，这恰恰印证了该时期是伦敦郊区化的萌芽和初步发展时期。

在伦敦郊区的产生和发展过程中，交通的进步具有举足轻重的作用，这一点是毋庸置疑的。随着道路和桥梁的发展，18世纪伦敦建立了较为发达的交通网络。在此基础上，一些富有商人和大银行家依赖于私人马车和出租马车作为交通工具，居住在伦敦周围乡村，而其他经济水平较低的中产阶级人士则更多地借助于驿站马车。1829年公共马车的出现使郊区生活方式逐渐扩展至中产阶级中更多的人，而蒸汽轮船的发展

① Roy Porter, *London: A Social History*, Cambridge, Massachusetts: Harvard University Press, 2001, p. 224.

② T. C. Barker and Michael Bobbins, *A History of London Transport: Passenger Travel and the Development of the Metropolis* (*Vol. I: The Nineteenth Century*), London: George Allen & Unwin Ltd., 1963, p. xxvi.

③ R. J. Morris, “The middle class and British towns and cities of the industrial revolution, 1780 – 1870”, in Derek Fraser and Anthony Sutcliffe (eds.), *The Pursuit of Urban History*, London: Edward Arnold, 1983, p. 304.

也为伦敦人向郊区迁移提供了便利。载客火车在伦敦的出现逐渐改变了人们的生活和工作方式，但其重要性要到 19 世纪末才较为明显，因为火车只是加快了伦敦郊区的发展而不是郊区兴起的必要条件。[①] 总而言之，在 18、19 世纪的伦敦，道路和桥梁的修建以及交通工具的发展，已经为城市郊区化提供了强大的推动力，伦敦交通的发展使通勤生活方式成为越来越多人的现实选择。此后，近代意义上的郊区进入了一个快速发展的时期。

① F. M. L. Thompson, "Introduction: The rise of suburbia", in F. M. L. Thompson (ed.), *The Rise of Suburbia*, Leicester: Leicester University Press, 1982, p. 11.

下篇　主体：中产阶级的兴起与郊区化

伦敦郊区的兴起和发展有其客观因素：一方面伦敦城市发展过程中所产生的各种问题为人们向郊区迁移提供了向外的推力，另一方面私人地主和投机开发商对郊区地产的开发逐渐在城市周围地区形成一股强大的拉力，而道路、桥梁以及交通工具的发展也便利了人们向郊区的迁移。上述外部环境为中产阶级向郊区迁移提供了可能性，那么中产阶级是否有足够的经济能力和意愿，在郊区实现城市和乡村、工作和家庭两极之间的平衡呢？在下篇中，我们将注意力转向郊区化的主体——中产阶级。

近代意义上的郊区在很大程度上与中产阶级的兴起和发展密切相关，这一点几乎为大多数学者所认同。在18世纪后期和19世纪前期，随着伦敦的经济、社会和文化发展，中产阶级的队伍迅速扩大，他们的经济地位也有了很大的提高，其财富和工作性质使他们足以负担郊区生活方式所必需的金钱和时间。与此同时，他们逐渐形成了特有的自我认同、家庭理想和宗教理念，这使他们产生了向郊区迁移的强烈意愿。因此，中产阶级不仅具备向郊区迁移所需的经济能力，也有了在郊区实现城市和乡村、工作和家庭两极平衡的意愿，最终，伦敦郊区化在主体方面的条件基本形成。

第五章
“我感觉自己就像一位伟大的领主”
——中产阶级经济地位和自我认同对郊区化的影响

“如果你下次到伦敦去，会发现我不住在科文特花园了。我在伊斯林顿的科尔布鲁克街有一所别墅——说它是别墅是因为它是一所独立的白色房屋，有六个房间……我感觉自己就像一位伟大的领主，以前从来没有住过这么令人满意的地方。”

——查尔斯·兰姆：《查尔斯·兰姆信件集》，1823 年

近代意义上郊区的形成与中产阶级兴起之间存在着至关重要的关系。怀特汉和卡尔在讨论郊区的起源和发展时明确指出，是中产阶级蜂拥至郊区而不是其他因素，才造就了郊区这种最终在世界大多数城市占重要地位的地理结构[①]。罗伯特·费什曼直接把郊区的兴起归结为中产阶级的努力，他们追求一种理想的生活方式，试图建造居住空间的乌托邦，因此“郊区是典型的中产阶级的产物”[②]。F. M. L. 汤普森也认为，“19 世纪前期郊区生活成为中产阶级生活的一个显著特点，因为隐私、隔离、体面、自尊以

① J. W. R. Whitehand & C. M. H. Carr, *Twentieth - Century Suburbs: A Morphological Approach*, London: Routledge, 2001, p. 2.

② Robert Fishman, *Bourgeois Utopias: The Rise and Fall of Suburbia*, New York: Basic Books, Inc., 1987, pp. 3 - 10.

及远离贸易经营等要求，主要是在郊区住宅才能实现。”[①] 汤普森还特别强调中产阶级男性在营造郊区生活方式中的作用，“在一个由男性占主导地位的社会中，中产阶级男性出门工作，并且通过每天逃避到比较容易获得的家庭舒适氛围中，来摆脱工作事务压力以及与同事和陌生人打交道的烦扰，而他的妻子则留在家中，在相对隔离的环境中去营造他所钟爱的隐私和隔绝。中产阶级男性生活在工作事务的公共世界和家庭生活的私人世界之间，这正是郊区兴起的原因和意义所在。”[②] 因此，我们可以说，近代意义上的郊区是以中产阶级的兴起为前提条件的。

伦敦中产阶级向周围郊区迁移，必须具备两个方面的前提条件：一是他们有这种能力即能够（could）负担郊区生活的费用、时间和精力；二是他们有这种意愿即愿意（would）过一种更为舒适、更为健康的郊区生活。更确切地说，前者主要是指伦敦中产阶级经济力量的增长，后者则主要是指中产阶级在日常生活、宗教信仰、价值理念等各个方面所产生的对郊区生活的向往。R. J. 莫里斯对郊区生活和中产阶级文化价值观之间的联系进行了分析，指出：“郊区是中产阶级文化价值观所产生的完美结果，这些价值观包括家庭性、隐私性、居住场所和工作场所的分离、乡村中绿树环绕的浪漫主义与城市文明的优越便利的结合、性别身份之间鲜明而令人生敬的分离、消费水平有节制的炫示，以及教堂、小礼拜堂和网球俱乐部中的高雅活动。”[③] 本章首先讨论伦敦中产阶级经济地位的提高如何为他们向郊区迁移提供了基本的能力，而接下来几章则主要阐述在这种能力的基础上，伦敦中产阶级又是如何产生享受郊区生活的愿望的。

① F. M. L. Thompson, *The Rise of Respectable Society*: *A Social History of Victorian Britain* 1830 - 1900, London: Fontana Press, 1988, p. 173.

② F. M. L. Thompson, “Introduction: The rise of suburbia”, in F. M. L. Thompson (ed.), *The Rise of Suburbia*, Leicester: Leicester University Press, 1982, p. 9.

③ R. J. Morris, “Structure, culture and society in British towns”, in Peter Clark (ed.), *The Cambridge Urban History of Britain* (*Vol. III*), Cambridge: Cambridge University Press, 2000, p. 404.

第一节 伦敦中产阶级的产生和发展

关于近代早期西方的中产阶级，史学界存在着较大的争议，尤其是在英国这个最早开始工业革命、城市化和城市郊区化的国家，中产阶级何时出现，包括哪些社会成员，对郊区化产生了什么样的影响，凡此种种更是学者们争论的焦点。

有的学者把中产阶级简单地看作社会分层中处于英国土地贵族和劳动大众之间的那一部分人，并因此认为英国中产阶级早在诺曼征服时期就已经出现，如约翰·卫德（John Wade）在1833年所著的《中产阶级和工人阶级的历史》[①]、R. H. 格里顿（R. H. Gretton）在1917年所著的《英国中产阶级》[②] 中，都从11世纪诺曼征服时期开始论述中产阶级的发展，两者都使用了“Middle Class”一词。路易斯·赖特（Louis B. Wright）在《伊丽莎白时期英国的中产阶级文化》一书的序言中，一方面指出该书的目标是描绘所谓“大中产阶级”（the great middle class）[③] 的文化和利益，另一方面也提到要讨论那些普通市民（the average citizen）的文化习惯，在其他地方则用“以贸易为职业的人”“商业阶级”（the commercial classes）[④] 代替“中产阶级”，这说明作者在论及英国中产阶级时，主要是指有一定财产、有自由公民权的商人和工匠，其含义相当模糊不清，并不是我们所讨论的中产阶级。

比较而言，更多学者以更严谨的态度看待英国中产阶级的形成问题，他们从职业、收入、政治权利、价值观以及生活方式等各个层面加以考

① John Wade, *History of the Middle & Working Classes*, New York: Augustus M. Kelley Publishers, 1966.

② R. H. Gretton, *The English Middle Class*, London: G. Bell and Sons, Ltd., 1917.

③ 从赖特对“大中产阶级”的这一用法也可以看出，他所谓的中产阶级仍然是一个不确定的、松散的集合，没有严格的界定或统一的特征。

④ Louis B. Wright, *Middle – class Culture in Elizabethan England*, Ithaca: Cornell University Press, 1963, p. VII, pp. 1 – 2.

察。1956 年，阿萨・勃里格斯在《过去与现在》期刊上发表了《1780—1846 年英国政治中的中产阶级意识》一文，对研究中产阶级问题颇有启发。在该论文中，作者提出 1780—1846 年间发生的四次重大事件最终导致了英国中产阶级的形成，即皮特政府征收个人所得税、拿破仑战争、1832 年议会改革以及废除谷物法运动①。如果说勃里格斯侧重于从政治层面论述中产阶级的形成，那么哈罗德・珀金则更多地强调宗教因素在英国中产阶级形成过程中的重要作用，他认为宗教信仰是“阶级的助产士”：卫斯理宗和福音派分别是工人阶级和中产阶级形成过程中的重要因素。② 还有一些学者从消费的角度来看待中产阶级的形成，如雷蒙・威廉斯认为 18 世纪中叶“消费者”（consumer）一词就是与中产阶级的政治和经济相关联而出现的③。同时，学者们普遍认为中产阶级形成与工业革命爆发密切相关，因为工业化的迅速发展使从事商业和制造业的人数大大增加，这些人成为中产阶级当中的主体部分，因此维多利亚初期社会变化最显著的特征之一就是英国中产阶级的最终形成④。

上述可知，许多学者都承认：如果从整个英国的角度来考察中产阶级，该阶级在 18 世纪后期工业革命的迅速发展中积累财富，并在 19 世纪前期的议会改革、反谷物法等运动中开始攫取政治权利，最终形成一个有共同利益、要求和价值观的阶级。但是，在对历史问题进行分析时，我们必须注意历史现象的普遍性和特殊性。由于各个国家和地区的社会、经济发展状况不同，同一历史现象在这些国家和地区出现的时间也不尽相同，在中产阶级的形成问题上也不例外。根据《牛津英语大辞典》的词源学考

---

① Asa Briggs, “Middle - Class Consciousness in English Politics, 1780 - 1846”, *Past and Present*, No. 9. (Apr., 1956), pp. 65 - 74.

② Harold Perkin, *The Origins of Modern English Society*, London and New York: Routledge, 2002, pp. 196 - 201.

③ ［英］雷蒙・威廉斯著：《关键词：文化与社会的词汇》，刘建基译，北京：三联书店，2005 年，第 85—86 页。

④ Maurice Ashley, *The People of England: A Short Social and Economic History*, London: Macmillan Press, 1982, p. 148.

证，具有近代意义的“中产阶级”（the middle class）一词在1812年才第一次出现[①]，此前人们对处于社会中间阶层的人的称呼各种各样，如“中间等级”（middle sort）、“中间状态”（middle state）、“中间部分”（middle part）等[②]。从普遍意义上讲，至少直到18世纪末19世纪初，整个英国还没有产生一个有着共同经济利益、政治目标以及价值观的中产阶级。

但是，从伦敦这个特殊城市的角度来说，情况则有所不同。伦敦是英国首都、王室所在地、英国海内外贸易和制造业的中心以及贵族、乡绅、金融家和大商人云集之地，其政治、经济和文化环境为伦敦中产阶级的形成提供了远远优越于其他地方城市的机遇。正如约翰·西德（John Seed）所说：“我们不能认为，一个大致统一的中产阶级平衡地分布在英国所有城镇和城市中。在经济水平发展程度不同的地区之间，中产阶级的形成有着重要而明显的差异……中产阶级的明确特征会因地区或城市的不同而不同。”[③] 彼得·克拉克也注意到中产阶级形成过程中的地区差异性，他在《剑桥英国城市史》第二卷的导论中指出，尽管没有足够的确切证据可以证明在18世纪结束时英国形成了一个明确的中产阶级，但可以认定在伦敦等某些特殊地区，已经出现了有着特定社会形象和经济地位的中产阶级[④]。在充分考虑伦敦城市的特殊性后，我们可以认为：在18世纪的伦敦，一部分大商人、熟练工匠和专业人士上层已经占据了举足轻重的地位，虽然他们还没有最终形成一个有共同政治和经济利益的阶级，但他们已经具备了一些共同的特征和要求，从而成为西德所说的最早“从‘中间阶层’向中

---

① J. A. Simpson and E. S. C. Weiner (eds.), *The Oxford English dictionary* (*Second edition*, *Vol. IX*), Oxford: Clarendon Press, 1989, p. 743.

② Penelope J. Corfield, “Class by name and number in eighteenth - century Britain”, in Penelope J. Corfield (ed.), *Language*, *History and Class*, Oxford: Basil Blackwell Ltd., 1991, pp. 120 - 122.

③ John Seed, “From ‘middling sort’ to middle class in late eighteenth - and early nineteenth - century England”, in M. L. Bush (ed.), *Social Orders and Social Classes in Europe since 1500*: *Studies in Social Stratification*, London and New York: Longman, 1992, p. 128.

④ Peter Clark, “Introduction”, in Peter Clark (ed.), *The Cambridge Urban History of Britain* (*Vol.* Ⅱ), Cambridge: Cambridge University Press, 2000, p. 12.

产阶级转变”的一部分人[①]。

彼得·厄尔（Peter Earl）在《英国中产阶级的形成：1660—1730 年伦敦的商务、社会和家庭生活》一书中，强调伦敦在工业革命之前的英国占据了绝对的主导地位，并通过研究当时的资料如契约、遗嘱和存货清单等得出结论：英国中产阶级最早诞生于伦敦，时间则大致在 17 世纪后期到 18 世纪前期[②]。玛杰特·邱特（Marchette Chute）强调：“伦敦是属于中产阶级的城市……是一个属于杂货商人、银行家、珠宝商、书商和演员的城市……是一个购买和出售、制造和借贷的城市。”[③] G.M. 屈勒威廉（G. M. Trevelyan）在考察英国社会史时，尤其强调伦敦的特殊性即其享有的充分自治权，使这一城市中的大资产者能够最早形成中产阶级，“无论是君主还是贵族在伦敦城界限范围内都没有根据地……伦敦市长和市民的特权，以及他们所管辖的民兵，使伦敦成为一个国中之国——在仍然保持君主和贵族统治的整个英格兰当中，形成了一个纯粹资产阶级的社会。”[④] 蒂姆·梅尔德伦（Tim Meldrum）在讨论伦敦家庭的生活和工作问题时，强调指出：“伦敦作为英国制造业、贸易、商业，以及政府、法律和专业职业的中心，早在 17 世纪末和 18 世纪初就已经产生了一个富有活力的中产阶级。”[⑤] 此外，尼古拉斯·罗杰斯对汉诺威时期的伦敦大资产者进行了统计分析，发现这一时期伦敦的市议员及其他政府官员主要是一些大资产者而不是贵族，也就是说伦敦部分市民已经拥有强大的经济力量和一定的政

① John Seed, “From ‘middling sort’ to middle class in late eighteenth - and early nineteenth - century England”, in M. L. Bush (ed.), *Social Orders and Social Classes in Europe since 1500: Studies in Social Stratification*, London and New York: Longman, 1992, pp. 125 - 128.

② Peter Earle, *The Making of the English Middle Class: Business, Society and Family Life in London, 1660 - 1730*, Berkeley and Los Angeles: University of California Press, 1989, pp. 327 - 329.

③ Marchette Chute, *Ben Jonson of Westminster*, New York: E. P. Dutton & Co., Inc., 1953, p. 13.

④ G. M. Trevelyan, *English Social History: A Survey of Six Centuries: Chaucer to Queen Victoria*, London: Longmans, Green and Co., 1946, pp. 142 - 143.

⑤ Tim Meldrum, *Domestic Service and Gender 1660 - 1750: Life and Work in the London Household*, Harlow: Pearson Education Limited, 2000, p. 12.

治力量。相比之下，其他地方城市在人口和财富方面远远比不上伦敦，因此其他地区的中产阶级在形成的时间上要晚得多[1]。

最后，在分析伦敦中产阶级形成问题时，W. D. 罗宾斯坦（W. D. Rubinstein）对英国中产阶级的考察对我们可能更有启发意义。他直接提出：在英国的阶级结构演变中，出现了两个中产阶级（two middle classes），一个是建立在商业贸易基础之上的伦敦中产阶级，另一个则是以制造业为主的英国北部城市的中产阶级，而前者在人数和财富上远远超过后者。这两个中产阶级在财产形式、意识形态以及与土地贵族的关系方面，都有很大的差异，直到1918年以后，这两个中产阶级才开始逐渐融合为统一的“精英”阶级；而即使到这一时期，北方的制造业中产阶级仍是处于一种相对附属的地位[2]。

通过对上述观点的分析，再结合18、19世纪伦敦的经济发展状况，以及伦敦在英国社会中的特殊地位，我们可以认为：这一时期伦敦出现的富有商人、工匠和专业人士已经具备了中产阶级的大多数重要特征。而其他地区中产阶级更多的是工业革命的产物：在工业革命中，这些地区的工厂主和制造商积累了一定的财富，开始要求政治权利，并最终发展成为有明确阶级意识和利益的中产阶级。换言之，伦敦中产阶级与其他城市的中产阶级，或者说作为整体的英国中产阶级，在形成和发展方面有一定的时间差异。

第二节 伦敦中产阶级的经济地位

从18世纪开始，在伦敦这个商业贸易大都市当中，出现了一些拥有较高经济和政治地位的富有商人、店主和专业人士，他们是最早向伦敦郊区

① Nicolas Rogers, “Money, land and lineage: The big bourgeoisie of Hanoverian London”, *Social History*, vol. 4 (1979), pp. 437 – 454.

② W. D. Rubinstein, “Wealth, elites and the class structure of modern Britain”, *Past and Present*, No. 76, Aug. 1977, pp. 99 – 126.

迁移的一批人。不过，要担当这一先行者的任务首先必须具备基本的前提条件，即拥有足够的经济实力。原因在于：一方面，邻近伦敦市的乡村别墅通常是装饰精美的独户住宅，占地面积较大，通常附有前后花园，因此无论是购买还是租住这样一所别墅都所费不赀；另一方面，居住在早期郊区的人们通常仍在伦敦城市内工作，需要频繁地往返于家庭和工作场所之间，因此需要负担较昂贵的交通费用。因此，拥有较强大的经济能力就成为向郊区迁移的重要条件。

那么，在伦敦当中有哪些社会成员具备这样的条件呢？贵族和乡绅对社会财富的占有不容小觑，但作为有头衔有地产的贵族，他们的收入更多地来自乡村地产收入或是王室赏赐，即使他们会投资某些商业贸易活动或手工业活动，也很少以伦敦的经济活动作为谋生的基本手段，因此并不需要在郊区购买住宅以每天往返于居住场所和工作场所之间。值得一提的是，有不少贵族在伦敦市或伦敦周围地区购买或租赁房屋，但他们的目的是为了满足在伦敦季期间所从事的政治、文化和娱乐活动的需要，常常在伦敦季结束之后就回到自己位于各郡乡村的庄园当中。因此，贵族和乡绅虽然拥有强大的经济实力，但他们不具有向郊区迁移的意愿。

至于劳动人民，他们根本没有能力负担得起高昂的居住和通勤费用，而且由于伦敦工作机会的季节性，如码头装卸或为贵族服务，这些劳动者大多数从事临时工作，必须居住在离工作场所尽可能近的地方，以便有更多的机会赚钱养家糊口。加里斯·斯德曼·琼斯在对18世纪后期和19世纪的社会阶级关系进行考察后，强调“根据当时的记录可以认定，中产阶级向郊区的迁移开始于18世纪中叶……而临时工人都只能居住在离市中心的工作场所可以步行到达的距离范围内”①。直到1846年，皇家委员会仍然承认“穷人是与他的工作场所连接在一起的；他既没有足够的时间，也

① Gareth Stedman Jones, *Outcast London: A Study in the Relationship between Classes in Victorian Society*, Harmondsworth: Penguin Books, 1991, p. 159.

没有足够的金钱骑马到工作的地方”[①]。也就是说，劳动人民即使有居住在郊区的意愿，经济能力和工作性质也不允许他们向郊区迁移。因此，除了家庭仆佣之外，近代意义上的居住郊区是将大多数下层百姓排除在外的。

如果说贵族上层具有强大的经济能力而缺乏向郊区迁移的意愿，劳动下层即使有这种意愿也不具备经济能力，那么中产阶级则是既有能力也有意愿。正因如此，他们才与伦敦郊区的兴起紧密相关。下面，我们首先来考察伦敦中产阶级的经济地位，借以说明他们为何具有向郊区迁移的能力。

在伦敦中产阶级中地位最显著的是大商人和大银行家，尤其是从事海外贸易和海外投资的大商人和大银行家。不过，在早期大商人与银行家之间难以画出明确的界线，因为这一时期的商业和金融业活动常常是交织在一起的，一些大商人可能是海外殖民贸易的直接投资者，而一些大银行家也可能是伦敦重要商业公司的管理者，正如斯蒂芬·因伍德指出的：“伦敦的财富来自很多方面，但其生命血液则是贸易，尤其是海外贸易。”[②] 戴维·汉考克在《世界市民》一书中对 18 世纪伦敦的大商人和银行家评价甚高，认为正是他们“转动了商业发展的巨轮”[③]。由于这些大商人和银行家都依赖于伦敦在全国对外贸易中的主导地位所带来的优势，我们在讨论时将两者视为一个整体，不做严格区分。

根据彼得·厄尔的研究，早在 17 世纪后期伦敦就至少有 600 个商人从事全职的海外贸易事务，还有大约同样数量的人兼营国际贸易。在这些商人中，位于最顶层的是 20 多位商业精英，他们主宰了当时海外贸易和金融业，并对伦敦政治有强大的影响力。尤其是他们的财富积累达到了惊人的地步，如一位名叫彼得·旺斯塔特的商人身家就有 120，000 英镑，其他商

---

① Peter Thorold, *The London Rich*: *The Creation of a Great City*, *from* 1666 *to the Present*, New York: St. Martin's Press, 1999, p. 251.

② Stephen Inwood, *A History of London*, London: Macmillan, 1998, p. 317.

③ David Hancock, *Citizens of the World*: *London Merchants and the Integration of the British Atlantic Community*, 1735 - 1785, Cambridge: Cambridge University Press, 1997, pp. 115 - 142, pp. 240 - 251.

人也留下了20，000到50，000英镑不等的遗产①。根据罗伯特·费什曼的估计，到18世纪时，这部分位于中产阶级顶层的商人精英通常拥有超过10，000英镑的年收入，接近当时贵族的平均年收入，他们控制了来自英国海上和殖民地贸易的大部分利润，仓库中装满了来自非洲的象牙、中国的茶叶、东印度的香料、北美的皮毛等获利甚丰的商品②。

虽然上述大商人和大银行家富可敌国，但他们的人数相当有限，在伦敦中产阶级中占主体地位是从事国内外贸易的中等商人和一些大店主。当时的海外贸易常常采取股份公司的形式，如东印度公司和皇家非洲公司（Royal African Company），其中许多中等商人也很快晋升到中产阶级的行列当中。H. M. 布特（H. M. Boot）对1760—1850年东印度公司中等商人的收入进行了详细的考察，认为伦敦优越的经济和政治条件为这个城市中产阶级的兴起提供了良好的环境，东印度公司的中等商人阶层凭借其较高的收入水平和教育水平，成为18、19世纪伦敦中产阶级的重要组成部分③。

除了从事海外贸易的商人，在伦敦还有相当数量经营国内贸易的商人，他们或者是将伦敦生产或进口的商品运往全国各地，或者是将各地所生产的货物运往伦敦以供当地市民使用或直接出口海外。这部分中等商人通常也拥有自己的店铺，因而兼具商人和店主两种角色。一些拥有足够资金的店主雇佣学徒和帮工，生产和出售供给贵族、乡绅和其他富人的昂贵奢侈品，如时尚服装、高级珠宝、豪华家具等，这部分人包括钟表匠、银器匠、大裁缝、制帽商等，他们留下的遗产也多在500—900英镑，有些还

① Peter Earle, *The Making of the English Middle Class: Business, Society and Family Life in London*, 1660 – 1730, Berkeley and Los Angeles: University of California Press, 1989, pp. 34 – 36.

② Robert Fishman, *Bourgeois Utopias: The Rise and Fall of Suburbia*, New York: Basic Books, Inc., 1987, pp. 27 – 28.

③ H. M. Boot, "Real incomes of the British middle class, 1760 – 1850: The experience of clerks at the East India Company", *The Economic History Review*, New Series, Vol. 52, No. 4 (Nov., 1999), pp. 638 – 668.

超过了 1，000 英镑[①]。

在伦敦中产阶级当中还有一部分以专业技术为主要谋生手段的人，即所谓“专业人士”，这些人主要包括著名的医生和律师以及少数顶尖艺术家如王室画家等。当时许多“有身份的人”受到尊重，并不是由于他们的财富，而是因为他们拥有的专业知识。正如 18 世纪伦敦一出戏剧中的一句对白所表明的：“我父亲是伯明翰一个成功的纽扣商人，但是我却不愿意从事这一行……我渴望成为一名自由自在的专业人士”[②]，这说明当时人们对专业人士充满了艳羡之情。随着社会的发展，人们对各种技术知识有越来越强烈的需求，而这一部分专业人士在伦敦社会中也发挥着越来越大的作用。帕内洛普·柯菲尔德（Penelope J. Corfield）对 18、19 世纪的英国专业人士进行了深入的考察，指出伦敦是英国专业人士最集中的地方。他通过对 1729—1731 年律师登记名册的分析，发现伦敦和威斯敏斯特地区的律师人数占英国律师总数的 33. 4%；1783 年的调查也表明伦敦医生的人数占英国医生总数的 30. 4%[③]。这些专业人士凭借自己专业知识而获得的收入足以让他们衣食无忧，正如彼得·索罗尔德指出的，“在 18 世纪的法律行业中，那些出类拔萃的顶尖人物会聚敛相当惊人的财富”，一些富有的律师常常聚居在一起，如伦敦城外的哈普斯特德哈尔斯（Hampstead Health）郊区[④]。

我们必须承认，以上考察只是对伦敦中产阶级的理论分析，实际上我们很难对他们的组成和身份进行明确的界定，因为从事海外贸易的大商人可能同时涉足制造业，一些专业人士也有可能投资商业或银行业，而一些

① Peter Earle, *The Making of the English Middle Class: Business, Society and Family Life in London*, 1660 – 1730, Berkeley and Los Angeles: University of California Press, 1989, p. 32.

② George Colman, *New Hay at the Old Market; an Occassional Drama, in One Act*, London: Printed by W. Woodfall, 1795, p. 10.

③ Penelope J. Corfield, *Power and the Professions in Britain* 1700 – 1850, London and New York: Routledge, 1995, pp. 216 – 217.

④ Peter Thorold, *The London Rich: The Creation of a Great City, from* 1666 *to the Present*, New York: St. Martin’ s Press, 1999, p. 159.

商人同时又是店主。但是，无论他们的主要职业或身份是什么，他们当中大多数人所积累的财富都令当时的人感到震惊。尼古拉斯·罗杰斯以 18 世纪中叶出任伦敦市议员的 74 人为对象，详细考察了当时伦敦大资产者的财产状况。在这些人当中，有的是年产 94，000 桶酒的大酿酒商，有的是英国最大的鱼类进口商，有的是国内最大的烟草商人，其中比较典型的是巴克福德家族（Beckfords），他们主要从事食糖业贸易，该家族中的理查德·巴克福德在去世时留下了 21，800 英镑的遗产和多处地产。更惊人的还有药品商兼包装商塞缪尔·弗鲁德，在他去世时留下了约 900，000 英镑的财产①。从罗杰斯的抽样调查中我们可以看到，18 世纪伦敦的一些商人、银行家和店主拥有巨额财富，虽然他们还与贵族和乡绅有着密切的联系，但已经初步形成了一个有着重要经济和政治地位的中产阶级。

如前所述，学术界一般认为，从整个英国或者欧洲其他国家的角度来说，一个拥有统一的经济利益、政治诉求和文化价值观的中产阶级，大致出现于 19 世纪。但如前所述，伦敦在政治、经济和文化方面所具有的特殊性，使这个大都市更早地聚集了大量从事国内外贸易的商人、银行家以及大店主和专业人士，因而相对于其他地区更早出现中产阶级人士。这些人拥有相当多的物质财富，能够逃离城市当中的种种问题，退居到离工作场所有一定距离的周围乡村，并每天借助马车与伦敦市的经济活动保持密切联系。他们的工作性质——无论是从事国内外贸易，为贵族制造奢侈品，还是提供金融和专业服务，都无须像工人阶级那样起早贪黑，整天劳作，这使中产阶级人士有更充裕的时间往返于郊区住宅和城市办公场所之间，也就是说，18 世纪后期至 19 世纪前期的伦敦中产阶级已经符合郊区居住者的基本要求之一，即拥有足够金钱和时间负担通勤的生活方式。

① Nicolas Rogers, "Money, land and lineage: The big bourgeoisie of Hanoverian London", *Social History*, vol. 4 (1979), pp. 438 - 440.

第三节 中产阶级的自我认同

学者们之所以对英国中产阶级的形成问题众说纷纭，其中一个重要的方面就在于对中产阶级意识的看法不尽相同。大致说来，阶级意识主要包括两个方面的含义：一方面是一个阶级对自己的政治地位、经济利益等有相当一致的认同；另一方面是这个阶级的成员形成相近的价值观、生活态度、行为准则和信仰。可见，阶级意识是反映一定阶级的利益和要求的观点、理论、情感的总和，更多的是从作为整体的特定社会阶级的角度而言。然而，对于具有相近社会地位、财富水平和思想理念的一部分人来说，他们则有可能在生活方式的各个方面如饮食、穿着、娱乐活动以及居住方式，逐渐形成某种自我认同感，即拥有某种特定的思想、感情和行为方式。从这个角度来说，约翰·鲁尔（John Rule）在分析英国阶级状况时的看法是正确的，他指出：“如果说在18世纪就出现了中产阶级意识，是一种时代错误……但无论我们如何描述社会秩序，都必须承认当时确实存在一个社会团体引导着社会秩序并且与之协调一致。”[①] 而将这个社会团体联结在一起的就是一种自我认同感。诚然，无论是英国中产阶级还是专指的伦敦中产阶级，他们在18世纪时都没有形成明确的阶级意识，但中产阶级在成长过程中开始形成一种较为明显的自我认同感，正是出于这种自我认同感，他们才试图将自己与其他阶层区分开来。

中产阶级与其他阶层的区分，主要体现为与其他阶层的两种距离，一种是社会距离（social distance），即在身份上使自己与其他阶层区分开来，如应该从事什么职业，应该接受什么教育，应该采取何种休闲娱乐方式等等；另一种则是物理距离（physical distance），即人与人在日常生活中的实

① John Rule, *Albion' s People: English Society*, 1714－1815, London and New York: Longman Group UK Ltd., 1992, p. 31.

际距离，包括人与人之间的身体距离和居住空间距离①。罗伯特·费什曼认为中产阶级日益注重在居住空间上与其他阶层的相对隔离，并指出："任何中产阶级社会真正的核心是中产阶级的住宅。"② 这句话或许有夸大之嫌，但在一定程度上表明了居住空间对中产阶级自我认同的重要性。特罗伟·梅（Trevor May）也认为："无论中产阶级的职业是什么，其成员的地位如何，仍然有许多特征包括某种共同的生活方式将这些不同的人联系起来……而生活方式方面最重要的是拥有空间面积和地理位置都合宜的住宅"，梅还特别强调，在伦敦，拥有一所郊区别墅一直都是"城市居民的梦想。"③ 18 世纪后期，伦敦的中产阶级开始将家庭生活和工作生活区分开来，并缓慢地向周边地区迁移和集中，一个重要原因就在于中产阶级的自我认同逐渐形成。

18、19 世纪，中产阶级在看待自己和其他阶层的关系时，对于社会上层即贵族和乡绅的态度是复杂而矛盾的。一方面，他们羡慕英国贵族所拥有的权势和地位，希望能够跻身其中而获得高贵的身份，另一方面，他们又以自己在工商业经济活动中的成功为傲，对贵族仅靠地产和爵位生活嗤之以鼻，而后一种倾向在 19 世纪随着伦敦中产阶级政治经济地位的上升而日益明显。因此我们可以认为，中产阶级自我认同的产生和发展在一定程度上实际上是与贵族上层逐渐分离并独立出来的过程。

18 世纪的英国社会仍然是一个等级相对严格的社会，有的学者还将 18 世纪视为"贵族的世纪"④。在该世纪初，萌芽中的中产阶级与贵族上层之

---

① 保罗·诺克斯分析了城市社会环境中的两个基本因素即社会距离（social distance）和物理距离（physical distance）的概念和影响，并特别强调了居住接近程度（residential propinquity）对城市地理分布的作用。参见 Paul Knox, *Urban Social Geography: An Introduction (Second edition)*, Harlow: Longman Scientific & Technical, 1987, pp. 65 - 67。

② Robert Fishman, *Bourgeois Utopias: The Rise and Fall of Suburbia*, New York: Basic Books, Inc., 1987, p. 3.

③ Trevor May, *An Economic and Social History of Britain* 1760 - 1970, Harlow: Longman Group UK Limited, 1987, pp. 201 - 202.

④ John Cannon, *Aristocratic Century: The Peerage of Eighteenth - Century England*, Cambridge: Cambridge University Press, 1984, p. ix, p. 4 - 6.

间并没有明显的界限，与之区分的愿望也不强烈。尤其是在伦敦这个王室贵族集中的城市，大商人、银行家和专业人士与贵族之间有着千丝万缕的关系。实际上，不少学者认为18世纪甚至19世纪的英国中产阶级对贵族和乡绅有一种模仿欲望，他们试图通过聚敛财富、购买地产和学习礼仪而成为其中一员，这就是所谓的“模仿论”。在讨论工业革命中所出现的企业家和企业精神等问题时，一些社会和文化史学家都将之归因为城市当中的大商人和工厂主对上层社会的一种模仿欲望，正是因为这些人试图模仿贵族和土地乡绅的生活方式和礼仪习惯，才导致他们在商业贸易、工业制造和其他投资中积累财富，然后购买一定规模的地产以跻身上层，从而推动了工商业的发展。

政治经济学家亚当·斯密就是“模仿论”的极力主张者，他在分析了土地乡绅和商人精英的经济行为后得出结论：“商人们都渴望变成乡绅”，他们将对利润的追逐与一项特定的未来期望即购买乡村地产紧密地联系起来①。哈罗德·珀金在《现代英国社会的起源》一书中也持相同的看法，他在分析工业革命启动的社会原因时，强调企业家和大商人对社会地位的追求是他们努力经营工商业、追逐利润的动因，认为他们“对财富的追求就是对社会地位的追求，不仅是为了自己，也是为了整个家庭。”② 尼尔·麦肯德里克（Neil McKendrick）认为18世纪的英国发生了一场“消费革命”，而这场革命出现的一个关键原因就是有一定收入水平的中产阶级对上层社会的模仿欲望③。保罗·兰福德说得更为直接：“除了模仿贵族乡绅的礼仪和生活的热望之外，没有什么能够将中产阶级如此紧密地联系起

① ［英］亚当·斯密著：《国民财富的性质和原因的研究》，郭大力、王亚南译，北京：商务印书馆，1979年，第371页。

② Harold Perkin, *The Origins of Modern English Society*, London and New York: Routledge, 2002, p. 85.

③ Neil McKendrick & John Brewer, *The Birth of a Consumer Society*, London: Eruopa Publications Limited, 1982, pp. 20 – 24.

来，前提是他们要拥有维持这种生活方式的物质能力”[①]。而贵族乡绅生活的一个重要表现就是他们的居住方式。一般说来，18世纪的贵族至少要拥有10，000英亩的土地，并且在土地上修建豪华的庄园，才能够享受较为舒适的生活[②]，同时在伦敦还要有一所体面的住宅，而这就成为一些中产阶级人士奋斗的目标。

近年来，越来越多的学者对“模仿论”提出不同的看法。玛格丽特·亨特（Margaret R. Hunt）在《中等阶层》一书的开篇就指出“模仿论”值得商榷，作者认为模仿社会上层的现象的确存在，但并不普遍，因为维持财富来源即继续从事工商业活动的要求，阻止了大多数中产阶级人士将财富转化为地产，使他们在生活方式上不能向贵族和乡绅过于靠近[③]。劳伦斯·斯通（Lawrence Stone）和珍妮·斯通（Jeanne C. Fawtier Stone）在《一个开放的精英阶层？1540—1880年的英国》一书中经过统计分析后认为，完全退居到乡村的商人家庭极少，而土地贵族阶级对那些暴发户们的“开放性”（openness）也比传统所认为的要小得多[④]。此外，尼古拉斯·罗杰斯对汉诺威时期伦敦大资产者的财富、土地和世系的分析也表明，这些人并不一定会购买大地产以使其子孙跻身乡绅阶层，相反他们通常都选择继续留在商业世界，只是在伦敦附近购买较小的度假别墅或是乡村住宅[⑤]。

本书认为，在18世纪初，富有商人和其他大资产者模仿贵族生活方式的现象确实存在，当时一部分人虽然有丰厚的财产，但社会地位相对低

① Paul Langford, *A Polite and Commercial People*: *England* 1727 - 1783, Oxford: Oxford University Press, 1989, p. 67.

② John F. C. Harrison, *The Birth and Growth of Industrial England*, 1714 - 1867, New York: Harcourt Brace Jovanovich, Inc., 1973, p. 6.

③ Margaret R. Hunt, *The Middling Sort*: *Commerce*, *Gender and the Family in England* 1680 - 1780, Berkeley: University of California Press, 1996, pp. 2 - 5.

④ Lawrence Stone and Jeanne C. Fawtier Stone, *An Open Elite*? *England* 1540 - 1880, Oxford: Clarendon Press, 1984, pp. 277 - 289.

⑤ Nicolas Rogers, “Money, land and lineage: The big bourgeoisie of Hanoverian London”, *Social History*, vol. 4 (1979), pp. 437 - 454.

下，而且还没有形成自己独特的文化和价值观，因此向往和模仿贵族乡绅的生活方式是可以理解的。18 世纪早期，丹尼尔·笛福描绘了伦敦一些巨贾富商在城市周围购买地产的习惯，他们力图使自己成为乡绅阶层当中的一分子，也就是说，“由成功的商人转变为乡绅”①。但到 18 世纪后期，随着伦敦经济和社会的发展为中产阶级人士提供了越来越多的机会，更多的富人不愿意完全放弃伦敦的工商业经营活动而安于乡村地产，换言之，这些人在 18 世纪中叶以前模仿甚至努力融入乡绅阶层，但随着他们自我认同的增强，开始与乡绅贵族日益疏远，两者之间的差别日益明显：前者的财富以工商业或技术职业为基础，后者的财富则以土地为主。

也有一些学者从不同时段来考察伦敦中产阶级与社会上层之间的关系，如 F. M. L. 汤普森在分析 18 世纪后期到 20 世纪的企业家文化时指出，对乡绅和中产阶级之间关系的看法依赖于考察者选择的时期，因为选择的时期不同，两者的关系也不同②。尼古拉斯·罗杰斯发现，复辟时期的伦敦市议员在城市周围各郡购买大规模的地产，这实际上是对社会上层的一种模仿；而汉诺威时期的议员更多的是在城市附近购买较小的地产和住宅，仍然在城市中从事其工商业和政治活动。罗杰斯由此得出结论：18 世纪的伦敦中产阶级应该算是一个非常明显的城市化群体（metropolitan group）③，他们的各种经营活动和生活方式仍是以城市为主。

从上述分析中我们可以看出，到 18 世纪中叶伦敦中产阶级开始形成一种自我认同感。总体而言，伦敦中产阶级早期有模仿社会上层的愿望，希望通过购买地产而晋升乡绅阶层，但随着伦敦经济和社会的发展为他们提供越来越多的机会，他们的工作和生活越来越离不开城市，因此他们选择在城市周围地区购买较小规模的别墅住宅，以作为周末或假日的休闲之

① Daniel Defoe, *A Plan of the English Commerce. Being a Complete Prospect of the Trade of This Nation, as Well the Home Trade as the Foreign*, London ; Printed for Charles Rivington, 1728, p. 12.

② F. M. L. Thompson, *Gentrification and the Enterprise Culture*: *Britain* 1780 – 1980, Oxford: Oxford University Press, 2001, p. 7.

③ Nicolas Rogers, “Money, land and lineage: The big bourgeoisie of Hanoverian London”, *Social History*, vol. 4 (1979), pp. 437 – 454.

地。到 18 世纪后期，这些郊区别墅逐渐成为他们家庭的首要居住地，由此拉开了伦敦郊区化的序幕。

如果说伦敦中产阶级与社会上层的关系经历了一个从模仿到逐渐分离的过程，那么他们一开始就试图彰显自己与下层百姓的社会距离，并且随着时间的推移逐渐拉开与下层百姓的物理距离。自中世纪以来，英国社会一直是一个严格的等级社会，各阶层之间的社会流动存在较多的限制，劳伦斯·斯通等学者的研究都证明了这一点[①]。至于中产阶级与社会下层的物理距离，情况则有所不同。正如伊恩·P. 瓦特所说，18 世纪伦敦的人口迅速增加，各种各样的人都拥挤在这个都市当中，因此这个都市的特征之一是“物理距离的接近和社会距离的疏远相结合”[②]。虽然在社会地位上存在着严格的等级划分，但人们尤其是富人并没有强烈的意识要在物理距离上与穷人加以分隔。18 世纪一位观察者对这种贫富混居状况的描绘可谓淋漓尽致：“这边居住着一位身份高贵的显要人士，隔壁却是一个常常烂醉如泥、步履蹒跚的屠夫！从这位贵族美丽的威尼斯式窗户望出去，会看到一个零售铺店主；这边居住着两三个肌肉结实、打着赤膊的皮革工人，对面的闺房中却端坐着一位优雅的淑女。”[③] 由此可以看出，该时期社会中上层与社会下层之间并没有太大的物理距离。

为什么等级严格的英国社会能够容忍这种贫富混居的状况呢？一个重要原因在于社会中上层对于下层劳动者有着极大的依赖，除了在家庭当中需要大量仆佣，他们在日常生活中也需要小店主、小商贩提供的商品和服务，更不用说他们的伦敦码头和贸易活动需要搬运工、伙计等下层劳动

---

① Lawrence Stone and Jeanne C. Fawtier Stone, *An Open Elite? England 1540 - 1880*, Oxford: Clarendon Press, 1984, pp. 277 - 289.

② ［美］伊恩·P. 瓦特著：《小说的兴起：笛福、理查逊、菲尔丁研究》，高原、董红钧译，北京：三联书店，1992 年，第 201 页。原文为“this combination of physical proximity and vast social distance”，参见 Ian Watt, *The Rise of the Novel: Studies in Defoe, Richardson and Fielding*, Harmondsworth: Penguin Books Ltd., 1981, p. 203。

③ Robert Fishman, *Bourgeois Utopias: The Rise and Fall of Suburbia*, New York: Basic Books, Inc., 1987, p. 8.

力。另一个原因在于伦敦城市的拥挤状况非常严重，在这种情况下富人和穷人不可能保持较大的居住距离，尤其是在公共交通还比较落后的时代，即使是富有商人也很难居住在离工作场所较远的地方。此外，早期的伦敦富商和店主没有产生与社会下层保持物理距离的意识，对他们来说，他们的财富已经带来了如此优越的社会地位，没有必要用物理距离来进一步将自己与穷人隔离开来。或许就像费什曼所说的，即使最富有的银行家与穷人生活在一起也无损于前者的社会地位，因为“富人需要有穷人持续的和近距离的存在，来提醒他们自己所享有的特权”[①]。

在居住方面富人和穷人之间的物理距离不大，在娱乐活动方面亦是如此。除了俱乐部因花费较高而排除了普通市民的参与，其他很多娱乐场所都同时容纳富人和穷人。例如伦敦著名的瓦克斯霍游乐园（Vauxhall Garden），虽然其创建的初衷是为了吸引那些社会中上层，为他们提供休憩娱乐的场所，但休闲娱乐活动的商业化意味着很难将下层大众排除在外。皮埃尔·琼·格罗斯利在伦敦游历时观察到，瓦克斯霍游乐园不仅汇集了男性和女性，而且集中了“各个阶层和地位的人”[②]。

然而，到18世纪后期，随着伦敦中产阶级逐渐形成特定的自我认同感，上述情况有了明显的变化。传统的社会融合机制如行会制、学徒制和家内服务制（living - in service）在18世纪已经大为衰落，不同阶层的人的物理距离也越来越大。中产阶级开始希望以物理距离的存在来强调自己的社会身份，他们开始向19世纪普遍流行的观点靠近，即社会划分需要有物理上的隔离。

到18世纪末，中产阶级与社会下层隔离开来的愿望越来越明显，这里我们仍以瓦克斯霍游乐园为例进行分析。2006年，乔纳森·康林（Jonathan Conlin）在《英国研究期刊》上发表了一篇文章，对18世纪到19世

① Robert Fishman, *Bourgeois Utopias: The Rise and Fall of Suburbia*, New York: Basic Books, Inc., 1987, p. 32.

② Pierre Jean Grosley, *A Tour to London; Or, New Observations on England, and Its Inhabitants* (*Vol. I*), London: Lockyer Davis, 1772, p. 153.

纪前期瓦克斯霍游乐园的兴衰演变进行了讨论。康林指出，从 17 世纪开园到 18 世纪前期，这个游乐园聚集了各个阶层的男女，社会中上层对这种情况不仅不介意，还将其看作英国社会健康发展的表现。然而，随着时代的发展，中产阶级逐渐形成了自己的意识观念和娱乐要求，他们不仅对这种贫富混杂的现象感到不满，认为这些穷人道德低下、行为不良，而且认为瓦克斯霍游乐园中各种表演低下粗俗，于是他们开始疏远社会下层，逐渐不再光顾瓦克斯霍游乐园，这成为 1859 年该游乐园因经营惨淡而被迫出售的主要原因①。

在谈到这种变化的原因时，费什曼认为主要在于富人和穷人个人习惯的不同，尤其是在个人卫生方面，例如维多利亚时期的谚语“低等阶级散发臭味”② 清楚地表明了社会中上层对穷人的厌恶和轻视。实际上，本书认为更深层的原因应该是：随着伦敦中产阶级政治和经济地位的上升，其自我认同日益增强，这导致他们不仅不再盲目模仿贵族和乡绅，而且也试图在自己和下层民众之间划分界限，包括彰显久已存在的社会距离和正在扩大的物理距离。这种认同感的加强，使中产阶级越来越难以忍受城市中心那种拥挤混杂的居住方式，刺激了他们对具有阶级同质性的居住区的追求，由此成为他们向伦敦郊区扩张的一个强有力动机。特罗伟·梅对此做了很好的总结：中产阶级中“有许多人努力在自己与下层阶级之间划分出物理距离，这正是郊区化开始的原因之一”③；中产阶级希望居住在与穷人保持一定距离的地区，尤其是希望根据自己的偏好和价值观建立起自己专属的乌托邦——郊区。

费什曼认为，18 世纪后期中产阶级在居住空间上与社会下层分离开来的现象是“城市史上的一个悖论”：18 世纪极端不平等的城市容忍富人与

① Jonathan Conlin, “Vauxhall revisited: The afterlife of a London pleasure garden, 1770 - 1859”, *Journal of British Studies*, vol. 45, Oct. 2006, p. 722, pp. 740 - 743.

② Robert Fishman, *Bourgeois Utopias: The Rise and Fall of Suburbia*, New York: Basic Books, Inc., 1987, p. 32. 原文为“The lower classes smell”。

③ Trevor May, *An Economic and Social History of Britain* 1760 - 1970, Harlow: Longman Group UK Limited, 1987, p. 202.

穷人之间频繁而紧密的身体接触，而19、20世纪似乎更为“平等”的城市，却越来越通过隔离区域来消除这种接触[①]。在这里，我们认为还有另一个与之相类似的悖论值得注意，即：中产阶级一方面开始关注各种社会问题，关心社会下层大众并致力于慈善事业，甚至试图对劳动人民的休闲娱乐活动加以改造，推行所谓“理性休闲运动”（rational recreation）[②]，另一方面却在努力与“低下”阶级保持距离。其实，如果仔细推敲，可以看出这一悖论恰恰反映了中产阶级日益强烈的自我认同，因为他们对劳动人民生活状况和娱乐方式的关注正是基于这样一个前提，即自己和下层劳动人民之间是一种对立的关系，他们站在一个“居高临下”的角度来对社会下层施加影响，以一种“家长制主义”（Paternalism）[③] 的方式来管理各种社会、经济事务。

如果说伦敦中产阶级逐渐从对贵族乡绅的模仿转变为相对独立，对劳动大众则更强调与后者保持一定的物理距离，那么中产阶级自身在居住空间上有什么样的诉求？或许我们可以换一个角度提出这一问题：城市住宅和郊区住宅对于伦敦中产阶级来说意味着什么？

刘易斯·芒福德对此提出的看法是，18世纪后期有很多人想逃离恶劣的城市环境，“事实上，有了足够的财富能从那个环境中逃出来是一个人成功的标志”；而郊区生活促进了中产阶级身份地位和自我认同的生成，因为在那里“真正形成了你自己的无与伦比的自我”：在这种无与伦比的风景地带可以建立起你无与伦比的住宅，在这样的自由王国中，人们可以过着一种以自我为中心的生活，在这里创造一个避难所，既可以克服文明

---

① Robert Fishman, *Bourgeois Utopias: The Rise and Fall of Suburbia*, New York: Basic Books, Inc., 1987, p. 32.

② 关于理性休闲运动的问题，参见 Peter Bailey, *Leisure and Class in Victorian England: Rational Recreation and the Contest for Control*, 1830 – 1885, London and New York: Routledge, 1987。

③ David Roberts, *Paternalism in Early Victorian England*, New Brunswick, New Jersey: Rutgers University Press, 1979.

造成的长期缺陷，又能自由自在地享用城市社会的特权和利益[①]。换言之，中产阶级把居住在郊区的生活方式，既看作他们财富积累的一种象征，也当作彰显自己身份和地位的一种手段。

因此，随着中产阶级自我认同的逐渐强化，他们开始在服饰、饮食、居住风格和居住环境方面与其他阶级区分开来。在居住方面，18 世纪后期的中产阶级一方面对室内家具样式，甚至是摆放方式都有一套严格的“体面人家”的标准，另一方面对居住环境，包括邻居的地位身份、周围的风景和设施等，也有了更为严格的要求。对于伦敦中产阶级来说，居住在郊区就是一种身份的象征，而在郊区与同等身份的人居住在一起，分享同样的价值观、消费习惯以及意识观念，则强化了他们彼此之间的认同感。

然而，就像伦敦中产阶级自我认同的生成是一个缓慢发展的过程一样，他们对郊区生活方式的实践也经历了一个长期的发展过程，其中一个重要的转变就是从假日别墅即仅在夏季或周末时才居住的休闲住所，逐渐地过渡到真正的郊区别墅即家庭的常住居所。

假日别墅的兴起源于伦敦一些大商人、富有店主在城外的乡村地区购买地产修建住宅，他们在夏季或是在比较空闲的假日中携家带眷到那里居住，在夏季或假日过后则返回伦敦市。罗伯特·费什曼认为伦敦富人的这种生活方式始于 16 世纪，最早购买乡村土地并修建假日别墅的是著名的大商人兼财政家托马斯·格雷欣（Thomas Gresham）[②]。格雷欣曾担任爱德华六世、玛丽女王和伊丽莎白一世的财务顾问，是皇家交易所（Royal Exchange）的创办人，曾提出“劣币驱逐良币”的经济规律。格雷欣在保留伦敦市内住宅的同时，还在伦敦城外的乡村修建了奢华的庄园即奥斯特利（Osterley）庄园。该庄园模仿了贵族私邸的建筑风格，这表明在 16 世纪后期伦敦就有商人开始在周围乡村地区购买土地，修建庄园。但是，这些庄

① ［美］刘易斯·芒福德著：《城市发展史——起源、演变和前景》，宋俊岭、倪文彦译，北京：中国建筑工业出版社，2005 年，第 495、498 页。

② Robert Fishman, *Bourgeois Utopias: The Rise and Fall of Suburbia*, New York: Basic Books, Inc., 1987, p. 40.

园与后来中产阶级的郊区别墅有着本质上的差异：一方面，这些庄园的主人都是极其富有的大商人，通常拥有贵族的称号，并且他们购买的大多是一大片地产；另一方面，他们购买土地修建房产常常是出于一种土地投资和政治投资的需要，或者是对上层贵族生活方式、道德礼仪的模仿，他们通常把这些庄园作为退居乡村转变为乡绅的手段，而不是家庭的首要居住地。

到17世纪末18世纪初，随着伦敦海外贸易的迅速发展以及伦敦商人财富的增加，越来越多的大商人在伦敦郊外购买房屋，以作夏季避暑之用，或是周末携带家眷居住游玩。这些商人希望在从事城市繁忙工作的同时，也偶尔享受乡村的田园生活，而不仅仅是——当然其中很多人也不能够——成为完全靠地产过活的乡村绅士。18世纪初，丹尼尔·笛福在叙述伦敦尤其是伦敦商人阶层的发展时，对这种假日别墅进行了大量的描写。他注意到，伦敦周围的乡村地区修建了数百栋“漂亮的大房子……主要是供那些富有的市民居住”，这些市民有能力保持两处住宅，一处位于伦敦，一处位于周围乡村以作夏季避暑之用，“这些漂亮房子……不是——至少大部分不是——家庭的首要居住处……而是市民避暑的场所，是他们从繁忙的商贸事务、赚钱活动中解脱出来，呼吸新鲜空气、逃离炎热天气的去处；到了冬天，当这些主人回到伦敦的烟雾、灰尘和煤烟中去时，这些住宅就被关闭起来，没有人居住。”“这些市民的财富使他们能够承担这一奢侈的远足旅行，他们在整个夏天舒服地生活在这些地方，然后在冬天回到伦敦的经营活动中去，以便为下一个夏季的舒适享受做更好的准备。”① 由上面的叙述可知，笛福把伦敦富有市民在这些假日别墅中偶尔居住的生活方式，看作是他们巨大财富的一种华丽展示，说明这些地区都不是伦敦市民家庭的首要居住处。

这种假日别墅在伦敦的出现与伦敦季有着密切的关系。伦敦季是英国

① Daniel Defoe, *A Tour through England & Wales, Divided into Circuits or Journies* (*Vol. I*), London and Toronto: Published by J. M. Dent, 1928, p. 168.

一种特殊的经济和文化活动，在此期间贵族和乡绅聚集于伦敦，召开议会商讨国事，并举行各种社交活动，如舞会、宴会、博览会、音乐会、戏剧演出等。伦敦季结束后，贵族和乡绅纷纷离开伦敦，到乡下庄园避暑，或是到巴斯（Bath）等海滨城市享受温泉和清新空气。由于伦敦许多商人、店主和手工业者都是为王室和贵族服务的，一旦这些大贵族离开伦敦，他们也就失去了最重要的顾客。因此，当时有人哀叹伦敦季结束之后的伦敦是如此空寂，咖啡馆的生意也冷清了许多①，这也促使伦敦一些有负担能力的富商在生意清淡之时离开城市，到乡村住宅中享受田园风光和闲适生活。

随着伦敦经济和社会的发展，这个城市在商人、银行家和专业人士的生活中日益重要，而18世纪英国消费革命使他们与伦敦的联系更为密切②。原因在于：随着伦敦市民生活水平和消费能力的提高，商人、熟练工匠等人的服务对象不再仅仅限于少数贵族，而是逐渐扩大到其他社会阶层。尽管这些商人、工匠不愿意放弃居住在周围乡村的种种好处，但经济活动的现实要求迫使他们必须与伦敦市保持更紧密的联系，不得不更为频繁地往返于伦敦市和乡村之间，不再整个夏季都待在乡下，而是在每个周末甚至每个夜晚都乘坐私人马车回到乡村，在每个工作日的早上返回到伦敦市。1772年，皮埃尔·琼·格罗斯利在伦敦游历时，注意到许多商人都会在周末带着家人到乡村别墅休息，“不论是在什么季节，伦敦商人一般都在周六退居到乡村别墅，一直到周一才回到伦敦”③，也就是说，伦敦富商不再是在整个夏季都逗留在乡村，而只是在周末居住在乡村。

罗伯特·费什曼认为，这种假日别墅可以看作郊区住宅的前身，是伦

① Stephen Inwood, *A History of London*, London: Macmillan, 1998, p. 252.

② 关于消费革命的问题，参见 Neil McKendrick and John Brewer, *The Birth of a Consumer Society*, London: Eruopa Publications Limited, 1982; John Langton, “Urban growth and economic change: from the late seventeenth century to 1841”, in Peter Clark (ed.), *The Cambridge Urban History of Britain* (*Vol.* Ⅱ), Cambridge: Cambridge University Press, 2000, pp. 453 - 454。

③ Pierre Jean Grosley, *A Tour to London; Or, New Observations on England, and Its Inhabitants* (*vol. I*), London: Lockyer Davis, 1772, p. 109.

敦中产阶级由城市向郊区转移的过渡形式，并指出：“假日别墅是中产阶级传统生活方式和新的郊区生活方式之间一道至关重要的桥梁。”[①] 当然，到18世纪初，无论伦敦富有商人是在夏季还是在周末时居住在乡村住宅中，他们从本质上而言仍然是更倾向于城市生活。居住在这种假日别墅中并不意味着他们抛弃了自己在城市的工商业活动和专业生涯，对这种城市情结，汤普森生动地形容为：“他们仍然一只脚踩在城市当中，而踏在乡村土地上的可能还不到一个脚趾。”[②]

历经了假日别墅，在乡村的湖光山色当中度过炎炎夏季和假日时光，到18世纪后期和19世纪前期，伦敦中产阶级最终迈出了郊区化进程的决定性步伐：整个家庭常年居住在郊区住宅，男性家长白天在伦敦的办公室办理贸易事务、接待客人或签订协议，到晚上则回到乡村住宅。他们开始将家庭生活的重心移向郊区，把这里作为自己最终的归宿，而不是像笛福所说仅仅是闲暇时刻的“奢侈远足旅行”[③] 的地方。换言之，中产阶级男性家长在伦敦市的办公室度过白天的大多数时间，在结束一天的工作后返回郊区住宅休息；而他们的妻子与孩子则更多地留在乡间，远离伦敦城市的喧嚣、脏乱和堕落。1810年，J. 马尔卡姆（J. P. Malcolm）在描述伦敦人的生活习惯时，就记载了他们这种新的生活方式：“伦敦大商人通常都在城市附近的乡村居住，在用过早餐后回到城市处理事务。他的家人要么与他一起用早餐，要么女士们去从事自己的娱乐活动……拜访朋友、听音乐或是阅读。”[④] 当代学者也指出，在19世纪初，“最大的——并且是影响了这一时期整个文明发展概念的——变化，就是那些体面中产阶级人士所

① Robert Fishman, *Bourgeois Utopias: The Rise and Fall of Suburbia*, New York: Basic Books, Inc., 1987, p. 39.

② F. M. L. Thompson, *Gentrification and the Enterprise Culture: Britain* 1780 - 1980, Oxford: Oxford University Press, 2001, p. 10.

③ Daniel Defoe, *A Tour through England & Wales, Divided into Circuits or Journies* (*Vol. I*), London and Toronto: Published by J. M. Dent, 1928, p. 168.

④ James Peller Malcolm, *Anecdotes of the Manners and Customs of London During the Eighteenth Century* (*Vol. II*), London: Printed for Longman, 1810, p. 417.

居住的郊区的发展。”① 这些华丽的别墅显示了他们的财富和地位，同时又使他们在城市经济事务和乡村居住生活之间找到一个平衡点。因此，郊区生活方式对于伦敦中产阶级来说有了特殊的含义，这成为他们向周围乡村迁移的重要原因之一。

值得强调的是，中产阶级郊区化的过程是漫长而复杂的，我们这里分析的各种乡村别墅的发展不是一个简单的、线性的过程，并没有绝对的先后顺序。但是，这并不影响我们对乡村别墅的发展做一简单总结。最初，伦敦大商人把乡村住宅看作自己转化为乡绅的一种手段，然后，一些富商和店主在继续从事城市经营活动的同时，开始把乡村住宅看作夏季或周末居住的假日别墅，最后，越来越多的中产阶级人士采取通勤生活方式，每天往返于伦敦市和乡村住宅之间。从这一演变过程我们可以看到，伦敦中产阶级逐渐在城市和乡村之间找到了最佳的平衡点，可以兼顾城市工作和乡村居住两个方面，而这正是近代郊区兴起的意义所在。

第四节　以伊斯林顿郊区为例：中产阶级的伊甸园

18、19 世纪，伦敦的中产阶级商人、银行家以及专业人士开始向伦敦周围的乡村或小城镇迁移，使得这些地区逐渐出现了一幢幢别墅、一片片居住区，其中比较受青睐的郊区主要有伊斯林顿、兰巴斯（Lambeth）、肯辛顿和切尔西等。这些地区与伦敦市的联系日益紧密，后来成为大伦敦区规划当中的自治市。下面我们就以伊斯林顿为例，来分析伦敦中产阶级如何在郊区修建住宅，建立自己的伊甸园。

自 17 世纪后期以来，米德尔塞克斯郡的很多地区日渐成为伦敦富有市民度假休闲的好去处，一些人在这里租赁或购买小别墅，偶尔在这里居住。其中该郡的伊斯林顿地区因为风景秀丽、空气清新，与伦敦市相距仅

① Sidney Pollard and David W. Crossley, *The Wealth of Britain* 1085 - 1966, London: B. T. Batsford Ltd., 1968, p. 213.

1英里左右，尤为中产阶级所青睐。1683年，伊斯林顿地区发现了两处有治病功效的温泉，更加成为伦敦富有商人趋之若鹜的居住郊区。1756年，乔治·柯尔曼（George Colman）就根据人们对温泉的向往创作了名为《坏脾气，或伊斯林顿温泉》的滑稽喜剧，描绘了一个伦敦市民家庭准备去伊斯林顿的别墅享受温泉和社交生活时那种忙乱喧闹而又兴高采烈的情景①。

19世纪历史学家沃特·索恩伯雷和爱德华·沃尔福德合著了六卷本的《旧伦敦与新伦敦》，分卷对伦敦市以及各个地区的发展进行了详细的考察，其中作者用两章的篇幅叙述了伊斯林顿如何逐渐发展成为伦敦富有商人的郊区。作者指出：“长期以来，伊斯林顿就是伦敦市民所青睐的度假胜地，尤其是在夏季。”② 这些市民可以在这里漫步闲谈，也可以享受温泉和健康空气，而孩子们也可以在草地上尽情玩耍。作者还记录了17世纪末以来居住在伊斯林顿的一些名人，其中绝大部分都属于伦敦的中产阶级，例如占星术家爱德蒙·哈利（Edmund Halley）、作家丹尼尔·笛福和非国教徒道德哲学家兼财政家理查德·普莱斯（Richard Price），此外还有著名作家兼女性主义者玛丽·沃斯通克拉夫特（Mary Wollstonecraft），她以热诚争取妇女平等的教育机会和社会地位而闻名。从这一时期伊斯林顿的居住者身份中，我们不难看出伊斯林顿是伦敦中产阶级人士所青睐的居住郊区。

18世纪中叶以前，伦敦富有市民在伊斯林顿所修建的住宅大多是假日别墅，只是在夏季或周末时才来这里放松身心。18世纪，邦内尔·桑顿（Bonnell Thornton）在他主编的杂志《鉴赏家》中，撰文描绘了当时伦敦许多富有家庭在周末时携家带眷到伊斯林顿去游玩的情景③。伊斯林顿从一个假日胜地转变为伦敦市民长期居住的郊区，主要得益于1756年“新

① George Colman, *The Spleen, or, Islington Spa, A Comick Piece of Two Acts*, Dublin, 1756, p. 257.

② Walter Thornbury & Edward Walford, *Old and New London: A Narrative of Its History, Its People and Its Places (Vol. II)*, London: Cassell & Company, Limited, 1889, p. 256.

③ Bonnell Thornton, *The Connoisseur (Vol. the Thrid, the Sixth Edition)*, Oxford: Printed for J. Rivington, 1774, p. 221.

道路”的修建。1755 年，伊斯林顿、帕丁顿以及周围其他一些分区的人联合起来，共同向议会提交了一项议案，请求修建一条整齐的新道路，以连接伦敦市和北边 1 英里左右的地带。1756 年，从帕丁顿的爱吉维尔延伸至伊斯林顿的安吉尔的道路正式开通。新道路的开通给伊斯林顿的发展带来了巨大的影响，使伊斯林顿成为伦敦向西和向南延伸的主要道路的交汇点，吸引了如彼得·索罗尔德所说的“伦敦市那些每日出行者（day - tripper）”。19 世纪中叶的城市发展使伊斯林顿成为伦敦的一部分，索罗尔德认为“这在某种程度上是这一地区作为伦敦商人宿舍区（dormitory）的传统地位的进一步延伸”①，这些优势吸引着越来越多的伦敦富人定居于此。

随着新道路的修建，到 18 世纪后期，伊斯林顿兴起了越来越多的居住型别墅，几乎蔓延至整条新道路的两侧，许多人都以这里作为家庭居住的首要选择。1768 年，在伊斯林顿形成了一个占地大约 6 平方英里、被称为科尔布鲁克大街（Colebrooke Row）的居住带。1823 年，散文作家兼评论家查尔斯·兰姆（Charles Lamb）搬迁到该地，他在写给朋友的一封信中描绘了他在这里的居住情况：“如果你下次到伦敦去，会发现我不住在科文特花园（Covent Garden）了。我在伊斯林顿的科尔布鲁克街有一所别墅——说它是别墅是因为它是一所独立的白色房屋，有六个房间，别墅附近有一条河……后面则有一个开阔的花园，花园里有藤蔓、梨子、草莓、欧洲防风草……我感觉自己就像一位伟大的领主，以前从来没有住过这么令人满意的地方。”② 兰姆描绘了别墅中的大厅、卧室和书房，从他自豪的语调中可以看出，他是多么满足于居住在伦敦城外，逃离城内的喧嚣嘈杂和人潮拥挤，享受着乡村的安宁和美景。

在查尔斯·兰姆家隔壁住着古典著作编辑者乔治·代尔（George Dyer）一家。代尔是一个热爱读书的人，据说有一次他在散步时手捧着书阅

---

① Peter Thorold, *The London Rich: The Creation of a Great City, from* 1666 *to the Present*, New York: St. Martin' s Press, 1999, p. 151, p. 155.

② Charles Lamb, Thomas Noon Talfourd (eds.), *The Letters of Charles Lamb, with a Sketch of His Life (Vol. II)*, London: Edward Moxon, 1837, p. 107.

读，差一点走到河水当中，幸亏兰姆的姐姐提醒他才回过神来①。在科尔布鲁克区，还居住着议会书记官威廉·伍德福（William Woodfall）、剧院经理兼剧作家柯利·西伯（Colley Cibber）等人，这些人喜爱伊斯林顿的清新空气和良好环境，但他们的职业——不论是书记官还是剧院经理，都不允许他们完全抛离伦敦城市当中的政治和经济生活。因此，他们让家人留在伊斯林顿的住宅当中，而自己则每天通勤往返于伦敦和伊斯林顿。这些人成为最早向伦敦郊区迁移的一部分人。

图 9：1780 年的伊斯林顿

资料来源：Walter Thornbury & Edward Walford, *Old and New London*: *A Narrative of Its History*, *Its People and Its Places* (*Vol. II*), London: Cassell & Company, Limited, 1889, p. 259.

图 9 是 1780 年的伊斯林顿一角，从该图中我们可以看到当时这里的居住环境。这里青草绿树，环境优美，空气清新。在远处一大片草地旁边，是一幢幢美丽的别墅住宅，宽敞精致，与伦敦市内的拥挤脏乱有着天壤之

① Walter Thornbury & Edward Walford, *Old and New London*: *A Narrative of Its History*, *Its People and Its Places* (*Vol. II*), London: Cassell & Company, Limited, 1889, p. 266.

别。从图中我们可以看出这里的道路交通也比较便捷，一辆辆马车行驶在宽阔的道路上，可以方便地到达 1 英里之外的伦敦。伦敦中产阶级男性可以让自己的家人居住在这里，享受安宁和美景，自己则通过方便的道路交通往返于伦敦市的办公室和这里的住宅之间，郊区生活的便利与舒适在这里表现得淋漓尽致。

18 世纪著名作家兼评论家塞缪尔·约翰逊曾在《漫游者》上发表了一篇文章，叙述了一位伦敦店主在伊斯林顿的生活状况，我们可以把这看作伦敦中产阶级推动郊区化历史进程的缩影。在这篇文章中，作者提到去老朋友纳德·查格特（Ned Drugget）的乡村住宅拜访。纳德以很少的资本开始经商开店，积累了一笔可观的财富，这一点体现了 18 世纪伦敦中产阶级人士的经济能力。在发财致富以后，纳德希望能够在周围乡村地区购买或租住房屋，作者指出“我很快就知道我的朋友为什么会有这种希望；他认为自己已经有足够的财富和地位，能够并应该在乡村拥有一所住宅”，这句话明白无误地说明了伦敦中产阶级把拥有郊区住宅看作是财富和地位的象征。“纳德的住宅坐落在伊斯林顿……他可以站在窗前观赏美景，不用担心漫天烟尘进入房间而必须紧闭门户”①，“他和家人可以生活在道德纯朴、毫无虚饰的人群中”，这说明了当时伦敦中产阶级对城市生活的恶劣环境和堕落道德的排斥，而这种排斥心理成为他们向郊区迁移的强大推动力。最终，这位纳德先生“实现了自己的愿望，在乡村租了一所住宅，在城市工作之余可以回到这里偷得浮生半日闲”②。从这段话中我们可以看出，许多中产阶级人士期望在享受乡村生活的同时，兼顾城市的商业活动，他们把在郊区居住、在城市工作看作实现这一愿望的最好方法。姑且不论约翰逊所描述的纳德先生是否真有其人，但从上述分析中，我们可以确信，在 18 世纪后期和 19 世纪前期伦敦中产阶级的经济能力、自我认同

① Samuel Johnson, Arthur Murphy (eds.), *The Works of Samuel Johnson, LL. D* (*Vol. I*), New York: Alexander V. Blake, Publisher, 1843, p. 372.

② Samuel Johnson, Arthur Murphy (eds.), *The Works of Samuel Johnson, LL. D* (*Vol. I*), New York: Alexander V. Blake, Publisher, 1843, p. 371, p. 372.

以及他们对乡村生活的向往，成为伦敦郊区化进程开始的强大动力。

诚然，伦敦的郊区并不纯粹是某一些精英分子，甚至也不是某一阶级的创造物，但这并不能否认中产阶级在伦敦郊区化中起到的作用。通过上文对伦敦中产阶级的经济能力和自我认同的分析，我们有理由相信，到18世纪末19世纪初，他们已经具备了向郊区迁移的客观能力和主观愿望。正如斯蒂芬·因伍德所说，伦敦郊区诞生和发展的动因比较复杂，但一个重要原因就在于中产阶级的迅速发展，“这部分人能够负担得起每天乘车前往他们位于伦敦的办事处的费用，因此他们是最有意愿选择居住在郊区的一部分人。”因此，对于许多伦敦中产阶级人士尤其是那些有家室的人来说，对居住地点做出选择是一件很简单的事：“伦敦中心区所提供的是极为有限的居住空间、肮脏的水和空气、极度拥挤、高死亡率以及与罪犯、乞丐和妓女为邻；相反，郊区所提供的是较低的房租、安宁、洁净、安全、绿地、与穷人的社会隔离和文化隔离以及日益方便的公共交通。”[①] 孰优孰劣，人们不难做出选择。

从18世纪后期开始，越来越多的中产阶级人士开始选择郊区作为主要居住场所，他们中很多人每天往返于伦敦市和郊区之间，而劳动人民则日益向城市中心集中，渐渐形成了两种互相对立但又相互联系的城市社会空间：一种是中产阶级的郊区，另一种是社会下层的贫民窟[②]。中产阶级在这种城市社会空间的形成过程中起到了举足轻重的作用，反过来，郊区的发展也进一步隔离了社会阶级，导致中产阶级自我认同的形成。哈罗德·珀金提出，一方面是中产阶级从城市迁往郊区，另一方面郊区化又分隔了中产阶级和工人阶级，使阶级意识更为强烈，“阶级之间在地理空间上的隔离，以及随之而来的彼此之间的忽视、猜疑和不理解，是19世纪早期阶

① Stephen Inwood, *A History of London*, London: Macmillan, 1998, p. 568, p. 570.

② 欧阳萍：《贫民窟与郊区：19世纪英国社会分层与城市社会地理》，《学海》2018年第2期，第147—152页。

级冲突兴起的一个重要原因。”①

通过上述考察我们可以认为，在 18 世纪后期和 19 世纪前期，郊区生活方式成为许多中产阶级人士所追求的理想。由于郊区当中的美丽风景、良好环境和便利交通都充满了吸引力，当时人们在提到伊斯林顿时常常称之为“快乐的伊斯林顿”（merry Islington）②，而在“快乐的伊斯林顿”这样的居住环境当中，在查尔斯·兰姆所形容的“就像一位伟大领主”③ 的舒适生活中，中产阶级缓缓地拉开了伦敦郊区化的帷幕，伦敦城市和社会也由此进入了一个新的阶段。

① Harold Perkin, *The Origins of Modern English Society*, London and New York: Routledge, 2002, p. 174.

② William Cowper, *Beauties of Cowper*, Newark: Printed by Holt and Hage, 1801, p. 225; Geoffrey Crayon, *Tales of a Traveler* (*Vol. I*), Paris: Published by L. Baudry, 1824, p. 213。

③ Charles Lamb, Thomas Noon Talfourd (eds.), *The Letters of Charles Lamb, with a Sketch of His Life* (*Vol. II*), London: Edward Moxon, 1837, p. 107.

第六章 “家，甜蜜的家”

——中产阶级的家庭理想对郊区化的影响

“即使我们漫步于那些豪华宫殿中尽情享受，也没有哪个地方像家一样，无论她多么简陋。在家中，仿佛来自天堂的神圣力量让我们迷醉，而这种力量在他处却遍寻不着。家，家，甜蜜的家！没有哪个地方像家一样，哦，没有哪个地方像家一样！”

——歌剧《克拉莉》，1823 年

很多学者把中产阶级关于家庭生活（domesticity）① 的理想看作其形成的一个重要标志，因为这种理想有助于中产阶级在价值观念上与其他阶级区分开来。约翰·鲁尔指出：“中产阶级价值体系的核心是对家庭生活和家庭‘私人世界’的强调，‘家庭生活’成为中产阶级的特征。”② 利奥诺·达维多夫（Leonore Davidoff）和凯瑟琳·霍尔（Catherine Hall）认为：“从 18 世纪后期开始，中产阶级成为市民社会中一股强大力量……虽然他

① 很多学者在讨论中产阶级家庭理想时都用了“domesticity”一词，该词意为“与家庭相关的；家庭生活；对家庭生活的重视”，表示一种以家庭为中心的态度和行为，本书中翻译为“家庭生活”。此外，如下文所述，还有一些学者在讨论家庭理想时使用一个较少见的词“familism”，该词与“domesticity”词义相近，都强调以家庭为中心的态度和行为，不过为了有所区别，本书将“familism”译为“家庭主义”。

② John Rule, *Albion's People: English Society*, 1714 – 1815, London and New York: Longman Group UK Ltd., 1992, p. 96.

们之间存在各种差异，但他们对于男性身份（masculinity）和女性身份（femininity）的界定以及他们的家庭观念，有助于他们的联结并使他们与较低阶层区分开来。"[①] 在劳伦斯·斯通看来，近代意义上的"家庭"观念是在1750年左右由社会中等阶层最终确立起来，直到19世纪末，这种新的家庭观念才向上扩延到宫廷贵族和土地乡绅，向下传布到普通的劳动大众[②]。雷蒙·威廉斯也把所谓"核心家庭"的兴起与中产阶级的形成联系在一起，认为近代以降家庭一词专指"单户的小型亲属团体"，而这种核心家族的形成"与现在所谓的'中产阶级家庭'的兴起有关。"[③]

上述可知，大多数学者都承认中产阶级在形成和发展的过程中逐渐形成了自己特有的家庭生活理想，但是容易为人所忽略的是：正是中产阶级的这种家庭理想为他们向郊区迁移提供了重要的推动力，或者说，郊区的出现在很大程度上就是为了满足对这种家庭理想的追求。威廉·施瓦布（William A. Schwab）在对城市和郊区进行社会学分析时强调："与郊区生活方式密切相关的是家庭主义（familism），即强调以家庭和孩子为中心的生活态度。"[④] 玛格丽特·马什（Margaret S. Marsh）直接把郊区和家庭看作同一个理想模式的两个层面，认为："从最早的郊区开始，家庭齐聚的理想就是与郊区形象紧密联系在一起的。郊区理想和历史学家们所说的家庭理想……都可以被看作对城市化进程、商业经济和后来的工业经济发展的反应。"[⑤] F. M. L. 汤普森也提出："郊区居住方式……是中产阶级的家庭

① Leonore Davidoff and Catherine Hall, "The architecture of public and private life: English middle-class society in a provincial town 1780 to 1850", in Derek Fraser and Anthony Sutcliffe (eds.), *The Pursuit of Urban History*, London: Edward Arnold, 1983, pp. 327-8.

② Lawrence Stone, *The Family, Sex and Marriage in England* 1500-1800, Harmondsworth: Penguin Books Ltd., 1979, p. 22, p. 150.

③ ［英］雷蒙·威廉斯著：《关键词：文化与社会的词汇》，刘建基译，北京：三联书店，2005年，第178页。

④ William A. Schwab, *The Sociology of Cities*, Englewood Cliffs: Prentice-Hall, Inc., 1992, p. 318.

⑤ Margaret S. Marsh, *Suburban Lives*, New Brunswick: Rutgers University Press, 1990, p. XII.

梦想”[①]，这种梦想具体表现为工作与家庭的分离，妇女不从事经营活动而完全投身家庭，核心家庭中对隐私的重视，严格的道德准则，等等，所有这些都是郊区生活方式的特征。

从18世纪后期到19世纪，中产阶级对家庭理想的追求体现在对“家，甜蜜的家”（Home，sweet home）的大加赞美上，令人身心愉悦的家庭成为中产阶级宗教、道德和生活的核心概念。在这一时期，关于“家，甜蜜的家”的作品数不胜数，如1799年针对儿童教育的宗教故事《小乔治的第一次旅行》就描述了一个甜蜜家庭中的欢乐[②]，19世纪初许多中产阶级人士在杂志上撰文赞美“家，甜蜜的家”，如《伦敦杂志》[③]《绅士杂志》[④]中的大量诗歌和评论。1823年，“家，甜蜜的家”还被编写成剧本在考文特花园的皇家剧院演出，其中由亨利·罗利（Henry Rowley）谱写的歌曲就叫《家，甜蜜的家》[⑤]，该歌曲在后来的一个多世纪中广为传唱。具体说来，甜蜜的家庭理想包括很多方面，本章先探讨家庭理想的四个方面，即家庭和工作的分离、家庭隐私的发展、家庭情感的加强以及妇女地位的变化，然后讨论中产阶级家庭理想对伦敦郊区化的推动作用。

在讨论中产阶级的家庭理想之前，我们先简要叙述学术界关于17、18世纪英国家庭发展的两种理论，即断裂论和延续论，前者认为这一时期英国家庭尤其是中上层阶级的家庭当中出现了较大的变化，后者则更强调中世纪家庭特征的延续性[⑥]。笔者认为，在讨论中产阶级家庭的各种变化和

① F. M. L. Thompson, *The Rise of Respectable Society: A Social History of Victorian Britain* 1830－1900, London: Fontana Press, 1988, pp. 174－175.

② The Religious Tract Society, *Little George' s First Journey: A Book for Young Children*, London: Sold at the Depository, 1847, p. 157.

③ “Daw' s reminiscences”, *The London Magazine*, January to April 1827, Vol. VII, London: Published by Hunt and Clarke, p. 497. 该文作者匿名。

④ Herts, “Account of Theobalds Palace”, *The Gentleman' s Magazine*, Vol. V, January to June 1836, London: William Pickerine, p. 160.

⑤ I. Pocock & Henry R. Bishop, *Home, Sweet Home*! London: Published for the Proprietors by S. R. Kirby, 1823.

⑥ 关于变革论和延续论的争议，参见陈志坚：《论“家产析分契约”的性质和作用——兼评英国家庭史研究中的“变革与延续之争”》，载《世界历史》，2008年第4期，第94—105页。

发展时不能绝对化，必须考虑到具体的个人和家庭之间的差异性，并不是所有中产阶级家庭都整齐划一地向一种新的家庭理想靠近，同时也要考虑到新的历史现象往往与旧的历史现象相混合，旧的家庭生活方式往往不会轻易地完全消亡，而是会在一定时期内与新的家庭生活方式共存。

第一节　家庭与工作的分离

家庭与工作的分离，是18世纪后期逐渐出现于中产阶级家庭当中的一种显著现象，这种分离实际上是指家庭从多样性、混杂性的功能逐渐转变为单一性的功能，此前家庭既是父母和孩子共同生活的私人场所，又是生产单位，同时还是政治和社交活动的场所；此后家庭则仅仅是其成员共同生活的私人场所。

在传统社会中，家庭是一个重要的生产单位或工作场所，其主要目标是直接满足家庭内部的消费需要；换句话说，家庭在很大程度上是自给自足的生产单位，农村家庭是如此，在城市中经营商业或手工业的家庭亦有此倾向。自中世纪以来，大多数商人和工匠都是将家庭住所和工作场地合二为一。典型的作坊都是前面为制造和出售货物的店铺，而后面或楼上则是家庭成员以及学徒、帮工共同居住的地方。富有商人在家里地下室存放货物，银行家、医生和律师在家里的客厅中处理事务、接待顾客。即使在伦敦这样的大城市当中，家庭也是一个重要的——或许应该说是主要的——工作场所。彼得·索罗尔德指出，近代早期的伦敦商人有一种“居住在店铺之上”（living over the shop）的习惯，并举17世纪伦敦一位商人兼市议员的住宅为例：地下室是保险库，朝向街道的一楼前面是店铺，二楼是餐厅、小客厅和厨房，三楼是两个供男女主人居住的大卧室，四楼和阁楼还有五个供佣人和学徒居住的房间①。

① Peter Thorold, *The London Rich: The Creation of a Great City, from 1666 to the Present*, New York: St. Martin's Press, 1999, p.19.

因此，对于许多中产阶级人士来说，家庭在很大程度上就是其工作场所，不仅男主人，还有妻子和孩子都要帮忙照看店铺、记录交易账目，甚至仆人在作为家户成员帮忙做家务活的同时，也需要兼顾店铺里的经营事务。利奥诺·达维多夫在分析了18世纪中叶以前城市中产阶级的家庭状况之后，得出结论：“中产阶级当中大多数人都依赖于某种经济营生，而家庭中所有成员包括用人、店员和其他人都需要为这一营生付出劳动……家庭，从广义上而言，是最重要的商业结构。”[①] 即使对最富有的商人和银行家来说，家庭也不仅仅是（甚至可能不主要是）一种情感上的联结，至少在同等重要的程度上它还是一个工作场所。由于家庭和工作之间的这种紧密联系和相互重叠，几乎可以说，在近代的家庭住宅中，每一个地方都具有一定的“市场开放性”，每一个房间都有一部分生产功能和一部分家庭生活功能。除了生产功能之外，在伦敦这个政治和娱乐中心，很多社会中上层的家庭还具备另一种特殊的功能，即从事政治和娱乐活动的场所。伦敦很早就成为一个自治城市，众多富有的大商人、银行家和制造商常常是伦敦市政府的成员如市长、市议员，出于政治活动的需要，他们的家庭常常还担负一些公共性的政治功能，如举办社交舞会、招待贵宾或是进行政事讨论。

因此，工作和生活重叠，店铺和家庭住宅合二为一，这就是18世纪以前伦敦商人、银行家和店主当中一种主要的家庭生活方式，而这种家庭成员居住在店铺楼上的习惯，甚至一直延续到19世纪。但是，在这种习惯延续的同时，中产阶级家庭也逐渐出现了一些变化。必须强调的是，家庭功能的转变并不是截然的，不是一种状态被另一种状态完全取代。正如劳伦斯·斯通所说：“与其说是一种家庭模式超越另一种家庭模式成为主导，还不如说是产生了更多不同的模式而得以并存。”[②] 18世纪逐渐显现并与

① Leonore Davidoff, ‘The family in Britain’, in F. M. L. Thompson (ed.), *The Cambridge Social History of Britain* 1750 – 1950 (*Vol. II*), Cambridge: Cambridge University Press, 1990, p. 78.

② Lawrence Stone, *The Family*, *Sex and Marriage in England* 1500 – 1800, Harmondsworth: Penguin Books Ltd., 1979, p. 23.

其他家庭生活模式并存的另一种家庭生活模式，是以夫妻之间、亲子之间的私人生活为主导，与生产活动、政治社交活动没有太大联系的纯粹家庭生活模式。

劳伦斯·斯通在其著作《1500—1800 年英国的家庭、性与婚姻》一书中提出，从 17 世纪后期开始，中产阶级的家庭生活模式发生了深刻的变化，到 18 世纪，一种新的家庭即所谓“封闭的核心家庭”（the closed domesticated nuclear family）已经完全形成。斯通认为，与这种封闭的核心家庭相比，此前的家庭有着强烈的“外在导向性”，简直可以被称为一个“多孔体”（porosity）①，这种导向使家庭与外部即教区、邻居和亲属的联系，远比核心家庭的内部联系要紧密得多。到 17 世纪末和 18 世纪，随着商业资本主义的发展、个人自由的进步、国家主义的兴起以及亲属集团重要性的日益削弱，等等，中产阶级的封闭核心家庭开始占据主要地位，也就是说，丈夫与妻子、父母与孩子之间的关系变得更为亲密。这种家庭要求排除一切与生活无关的生产事务，而集中在夫妻的感情交流和对孩子的精心抚养之上。随着这种核心家庭的出现，家庭逐渐从原来的生产单位变成了一个纯粹的私人生活单位。

随着伦敦中产阶级的壮大和核心家庭的出现，工作和生活逐渐发生了分离，家庭从经济、政治、社交和生活等多功能混合的场所，逐渐转变为单一功能的、家庭成员共同生活的专门场所，也就是说，从主要向外开放逐渐转变为主要向内封闭。到 19 世纪，这种转变更为明显。阿萨·勃里格斯在讨论维多利亚时期的价值观时指出：“中产阶级的家庭出现了一种避难所的色彩，即从工作以及对工作的关注中脱离出来。因此，炉灶和家庭就代表了与工作场所完全不同的——尽管可能是互相补充的——价值

① Lawrence Stone, *The Family, Sex and Marriage in England* 1500 - 1800, Harmondsworth: Penguin Books Ltd., 1979, p. 69.

观。”[①] 赖因哈德·西德尔在考察家庭的社会演变时，也注意到中产阶级家庭和工作场所的分离现象：“18 世纪后半期，第一次出现了一种社会经济结构，在这种结构中，市民家庭生活的希望与理想得以实现。银行家、大商人、最早的企业家、高级官员、中学老师、法官、牧师、从事自由知识职业的人，总之，所有这些以完全不同职业和工作方式为生的人们都有一个共同点：他们越来越彻底地把自己的生活住所同他们获取收入的场所相分离，他们逐渐创造了一个私人的领地。”[②]

上述家庭功能转变的一个典型表现就在于特定房间的特定作用。在 18 世纪以前甚至是在 18 世纪早期，人们还很少对住宅内的各个房间作功能区分，一般都统称为“房间”（room）。1739 年，建筑师詹姆斯·吉布斯（James Gibbs）在《建筑之书》中谈到住宅内部的结构时，只是重复使用“房间”一词，而未提到有什么特殊用途[③]。但是，此后的一些关于建筑的书籍则开始区分不同房间的不同作用，18 世纪末建筑师们在设计住宅时，规划出“图书室”“书房”“早餐室”“艺术室”和“育婴室”等已经成为一种惯例[④]。将各房间划定为用餐、阅读、欣赏艺术等不同活动的地方，恰恰表明了人们开始将家庭作为私人生活的纯粹空间，而不再将它们当作存储货物、商谈买卖或制造手工产品的场所。

表面上看起来，中产阶级家庭功能所发生的这种变化似乎与伦敦郊区化进程没有太大的关联，但如果仔细思考的话我们可以发现：家庭和工作场所分离实际上也就是地理位置上的分离，换言之，居住在一个地方而工作在另一个地方，这正是郊区兴起的重要条件。然而，这种地理位置上的

① Asa Briggs, “Victorian values”, in Eric M. Sigsworth (ed.), *In Search of Victorian Values: Aspects of Nineteenth - Century Thought and Society*, Manchester and New York: Manchester University Press, 1988, p. 22.

② ［奥地利］赖因哈德·西德尔著：《家庭的社会演变》，王志乐等译，北京：商务印书馆，1992 年，第 105 页。

③ James Gibbs, *A Book of Architecture, Containing Designs of Buildings and Ornaments*, London: Printed for W. Innys, 1739, p. xi - xix.

④ John Archer, *Architecture and Suburbia: From English Villa to American Dream House, 1690 - 2000*, Minneapolis: University of Minnesota Press, 2005, p. 51.

分离在伦敦这个拥挤的城市是难以实现的，即使富有的商人和店主也较少在伦敦同时拥有两所房屋，一所用于全家人的舒适生活，一所用于自己的贸易和生产活动。这一方面是他们的财力有限，另一方面也是由于伦敦的人口膨胀和住房紧张，尤其是如果再考虑到土地价格上升等因素，那么家庭和工作场所的分离对伦敦城市的郊区化就有着更重要的意义。伦敦的贸易网络和信息渠道对商人、工匠和银行家们是如此重要，他们必须在城市中心管理各种经济事务，而此时家庭不再行使主要的经济功能，在这种情况下，他们只有向伦敦周边乡村迁移，使之成为居住性的郊区。

值得一提的是，家庭和工作场所的分离并不是伦敦中产阶级所特有的现象。18 世纪后期，城市的下层劳动者日益将工作地点转移到家庭范围之外，原本这些劳动者可以在家里做零工以谋生，但随着工厂制的到来，劳动变成一种组织化和时间化的行为，劳动者被要求在特定时间在工厂当中完成工作。不过，工人阶级的这种变化并不是真正意义上的家庭和工作场所的分离，因为工人阶级的成年男性和女性以及孩子都需要出外工作以赚取家用，对他们来说，家庭很难完全成为一个惬意的私人空间。因此，只有中产阶级商人、银行家和专业人士有可能在城市中心工作，又在另一个地方营造一个温馨的家庭生活空间，只有对他们来说家庭和工作场所才是一种完全的分离。

第二节　家庭隐私观念的加强

18 世纪城市中产阶级的家庭，除了与工作场所和公共社交场所的日益分离，还出现了另一个重要特征即家庭隐私观念的加强，这也对伦敦的郊区化进程起到了重要的推动作用。

“隐私的”（private）一词从拉丁语中的“剥夺”“解除”以及“单独”等含义发展而来，在《牛津英语大辞典》中，“隐私”有“与公共领域相分离；隐匿于公众视野和关注之外；不被人们所普遍认知；仅限于某些特定的人所使用和享受如私人房间”等含义，强调的是与政治权利、市民公共生活的区别[①]。据考证，“隐私”一词在英语中最早出现于1652年，当时主要指一种独处状态。1759年，塞缪尔·约翰逊在《漫步者》（The Idler）第51期上提到有些人“沉浸于家庭隐私生活当中”[②]，“家庭隐私”（domestic privacy）一词第一次出现，这说明到18世纪后期家庭隐私的观念已经成为一部分人所认可的观念。

法国学者阿利埃斯和杜比在五卷本著作《私人生活史》中，叙述了从古罗马到当代私人生活的发展。在第三卷《激情》中，作者指出，从17世纪末到18世纪后期，家庭开始“不再仅仅是一个经济单位……它变成了一个全新的东西：避难所”，一个保护隐私、避开外人窥探的地方。作者进一步指出，家庭隐私的出现应该归因于当时西方社会的三个基本变化，即政府新职能的发展、新教运动以及文化传播所带来的影响[③]。本书认为，除此以外，18世纪英国家庭隐私观念的发展还有一个重要的原因，即17世纪末一些思想家尤其是约翰·洛克（John Locke）的财产私有理论的影响。正是随着财产私有思想的深入人心，隐私观念到18世纪逐渐成为政治、法律以及家庭生活领域中的重要观念。

为了说明这一问题，本书首先对洛克的财产理论进行简单论述。洛克是英国著名的哲学家、政治思想家，在宗教和教育方面也有重要的论述。1690年，洛克为了驳斥王权论者的君权神授和专制主义理论，出版了重要的政治哲学著作《政府论》，提出了自然状态和自然权利学说。洛克认为，“人们联合成为国家和置身于政府之下的重大的和主要的目的是保护他们的财产”[④]，这里所谓的“财产”实际上意味着人所应有的自然权利，包括

---

① J. A. Simpson and E. S. C. Weiner (eds.), *The Oxford English dictionary* (*Second edition*, *Volume XII*), Oxford: Clarendon Press, 1989, p. 515.

② Samuel Johnson, Arthur Murphy (ed.), *The Works of Samuel Johnson*, *LL. D* (*Vol. I*), New York: Alexander V. Blake, Publisher, 1843, p. 405.

③ ［法］菲利浦·阿利埃斯、［法］乔治·杜比主编：《私人生活史》（第三卷《激情》），杨家勤等译，哈尔滨：北方文艺出版社，2008年，第8页，第15—19页。

④ ［英］洛克著：《政府论》（下篇），瞿菊农、叶启芳译，北京：商务印书馆，1964年，第77页。

生命、自由、健康，当然还有私有财产权。

那么，这种私有财产权是如何建立起来的呢？洛克认为人们因自己的劳动而对自然的共有物产生了所有权，最初“土地和其中的一切，都是给人们用来维持他们的生存和舒适生活的”，也就是说，这些物品都是公共的财产，没有个人的财产权可言。当某个人对一部分公有财产施加了劳动之后，这部分财产就属于他私人所有，用洛克的话来说，“我的劳动使它们脱离原来所处的共同状态，确定了我对于它们的财产权。”洛克强调，这种私有财产权是一个社会之所以建立的最主要目标，即使是国家的最高权力，“未经本人同意，不能取去任何人的财产的任何部分”，因为“既然保护财产是政府的目的，也是人们加入社会的目的，这就必然假定而且要求人们应该享有财产权”①。通过这些论述，洛克确立了私人财产权的至高地位。

由上述可知，洛克认为不同的家庭在普遍同意的基础上联合起来而形成政府，并提出人们组建政府的重要目标之一是保护已经存在的财产权。换言之，在洛克这里，人类社会两种最基本的关系是人与人之间的关系以及人与环境之间的关系，而表述这两种关系的结构即家庭和财产所有权，都是先于社会和政府而存在，并以个人为导向的。于是，公共财产和私人财产、公共领域和私人领域是完全不同的，甚至在某些情况下是互相对立的②：一边是政治的、商业贸易的以及大众娱乐的公共领域，另一边则是家庭作为私人财产的主体所形成的私人领域。到 18 世纪，这种公共和私人的隔离日益明显，正如有些学者所指出的：“中世纪时的住宅是与经营活动和共同社区联系在一起的，而 18 世纪的住宅则是与对社会大众日常生活

---

① ［英］洛克著：《政府论》（下篇），瞿菊农、叶启芳译，北京：商务印书馆，1964 年，第 18，20，86 页。

② 关于洛克对公共领域和私人领域之间的划分所做出的理论贡献，参见 John Archer, *Architecture and Suburbia: From English Villa to American Dream House*, 1690 – 2000, Minneapolis: University of Minnesota Press, 2005, p. 24; Mary B. Walsh, “Locke and feminism on private and public realms of activities”, *The Review of Politics*, Vol. 57, No. 2, 1995, pp. 251 – 277。

世界的排斥联系在一起的。”①

公共领域和私人领域的截然两分，毫无疑问推动了隐私观念的形成和发展，而后者的形成和发展导致18世纪人们对住宅本质的理解发生变化，推动了家庭居住方式的转变：在此之前，住宅是主人与下属或学徒或帮工共同生活、共同经营事务的开放场所；在此之后，住宅则日益成为私人领域的核心。至少对于中产阶级，尤其是在伦敦这个政治经济中心和建筑的集中地当中的中产阶级人士来说，住宅建筑变成家庭私人化的重要工具。

在这种私人领域观念的影响下，伦敦中产阶级越来越注重使家庭从公共视野和外界干扰中分离出来，这通过各种形式表现出来，例如住宅内部结构的创新、主人和仆佣活动空间的隔离以及对身体隐私的强调。许多学者都注意到18世纪中产阶级家庭对这种隐私的注重，如约翰·阿彻发现18世纪伦敦的许多住宅内部都设计了走廊和楼梯，区分了每个房间的特定功能，以此保护房主的隐私②。蒂姆·梅尔德伦则侧重考察伦敦的家庭仆佣问题，指出在18世纪中产阶级越来越重视隐私观念，开始在主人和用人之间设置较大的空间距离，使这些仆人“如果不是不被看见，至少也是尽量少被看见”③。而威尔·科斯特（Will Coster）虽然认为不能太过于强调该时期家庭隐私的发展，但他的论据之一即“富人有经济能力将自己与外部世界隔离开来……而下层民众的家庭隐私不仅没有得到发展，反而有所削弱”④，恰恰说明了中产阶级家庭隐私观念已经有所增强。

家庭隐私观念的增强，导致18世纪住宅的建筑商和设计师们开始重新定义家庭空间，将每个人的住宅视为遮风避雨的居住场所和保护其不受干

---

① John Archer, *Architecture and Suburbia: From English Villa to American Dream House*, 1690 - 2000, Minneapolis: University of Minnesota Press, 2005, p. 27.

② John Archer, *Architecture and Suburbia: From English Villa to American Dream House*, 1690 - 2000, Minneapolis: University of Minnesota Press, 2005, p. 51.

③ Tim Meldrum, *Domestic Service and Gender* 1660 - 1750: *Life and Work in the London Household*, Harlow: Pearson Education Limited, 2000, pp. 78 - 79.

④ Will Coster, *Family and Kinship in England* 1450 - 1800, Harlow: Pearson Education Limited, 2001, p. 18.

扰的私人领域，同时也导致了建筑样式的变化。建筑商开始修建适合中产阶级的独户住宅即单个家庭居住的住宅，这种住宅与贵族的大庄园、大城堡不同，并不是以对周围土地的占有为基础，而只是拥有一所小巧精致的别墅，通常屋前和屋后都有花园或草地，并以围墙隔绝了外人的窥视和干扰。这一系列创新主要始于 18 世纪，因此，约翰·阿彻认为："18 世纪是英美家庭建筑演变史上的分水岭……中产阶级家庭住宅成为一个退居的地方，与城市生活中政治和经济关系相隔绝的领域。"①

综上所述，18 世纪伦敦中产阶级有关财产权、自我、个人主义和家庭生活的观念发生了变化，并且在实践中强调住宅内部的功能区分和外部的隔离，这使他们的家庭领域逐渐隐私化和个人化，家庭住宅日益成为保护主人个性、自我和隐私，并且与其他人和其他领域相隔离的场所。中产阶级日益将家庭与城市的喧闹干扰隔离开来，由此为 18 世纪后期和 19 世纪前期伦敦独户住宅和郊区的出现提供了重要条件。

第三节　家庭成员情感联系的增强

在 18 世纪中产阶级的家庭理想中，充满温情的婚姻状态是一个必不可少的因素。劳伦斯·斯通提出，从 17 世纪末开始家庭成员之间发展起一种更为亲密的情感联系，尤其是男性和女性在浪漫感情的基础上有了选择伴侣的更大机会，而丈夫和妻子变得更加亲密和更加平等，出现了所谓"友爱婚姻"（Companionate Marriage）②。这种情感联系的加强对居住的外部环境提出了要求，而郊区的田园风景及其与城市生活相对隔离的环境恰恰满足了这一要求。

劳伦斯·斯通认为，15—17 世纪英国社会关系是冷漠的，甚至是敌对

① John Archer, *Architecture and Suburbia: From English Villa to American Dream House*, 1690 - 2000, Minneapolis: University of Minnesota Press, 2005, p. 51.

② Lawrence Stone, *The Family, Sex and Marriage in England* 1500 - 1800, Harmondsworth: Penguin Books Ltd., 1979, p. 217.

的。人们暴躁易怒，容易引起冲突，即使在家庭内部，夫妻之间和亲子之间的关系也是比较淡漠的[①]。实际上，这一时期英国社会不乏亲密的人际关系，斯通的叙述有一定程度的夸大；但相比于18、19世纪的中产阶级家庭关系，近代早期家庭成员之间的关系的确比较淡漠，因为当时家庭更多的是外向型的，对教区、邻居和亲戚的依赖会削弱家庭核心成员之间的情感。除此之外，还有一些因素阻碍了家庭情感的发展，如在父母和家族的安排下，夫妻之间结合的动机常常是经济因素或政治联合，而较少考虑到爱情因素；卫生和医疗条件的恶劣情况导致婴幼儿的高死亡率，这使父母较少有机会对孩子做过多的感情投资。因此，这一时期的家庭结构更多的不是由感情纽带而是由其他利益联结起来的。

18世纪初，这种情况逐渐发生了变化。一方面，作为传统社会主要组织原则的领属关系和亲族关系已经衰落，核心家庭的重要性日益彰显。另一方面，新教主义对夫妻之间的“神圣婚姻”（Holy Matrimony）[②] 大加赞美，赋予婚姻以一种神圣的意义，强调婚姻应该以双方的感情为基础，以其和睦与虔诚见证上帝的爱和荣耀；妻子的义务仍然是服从和依顺丈夫，但同时丈夫也有责任爱护和关心妻子。此外，由于死亡率下降，更多的孩子能够活到至少成年时期，父母在与他们的共同生活当中能够培养出更密切的亲子关系。

家庭成员之间情感联系的增强，一个重要表现就是夫妻双方对彼此称呼方式的改变。在17世纪很多情况下，丈夫和妻子称呼对方为“夫人”和“先生”，虽正式却疏远，而到18世纪，夫妻之间更为平等的关系使他们更倾向于直接称呼对方的名字或者是昵称。一位名叫理查德·斯迪尔的男子在写给妻子的信中称她为“可爱的小东西”“我所爱的人”“我亲爱

① Lawrence Stone, *The Family, Sex and Marriage in England* 1500 - 1800, Harmondsworth: Penguin Books Ltd., 1979, p. 77.

② Will Coster, *Family and Kinship in England* 1450 - 1800, Harlow: Pearson Education Limited, 2001, p. 93.

的”，其中表现出浓厚的感情[①]。同时，中产阶级家庭亲子之间的情感也有所增强，因为父母既不会像贵族上层那样忙于社交和政治以至忽略了对孩子的照顾，又不会像下层阶级那样因忙于求生存而无力对孩子付出奢侈的感情。

由此可知，18世纪中后期，家庭内部夫妻之间、亲子之间的情感联系日益加强。尤其对那些有着显著地位的富有中产阶级人士来说，他们的受教育水平普遍较高，在道德观念方面也比较积极，因此他们更加重视婚姻情感和孩子的成长。保罗·兰福德把这种亲密情感视作中产阶级的特征之一，认为“感情能形成‘自然的’风格，这种风格是高尚的人们，无论其出身和教育如何都具有的，它成为衡量高贵与否的真正标准”，而且，这种感情“也能促进中产阶级的家庭道德，使其强调家庭生活并忠诚于加尔文主义的道德观念”[②]。利奥诺·达维多夫认为18世纪中叶是家庭理想变化的一个重要时期，在这之前只要家庭生活的公共形象得到维持，那么性与感情的问题就成为人们的私事，“然而，从18世纪中叶起，中产阶级中一些人开始采取一种更为家庭化的、更为有序的生活方式，他们从公共世界中退却出来而鼓励夫妻之间、亲子之间充满感情的联系，热衷于家庭炉火边的休闲活动。”[③] 马文·贝克尔（Marvin B. Becker）在讨论18世纪市民社会的兴起时也指出：“在大多数富有的商人和银行家当中，一种不那么严厉而更加亲密的家庭生活方式正日益显现……他们从冰冷的大理石大厅和接待室中退离出来，回到更温暖的、有家具的房间，有壁橱的卧室，在那里享受亲密感情和舒适，这已经成为一种时尚。”[④] 由此可见，注重家

① Lawrence Stone, *The Family, Sex and Marriage in England* 1500 - 1800, Harmondsworth: Penguin Books Ltd., 1979, p. 220.

② ［英］肯尼思·O. 摩根主编：《牛津英国通史》，王觉非等译，北京：商务印书馆，1993年，第414页。

③ Leonore Davidoff, “The family in Britain”, in F. M. L. Thompson (ed.), *The Cambridge Social History of Britain* 1750 - 1950 (*Vol. II*), Cambridge: Cambridge University Press, 1990, p. 75.

④ Marvin B. Becker, *The Emergence of Civil Society in the Eighteenth Century: A Privileged Moment in the History of England, Scotland, and France*, Bloomington and Indianapolis: Indiana University Press, 1994, p. 61.

庭生活和内部情感，成为一种新的却是日益受到重视的价值理念。

然而，这种价值理念却与传统的城市生活方式发生冲突，因为在城市生活中，家庭成员不论男女长幼，不论工作和娱乐活动都有很强的外向性，而相对忽略家庭内部情感的联系。在伦敦这个经济、政治和社交中心，不仅男性要投入各种复杂的经济活动中，而且女性和孩子也常常被卷入城市的生产、社交和娱乐生活当中。通常，男性在工作之余到酒馆、咖啡馆和俱乐部等地消磨时光，而女性忙于出外拜访朋友、参加舞会等各种社交活动。即使是孩子也未能例外，他们要么跟随父母去成人剧院或游乐园，要么是在街头聚集玩耍，正因如此，罗伯特·费什曼在描述了近代早期伦敦中产阶级的家庭生活之后得出结论：“家庭成员都以他们不同的方式深陷于发生在家庭之外的生活和社交之中。”[①] 这种外向性的、分散性的活动必然与18世纪伦敦中产阶级的家庭理想，即家人之间拥有更多感情交流的内向性活动，形成一定的冲突。

面对上述冲突，中产阶级选择了向郊区迁移的方式：他们仍然在伦敦城市中心从事贸易、金融业务，在市里的咖啡馆、酒馆交换信息，从伦敦码头进出口各种商品，但与此同时他们也将郊区住宅作为自己真正的家，让妻子在这里全心操持家务、抚养孩子。利奥诺·达维多夫尤其强调家庭情感发展与郊区发展之间的联系，他指出：“对家庭情感的注重，要求提高住房的舒适程度和消费水平……因此中产阶级开始在远离制造业和商业中心区的郊区，建筑住宅‘飞地’（enclaves）[②] ……伦敦市的商人们向西迁移至布鲁斯伯雷，向北迁移至伊斯林顿甚至更远。”[③] 这种与外界纷扰隔离开来的郊区生活理想，产生了一种将中产阶级工作场所和居住场所隔离

① Robert Fishman, *Bourgeois Utopias: The Rise and Fall of Suburbia*, New York: Basic Books, Inc., 1987, pp. 29－30.

② Enclave 意为“被包围的领土”，在政治地理中被称为“飞地”，即一个地区的地理界限完全处于另一个地区之中。利奥诺·达维多夫在这里用该词主要是为了强调中产阶级郊区的同质性，与其他下层百姓的住宅区相隔离。

③ Leonore Davidoff, “The family in Britain”, in F. M. L. Thompson (ed.), *The Cambridge Social History of Britain* 1750－1950 (*Vol. II*), Cambridge: Cambridge University Press, 1990, pp. 80－81.

开来的情感力量。

第四节 妇女家庭地位的变化

在讨论18世纪伦敦中产阶级的家庭理想时，我们不能不提到妇女家庭地位的变化，因为这也是促使中产阶级向郊区迁移的重要因素。18、19世纪英国中产阶级妇女的地位问题一直是学术界的热点问题之一，与此密切相关的是近年来关于“公共领域”和“私人领域”问题的争论。前文已述，洛克的财产私有权思想导致公共财产和私人财产之间的划分，同时也带来公共领域和私人领域的隔离，以及家庭隐私观念的兴起。实际上，近代公共领域和私人领域在很大程度上是根据男性和女性活动范围来进行划分的，也就是说，公共领域是指男性从事政治和经济活动的空间，而私人领域则主要是指女性管理仆佣、照顾孩子以及为男性提供家庭温馨的空间。

虽然在公共领域和私人领域的具体形成时间上有争议，但大多数学者都认为大致在18世纪到19世纪初，这一划分逐渐形成，而妇女也越来越被局限于家庭这一私人空间之中。罗伯特·休梅克（Robert B. Shoemaker）认为1650—1850年间公私领域完全形成，虽然这两个分离的领域之间有部分重叠，但无疑女性越来越被局限于家庭领域当中①。伊丽莎白·埃格尔（Elizabeth Eger）等人在论述英国妇女与公共空间之间的关系时，认为“公共领域和私人领域的严格区分应以18世纪为重要的转折点：从一个女性拥有相对自由的时代，转变成一个领域分离的时代，其中男性主宰着工作的公共世界，而女性则越来越退却到家庭的私人空间之中。”②

18、19世纪初，公私领域的区分以及由此产生的妇女局限于家庭中的

① Robert B. Shoemaker, *Gender in English Society, 1650 - 1850: The Emergence of Separate Spheres?* London and New York: Longman, 1998, p. 10.

② Elizabeth Eger, et al., *Women, Writing and the Public Sphere 1700 - 1830*, Cambridge: Cambridge University Press, 2001, p. 1.

状况，是与这一时期中产阶级的兴起密切相关的。英国上层的贵族妇女虽然远离工作和劳动，但她们并没有完全局限于家庭领域，而是将她们的主要精力投诸社交和娱乐，有时也参加一些政治活动。琳达·柯利（Linda Colley）对18世纪公私领域的明确划分表示质疑，其论据之一就是当时也有不少女性卷入政治选举当中，但琳达所观察到的这些都是贵族妇女①，这正好说明了公私领域划分是与中产阶级联系在一起的。至于下层妇女，她们需要从事各种零工活以贴补家用，不可能完全投身于家庭领域，营造与外界相对隔绝的家庭氛围。正是在这一意义上，阿曼达·维克利（Amanda Vickery）直接得出结论：“家庭生活的女性化既是中产阶级兴起的结果，也是中产阶级集体认同感的重要因素之一。”② 可见，注重女性在家庭中的主导作用正是中产阶级家庭理想的一个特征。

伦敦中产阶级出现的时间比其他地区要早，尤其是伦敦商人的财富要远远超过地方商人。在近代早期甚至直到18世纪中叶，伦敦许多商人的妻子在丈夫的商业活动中都起着重要的作用。妻子每天在店铺中的劳作对于商店的经营来说是必不可少的，即使对于那些最成功的商人来说，他们在生产活动中也离不开妻子的帮助。正如笛福在《英国商人》一书中提到的，夫妻之间应该建立最紧密的生产协作关系。他批评了那些“愚蠢地自负地使妻子成为淑女”③ 并使其远离经济事务的商人。女性之所以在商业活动中发挥积极作用，其原因就在于当时家庭和工作场所重合，家庭事务和商业活动没有明显界限，女主人必须同时插手这两方面的活动。此外，当时亲属关系，包括女方的亲属关系仍是核心家庭获取金钱和精神资助的重要来源，这使女性在家庭中并不完全处于一种依附地位。

随着时间的推移，这种情况到18世纪逐渐发生了变化，原因主要有两

① Linda Colley, *Britons: Forging the Nation* 1707 – 1837, New Haven and London: Yale University Press, 2005, pp. 241 – 248.

② Amanda Vickery, “Golden age to separate spheres? A review of the categories and chronology of English women's history”, *The Historical Journal*, Vol. 36 (Jun., 1993), p. 384.

③ Daniel Defoe, *The Complete English Tradesman*, Dublin: Printed for George Ewing, 1726, p. 230.

个方面：一是伦敦商人财富的积累使他们能够雇佣较多用人帮助完成家务劳动，由此男性远离家庭事务而女性独力持家在物质条件上成为可能，仆人的数量也日益“成为衡量中产阶级地位的标准之一”①；二是伦敦城市的迅速发展使一些道德家们开始担心城市生活会对女性道德和行为举止产生消极影响。利奥诺·达维多夫和凯瑟琳·霍尔指出：“随着时代的推进，人们越来越期望中产阶级妇女不从事营利性的工作，能够退离到她们位于郊区别墅和花园中的家庭世界中来。人们认为这种家庭能够在一个不安、危险的世界中，提供维持纯洁道德的基础。”② 因此，中产阶级妇女日益局限于家庭各种事务，虽然她们仍然从事一些社交活动，例如互相拜访或参加慈善活动，但她们待在家里不出去工作，越来越成为她们自己以及她们丈夫的高贵身份的一种象征。M. J. 丹顿（M. J. Daunton）分析了18、19世纪家庭对于中产阶级人士的意义，指出：“家庭住宅被理解为一个避难所或者圣殿，在这里，男性家长可以在工作压力之余得以放松，而女性和孩子则直接逃离外部的工作世界……家庭被‘女性化’（feminised）。”③

当然，使中产阶级女性完全局限于家庭角色，在很多情况下仍然只是一种理想状态。由于各种特殊状况，不少女性仍然必须从事一些经济或政治活动。但是，总体而言，中产阶级女性的日益家庭化仍然是18、19世纪的一个显著现象。凯瑟琳·格丽达（Kathryn Gleadle）虽然指出在很多中产阶级家庭中女性完全远离经济、政治和社会事务是一种理想状态，但在结论中仍然承认“女性化的家庭理想成为维多利亚时代早期一个主要特征”④。尽管公共领域和私人领域是一种社会建构，它们代表了社会成员对理想世界的看法，而不是社会整体的现实反映，但公私领域的观念以及性

① Paul Langford, *Public Life and the Propertied Englishman* 1689 - 1798, Oxford and New York: Oxford Unversity Press, 1991, p. 10.

② Leonore Davidoff and Catherine Hall, *Family Fortunes*, London and New York: St. Edmundsbury Press, 2002, p. XIV.

③ M. J. Daunton, "Housing", in F. M. L. Thompson (ed.), *The Cambridge Social History of Britain* 1750 - 1950 (*Vol. II*), Cambridge: Cambridge University Press, 1990, p. 213.

④ Kathryn Gleadle, *British Women in the Nineteenth Century*, Basingstoke: Palgrave, 2001, p. 91.

别角色的划分，在这一时期中产阶级生活方式和自我认同的建构中仍然有非常重要的影响。这种性别角色在家庭领域的发展，逐渐成为居住模式变化和伦敦郊区化的一个重要动因。

第五节 中产阶级家庭理想对伦敦郊区化的影响

中产阶级对家庭理想的追求，是他们向郊区迁移的强大推动力。玛格丽特·马什指出中产阶级的家庭理想和郊区理想之间存在着紧密的关联：两者大致出现于同一时期，都可以被看作是对城市化进程和工商业经济发展的一种回应，并得出结论：“郊区理想和家庭理想实际上是同一个价值体系的两个部分。”[①] M. J. 丹顿分析了中产阶级家庭理想的形成，强调这种理想与郊区之间存在重要联系：“家庭在一定程度上成为从外部世界的压力中退离出来的避难所，成为一个有秩序且安全的天堂，这是与从城市中心退离出来而迁移到郊区的过程联系在一起的。”[②] 伦敦中产阶级形成了自己特有的价值体系，包括家庭理想，然而伦敦城市却不能为他们的这种理想提供合适的环境，因此有经济能力的中产阶级上层开始向郊区寻求解决之道。具体说来，中产阶级的家庭理想从以下几个方面为郊区化提供了动力：

1. 家庭和工作的分离为郊区化提供了必要的前提。

近代郊区的一个基本特征是人们通勤往返于居住区和工作区之间，而只有当家庭开始在空间上远离工作、商业和政治时，这一基本特征才能出现，郊区化运动才具备必要的前提。18 世纪后期和 19 世纪前期，一方面中产阶级的收入来源仍然依赖于城市工商业，另一方面他们又希望能够远离城市的喧嚣和干扰。长期以来伦敦城市发展过程中所产生的城市问题，导致伦敦富人难以在城市中心区实现自己的家庭理想。要解决这一矛盾，

---

① Margaret S. Marsh, *Suburban Lives*, New Brunswick: Rutgers University Press, 1990, p. XIII.

② M. J. Daunton, “Housing”, in F. M. L. Thompson (ed.), *The Cambridge Social History of Britain* 1750 – 1950 (*Vol. II*), Cambridge: Cambridge University Press, 1990, p. 211.

中产阶级唯一的选择是诉诸郊区：男性家长每天通勤往返于伦敦城市中心和城郊别墅，在工作和生活之间划出恰当的距离；妇女和孩子则在远离工作和公共世界的领域营造和享受家庭生活的温馨和舒适。

利奥诺·达维多夫和凯瑟琳·霍尔认为，家庭和工作的分离包括两个阶段：第一个阶段是要求在家庭生活领域中将生产性的功能甚至是烹饪、用餐、洗浴、睡觉以及其他“后台性质的功能”都排除出去；第二个阶段以郊区别墅的发展为标志，从物理空间和社会联系上使家庭与工商业事务的经营分离开来。达维多夫和霍尔把家庭和工作场所的分离看作人们向郊区迁移的重要原因：“毫无疑问，能够生活在远离生产场所噪音和混乱的地方的愿望……在很大程度上推动了这种迁移。”① 18世纪后期，伦敦那些较为富有的商人、店主和银行家，即有能力负担得起私人马车的中产阶级上层，更愿意选择在郊区乡村中居住并在城市中心工作的生活方式，日益将自己的家庭住所和工作场所区别开来。19世纪前期，随着伦敦经济和交通的发展，这种生活方式逐渐影响到中产阶级中下层，由此为伦敦的郊区化发展提供了强大的推动力。

2. 家庭隐私的发展使中产阶级更加青睐郊区生活方式。

隐私与“自我”的发展密切相关，正如莫顿·利文（Morton H. Levine）对隐私所下的定义：隐私指“一种个人状态的保持”，在某种特定的空间中，“个人有机会成其为个人，运用并体验其独特自我”②。这种隐私和自我的要求促使人们首先在物理空间上从公共领域中抽离出来，也就是说，一个人可以在完全属于自己的住宅中建立起他独特的个人身份，并且与伦敦这样一个充斥着政治事件、商业经营和社交礼仪的外部世界隔离开来。要做到这一点，必须从两个角度来考虑：在家庭住宅内部划分各个不同的功能区，使主人的活动区域和仆人的服务区域分隔开来；在家庭住宅

① Leonore Davidoff and Catherine Hall, *Family Fortunes*, London and New York: St. Edmundsbury Press, 2002, p. 359, p. 251.

② Morton H. Levine, “Privacy in the tradition of the western world”, in William Christian Bier (ed.), *Privacy, a Vanishing Value*? New York: Fordham University Press, 1980, p. 19.

外部环境中，要求住所周围有比较大的空间，而郊区是实现这一理想的最好办法。正是在这样的情况下，中产阶级开始从城市中心迁移出来，定居在城市周边一定距离的郊区。

这种郊区住宅一般只有中产阶级家庭成员及其用人居住，而房屋周围都是自己家的花园或草地，与其他家庭的房屋相隔较远，无疑能够更好地保护家庭隐私。英国作家、鉴赏家兼收藏家霍雷斯·沃波尔在伦敦郊区特威克纳姆（Twickenham）有一所别墅，从他对这所别墅的描绘中我们可以看到郊区住宅是非常有利于保持家庭隐私的①。在他的别墅内部有客厅、接见室、餐厅、书房以及多个卧室，在别墅前后都有宽阔的花园，外人不得随意进入。沃波尔尤其满意于这所郊区别墅能很好地隔绝外人的窥视。相较之下，英国散文作家兼评论家查尔斯·兰姆一开始可就没这么幸运，1800 年他在一封信中报怨住在伦敦市使他缺少自己的隐私生活：“当我居住在伦敦市时，我的住宅就像是大臣的接见室，我的熟人（就像他们所称的那样）越来越多。”因此，兰姆希望拥有一所能够保证自己私人空间的住宅，“在那里，在一所不受干扰的住宅中，我可以拥有完全的隐私，我可以在任何我希望与自己的不朽心灵进行自由对话的时候，将我的朋友们拒之门外”②。兰姆后来幸运地在伦敦伊斯林顿郊区找到了这样一所住宅，他在另一封信中描绘了这所别墅宽敞舒适的环境，屋前屋后都有美丽的花园，并且形容自己在这里就像是一位伟大君主在自己的宫殿中一样，自由而愉快③。从上述描述中可以看出，自 18 世纪后期以来伦敦中产阶级日益注重家庭隐私，而这在城市中心是无法实现的，因此，他们开始向城市外寻求解决之道，最终，他们选择郊区住宅作为保持私人生活空间的场所。

3. 家庭情感联系的日趋紧密促使中产阶级追求郊区的合适环境和

---

① Horace Walpole, *A Description of the Villa of Mr. Horace Walpole*, Strawberry - Hill: Printed by Thomas Kirgate, 1774.

② Charles Lamb, Thomas Noon Talfourd (eds.), *The Works of Charles Lamb, Complete in Five Volumes* (*Vol. IV: Life and Letters*), Philadelphia: Willis p. Hazard, 1854, p. 110.

③ Charles Lamb, Thomas Noon Talfourd (ed.), *The Letters of Charles Lamb, with a Sketch of His Life* (*Vol. II*), London: Edward Moxon, 1837, p. 107.

氛围。

中产阶级家庭中情感联系的日趋紧密，也对伦敦中产阶级向郊区迁移产生了影响。因为家庭情感的产生和培养更多地依赖于家庭共同活动尤其是娱乐活动，例如演奏乐器和唱歌等，这就要求有合适的居住环境和氛围。然而，18 世纪的伦敦难以提供这样一个合适环境，因为这一时期是伦敦城市问题最严重的时期之一，不仅人口拥挤、污染严重，而且罪犯猖獗。中产阶级家庭难以在烟雾弥漫的空气中和在喧嚣嘈杂的街道旁，安静惬意地从事各种培养和加强家庭温馨氛围的娱乐活动。相形之下，伦敦周围的乡村具有宽阔的场地和优美的风景，更有利于家庭成员共同进行户外和户内的各种活动，更有利于家庭情感的培养。此外，父母在对孩子的教育和培养中，越来越注重郊区住宅的花园和草地，以为孩子提供合适的玩乐场所。W. G. 柯林伍德描述了约翰·罗斯金幼年时在道尔维奇郊区家庭生活中的快乐时光：罗斯金家前后都有宽阔的草地和花园，种满了鲜花和果树，“这对于一个孩子来说完全就是一个充满欢乐的伊甸园。”[①] 因此，有能力购买乡村住宅的中产阶级人士，在日益浓厚的家庭情感推动下，越来越钟情于能够提供更好的居住环境的郊区。

家庭情感的联系需要合适的居住环境，而郊区是提供这种环境的最佳场所。正是在这一意义上，我们认为家庭情感联系的增强包括夫妻感情的加深和亲子关系的密切，也是伦敦郊区兴起和发展的重要动因。

4. 女性家庭地位的变化推动了郊区化进程。

在许多中产阶级尤其是中产阶级上层的家庭当中，女性逐渐远离生产领域，将全部精力投到操持家务、管理用人、抚养孩子等活动中，其中不少女性还成为凡勃伦所谓“代理休闲”阶层[②]。女性家庭地位的这种变化，

① W. G. Collingwood, *The Life and Work of John Ruskin* (*vol. I*), Boston and New York: Houghton, Mifflin and Company, 1893, p. 21.

② 凡勃伦认为，在中产阶级家庭当中男性家长主要从事生产性工作，而他们的妻子能够以适当的方式执行所谓代理有闲，显示家庭和家长的荣耀。参见［美］凡勃伦著：《有闲阶级论——关于制度的经济研究》，蔡受百译，北京：商务印书馆，1964 年，第 62—63 页。

使她们和郊区生活的联系越来越紧密，以致今天许多学者都把郊区看作是“带有女性色彩的”（feminine），与城市“带有男性色彩的”（masculine）特征形成鲜明对比。美国学者保罗·诺克斯和史蒂文·平奇在《城市社会地理学导论》一书中指出：“郊区通常被表述成社会均质的、相对安全的、女性主导的家庭和私人空间。与之形成鲜明对比的是，中心城市被描述成社会异质的、男性主导的、相对危险的公共空间。”[①] 伊恩·P. 瓦特也认为，郊区不仅是中产阶级的生活方式，而且其“本质是女性的”，因为它适应了中产阶级“那种视女性的羞怯为极端的脆弱，因此需要防御性的隐居的日益明显的倾向”[②]，也就是说，中产阶级男性把女性看作是脆弱的，需要保护的，而保护她们的最好方法就是将她们隐藏在郊区的家庭中，远离城市社会的险恶和堕落。

如果说中产阶级女性家庭地位的变化促使她们日益退缩到家庭住宅之中，那么中产阶级男性的经济角色则进一步加强了这一倾向。他们的家庭收益和前途依赖于伦敦城市所提供的国内外贸易、手工业、专业职位等，不可能做到与城市社会的完全脱离。既然男性不能离开城市的政治和经济生活，那么就由女性在远离城市的家庭当中，建立起一个逃避城市问题的避难所，提供对抗城市道德堕落的个人空间。这种意图使越来越多的伦敦富人试图在城市工作和家庭生活中寻求一个平衡点，而郊区就是一个较好的选择，因为在他们看来，郊区处在大自然的田园环境中，与城市相比更加纯净更加健康，可以使女性不受城市各种不道德现象的侵扰。因此，中产阶级妇女在家庭中地位的变化，使人们更倾向于居住在郊区，妇女可以在这里全心操持家务、抚养孩子，间或做些编织、刺绣等手工活，成为维

① ［美］保罗·诺克斯、史蒂文·平奇著，柴彦威、张景秋等译：《城市社会地理学导论》，北京：商务印书馆，2005 年，第 4 页。

② ［美］伊恩·P. 瓦特著：《小说的兴起：笛福、理查逊、菲尔丁研究》，高原、董红钧译，北京：三联书店，1992 年，第 210 页。

多利亚时期“家庭天使”（The angel in the House）①的原始形象。

对家庭理想即“家，甜蜜的家”的追求，是中产阶级意识观念中一个重要的组成部分。中产阶级人士开始将生产功能从家庭中排离出去，使工作场所和家庭居住空间隔离开来；日益注重家庭的隐私性和紧密的情感联系，在与外界的相对隔绝中享受家庭的温馨舒适；并且日益将女性塑造成家庭温情的创造者和维护者，使中产阶级妇女局限于家庭当中，形成公共领域和私人领域的分离，所有这一切都推动了伦敦郊区化的产生和发展。中产阶级人士购买或租赁带有前后花园、能隔绝外部世界侵扰的郊区别墅，让家人居住在这里，自己则继续在城市中心工作，通勤往返于城市和郊区之间，最终使郊区生活方式成为许多中产阶级人士的选择。

① “家庭天使”是维多利亚时期理想的中产阶级妇女形象，源于英国诗人考文彻·帕特默（Coventry Patmore）于19世纪中叶发表的长诗。参见 Coventry Patmore，“The angel in the house”，in Alison Twells（ed.），*British Women' s History：A Documentary History from the Enlightenment to World War I*，London：I. B. Tauris & Co Ltd.，2007，p. 32。

第七章
“上帝创造乡村，而人类创造城市”
——中产阶级的宗教信仰对郊区化的影响

“上帝创造乡村，而人类创造城市”。

——威廉·考柏：《任务》，1785 年

18 世纪是伦敦和整个英国政治、经济和文化迅速发展的时期，但同时也是社会道德、秩序以及思想混乱的时期。有学者写道：“18 世纪的英格兰，灵性和社会都处在极大的黑暗之中。然而从 18 世纪中期开始，信仰大复兴运动席卷了整个英国和美国。这一运动带来一场信仰和道德上的革命，促进了英格兰的迅速崛起。”① 这就是福音派复兴运动（the Evangelical Revival）。福音派对信仰和道德问题的关注，不仅在英国政治、经济和宗教领域产生了重要的影响，而且给伦敦社会各阶层——尤其是社会中上层的思想和观念带来了强烈的冲击，成为伦敦中产阶级从城市生活中退离的强大推力之一。

在英国中产阶级的形成过程中，各宗教派别在不同的程度上都曾经发挥过不同的作用，如非国教徒中的贵格派、长老派，等等。相较而言，18 世纪后期和 19 世纪前期，对中产阶级价值观念和生活方式影响最大的是福

① ［英］莱尔著：《英国复兴领袖传》，梁曙东等译，北京：华夏出版社，2007 年，第 1 页。

音派。G. M. 扬认为福音主义是“英国最强大的联结力”，对人们的思想和行为起着极为重要的作用[①]。F. M. L. 汤普森在讨论福音派思想时提到，“宗教是中产阶级生活方式的核心”，“中产阶级文化是通过福音派的道德革命和非国教徒更古老的清教传统相结合而形成的，福音主义……首要的是针对个人行为和家庭生活的一种教条和准则……它提供了适应整个中产阶级的标准行为模式，以便与那些粗鄙的下层阶级和轻佻的贵族阶级区别开来。”[②] 约翰·鲁尔在《英格兰的人民》一书中也指出，“福音派复兴所带来的宗教观念，为中产阶级提供了信仰体系”，而这种观念使商业活动中的贪婪欲望能够和基督徒价值观得以并存[③]。总体而言，18 世纪后期以来，福音主义逐渐成为英国社会生活中占主导的宗教思想，并成为“界定中产阶级的特征之一”[④]。

福音主义对中产阶级价值观和生活方式的影响，在伦敦这个城市当中表现得最为明显。原因主要在于：一方面，伦敦作为英国的政治、经济和文化中心，较早出现了一批有强大经济力量的中产阶级人士，他们普遍具有较高的知识水平，对社会的道德秩序比较关注，因此比较容易受到福音派思想的影响。另一方面，福音派对城市的道德堕落和异教倾向大加鞭挞，反对城市尤其是伦敦这个大都市中的各种娱乐活动，对伦敦富有商人、店主和专业人士形成了较大的冲击。此外，18 世纪后期大多数福音派宣传家都生活在伦敦或伦敦附近地区，他们所出版的道德宣传手册大多是在伦敦刊行，这使伦敦中产阶级更容易接触到福音派思想。因此，彼得·索罗尔德明确地指出，福音派的各种改革和宣传活动，“首先就是伦敦人对伦敦所承担的一项任务”，因为他们的“目标就是富有影响力的、强大

① G. M. Young, *Victorian England, Portrait of an Age*, London: Oxford University Press, 1936, p. 5.

② F. M. L. Thompson, *The Rise of Respectable Society: A Social History of Victorian Britain 1830 – 1900*, London: Fontana Press, 1988, p. 251, pp. 250 – 251.

③ John Rule, *Albion' s People: English Society, 1714 – 1815*, London and New York: Longman Group UK Ltd., 1992, p. 92.

④ Anne Stott, *Hannah More, the First Victorian*, Oxford: Oxford University Press, 2003, p. 333.

的观念形成者——伦敦”[①]。

由此，18 世纪后期以来福音派对伦敦及其他城市的排斥，对乡村田园的热爱，对家庭内精神生活的注重，以及对妇女在家庭道德中主导作用的强调，这些融合在一起成为一股强大的宗教精神力量，推动着伦敦中产阶级的郊区化进程。

第一节　信仰的缺失与福音派的复兴

“福音派”一词可以追溯到 16 世纪，最初是指某些天主教作家，他们希望更多地回归于《圣经》而不是中世纪后期教会的信仰和实践，由此掀起一场强调个人获得救赎和阅读《圣经》的灵性运动。早期研究这一运动的学者，使用了“福音传教”一词来指称这一运动。显然，这只是福音派的一种早期形式，与 18 世纪的福音派复兴有着完全不同的社会和文化内涵。

从广义上说，18 世纪福音派复兴运动包括欧洲大陆的虔敬派运动（the Pietist Movement）、英国的卫斯理宗运动（the Methodist Movement）[②]和北美的大觉醒运动（the Great Awakening），所有这些运动都强调以《圣经》为唯一的信仰基础，强调改宗的体验。从狭义上来说，福音派复兴运动更多的是指 18 世纪初在英国由约翰·卫斯理（John Wesley）所开创的一种新的宗教体验和宣传。英国福音派复兴运动可以分为两个时期，前期主要是以约翰·卫斯理为精神领袖，传教对象以下层民众为主；18 世纪中后期，以威廉·威尔伯福斯（William Wilberforce）为精神领袖，开始将宣传的对象转向社会中上层，对中上层的价值观念和生活方式产生了巨大的影响。正如塞利·密歇尔（Sally Mitchell）所说，18 世纪中叶“福音主义开始面向中产阶级甚至影响到上层阶级，并且成为他们表达价值观的宗教

① Peter Thorold, *The London Rich: The Creation of a Great City, from 1666 to the Present*, New York: St. Martin's Press, 1999, p. 232.

② 卫斯理宗（Methodist），又译循道宗、卫斯理公会、监理公会等。

媒介”[①]。正因如此，有一些学者狭义地将福音派界定为18世纪后期由威廉·威尔伯福斯等人掀起的一次针对社会中上层复兴宗教虔诚精神的运动[②]。本章主要探讨伦敦中产阶级的宗教信仰对郊区化的推动作用，因此将注意力更多地集中于18世纪后期和19世纪前期的福音派复兴运动。

福音派运动主要有两个活动中心：一个是剑桥大学，另一个是伦敦南部的克拉朋地区。前者是该派培养和训练专门的福音派牧师的地方，其影响主要限于教会内部人士；后者是福音派改革运动的总部，即所谓“克拉朋联盟”（Clapham Sect）的所在地，其影响力则扩大到世俗的中产阶级人士。相比较而言，对伦敦中产阶级价值观念和生活方式影响较大的，是以威尔伯福斯为首的克拉朋联盟。

18世纪英国福音派复兴运动有着深刻的政治、经济和思想背景。该世纪的英国正经历着一场由传统农业社会向现代工业社会转型的巨大变革，虽然全国大部分地区仍保留着传统农业经济的基础，但原工业化和工业化进程的开展对整个社会产生了巨大的冲击。旧的社会秩序遭到破坏，而新的价值体系和伦理规范又没有及时建立起来，整个社会笼罩在精神空虚之中。人们失去了对基督教的虔诚信仰：下层百姓倾向于被视为异教信仰和实践的“民间宗教”（folk religion）[③]，而上层社会则沉浸于享乐和放纵之中，把主日看作是一个狂欢而不是神圣的日子。1730年，孟德斯鸠在访问英国之后写道：“在英国没有宗教，如果有人提到宗教，人们就会开始发笑。”[④]1738年，贝克莱主教（George Berkeley）在《对大法官和权威人士的讲道》中描绘了英国当时的社会状况，指出宗教和道德几乎完全崩溃，

① Sally Mitchell (ed.), *Victorian Britain: An Encyclopedia*, New York and London: Garland Publishing, Inc., 1988, p. 273.

② 如哈罗德·帕金讨论宗教对阶级形成的意义时，认为卫斯理宗和福音派分别推动了工人阶级和中产阶级的形成，实际上把卫斯理宗和福音派看作两个不同的宗教教派。参见 Harold Perkin, *The Origins of Modern English Society*, London and New York: Routledge, 2002, pp. 196 - 201。

③ Herbert Schlossberg, *The Silent Revolution and the Making of Victorian England*, Columbus: Ohio State University Press, 2000, p. 15.

④ Elisabeth Jay (ed.), *The Evangelical and Oxford Movements*, Cambridge: Cambridge University Press, 1983, p. 1.

“我们的前景如此可怖，且各种症状每况愈下。”[①] 福音派领导人威尔伯福斯在日记中写道，他每天接触到许多议员、受过良好教育的人以及其他拥有财产和地位的人，这些人完全忽略自己曾经宣誓的宗教信仰。正是出于对这种宗教信仰缺失状况的忧心，威尔伯福斯才撰写书籍并在议会同僚中极力宣传宗教福音[②]。

基督教信仰的缺失，一个原因在于18世纪理性主义的盛行，导致大多数人——尤其是社会中上层的宗教情感淡漠，宗教生活成为一种摆设和装饰；另一方面则在于英国国教内部的腐败和世俗化，许多教职人员争相攫取财富和权力，却又没有承担起精神教化的责任。这些因素导致不论是上层贵族还是下层百姓都缺失信仰。这种宗教和道德的衰败，即赫伯特·斯洛斯伯格（Herbert Schlossberg）所谓的“乔治时期的道德滑坡”[③]，导致了社会、经济和政治上的骚动以及赌博投机活动的风行，如1720年南海泡沫事件[④]及杜松子酒危机[⑤]。这更加促使一些知识分子试图通过对宗教伦理的重建来恢复社会秩序的规范。此外，美国独立战争中英国失败所带来的挫折感，法国无神论所带来的焦虑和恐惧，都是福音派复兴的重要原因。当时的人们处于一种窘境：一方面，英国社会的各种危机要求建立起能够为人们提供精神指南的宗教信仰，另一方面，既存的国教却陷于世俗追求和

① George Berkeley, *Discourse Addressed to Magistrates and Men in Authority*, Dublin: Sold by J. Roberts, 1738, p. 31.

② John S. Harford, *Recollections of William Wilberforce Esq*, London: Longman, Green, 1865, p. 103.

③ Herbert Schlossberg, *The Silent Revolution and the Making of Victorian England*, Columbus: Ohio State University Press, 2000, p. 13.

④ 南海泡沫事件（South Sea Bubble）是1720年爆发的一次导致大批英格兰投资者破产的投机狂热。是年，英国议会通过南海公司（the South Sea Company）的一项提案，由该公司接收所有英国国债，导致该公司股票迅速上涨，股价从一月的128.5镑飙升至十月的1，000多镑。之后股价狂跌，到十二月时跌至124镑，并导致其他股票股价下滑。这一事件使无数购买股票的人倾家荡产，严重冲击了英国的社会和经济秩序。

⑤ 杜松子酒（Gin）是一种含酒精量极高且价格低廉的酒类。18世纪时由于社会道德水平下降，许多人精神空虚逃避现实，导致英国社会尤其是伦敦出现了对杜松子酒的狂热，即“Gin Mania”。杜松子酒危机导致许多人因酗酒而死亡，且生育率下降，由此给社会带来严重危机。

管理腐败之中。最终，以卫斯理为首的一批虔诚信仰者倡导积极传教和内在自省，推动了福音主义的复兴运动。

福音主义并不是无本之木、无源之水，在宗教理论层面上，一些重要的思想都为其做了充分的准备，例如 17 世纪时兴起于德国的虔敬主义（Pietism）[①] 和英国的清教主义（Puritanism）等，尤其是后者对福音派复兴运动起到了重大影响。因此，福音派大部分的宗教信条都可以在清教主义中找到，例如人类的罪性、基督的代死、信徒的救赎等[②]。阿利斯特·麦格拉斯指出，"事实上，有绝佳的理由认定，英国 18 世纪的福音派复兴是直接建立在上一个世纪的清教徒运动的基础之上的。"[③] 在西利·密切尔（Sally Mitchell）主编的《维多利亚时期的不列颠：百科全书》一书中，学者们对福音派运动和清教主义的关系进行了概括，认为"福音主义的根源在于 17 世纪的清教主义，而它的复兴则是对清教主义冷漠的、说教的理性论的一种反动，并在 18 世纪取而代之"[④]。也就是说，清教主义和福音主义在宗教理论上基本一致，但前者更多地诉诸规范的强制性教条和机构，后者则更注重个人的内心感受和改宗体验。

18 世纪前期的福音派复兴运动是以卫斯理等人向社会下层的传教为主要活动内容，到后期则出现一批福音派政治家、道德家和作家，他们将宣传对象更多地集中于社会中上层，对伦敦中产阶级的宗教信仰、道德意识和生活方式起到了重要影响。尤其是在伦敦的"克拉朋联盟"，围绕着威

① 虔敬主义是 17 世纪兴起于德国路德宗内部的宗教改革运动。它起源于路德教牧师所组织的"虔敬会"，他们定期举办教徒聚会，进行《圣经》阅读活动和精神交流，鼓励教徒广泛参与圣事，注重虔诚和学识。

② 关于 18 世纪后期福音派的宗教教义，参见 W. R. Ward, "The Evangelical Revival in Eighteenth - Century Britain", in Sheridan Gilley and W. J. Sheils (eds.), *A history of Religion in Britain: Practice and Belief from Pre - Roman Times to the Present*, Oxford: Basil Blackwell Ltd., 1994, pp. 252 - 272。

③ [英] 阿利斯特·麦格拉斯著：《福音派与基督教的未来》，董江阳译，北京：中央编译出版社，2004 年，第 10 页。

④ Sally Mitchell (ed.), *Victorian Britain: An Encyclopedia*, New York and London: Garland Publishing, Inc., 1988, p. 273.

尔伯福斯而聚集的一批福音派教徒，强调严格的道德和行为规范，注重《圣经》阅读和家庭祈祷，对于后来维多利亚时代英国人价值观的形成影响深远。罗伯特·费什曼认为：“我们今天所谓的维多利亚主义这种价值观念的总和，实际上起源于18世纪后期，而福音派正是创造这种价值观念的最有影响的群体。”① 正因如此，学者们直接称以威尔伯福斯为首的福音派为“维多利亚人的父亲”②，强调他们为维多利亚时代人们提供了强大的道德基础。

威尔伯福斯把自己视作在危机时期上帝派往人间的道德使者，1787年他在日记中写道：“万能的主将两个伟大的任务摆在我面前，一是废除奴隶贸易，一是改造礼仪（Reformation of Manners）。”③ 他所谓的改造礼仪实际上是指对道德观念和生活方式的改造。许多人都大加赞扬福音派为废奴运动所进行的长期而顽强的斗争，但对于他们的礼仪改造运动则关注较少。实际上，无论是废奴运动还是礼仪改造运动，都是18世纪后期到19世纪福音派社会运动的重要方面：对奴隶贸易的反对源于他们对人类内心道德的焦虑，对道德礼仪的关注则导致他们要求废除血腥奴隶贸易。两者都是英国所面临的迫切需要解决的问题。

福音派将道德改造和中产阶级新的家庭理想联系起来，因此罗伯特·费什曼称福音派是“封闭的核心家庭”的理想主义者④。福音派宣扬，个人获得救赎最可靠的途径是拥有一个充满美德的基督教家庭，而对家庭道德产生最大威胁的敌人就是城市。因此，福音派提出改造礼仪，认为城市生活的许多方面如剧院和游乐园中的活动、女性对社交生活的热衷等，都

① Robert Fishman, *Bourgeois Utopias: The Rise and Fall of Suburbia*, New York: Basic Books, Inc., 1987, p. 35.

② Ford K. Brown, *Fathers of the Victorians: The Age of Wilberforce*, Cambridge: Cambridge University Press, 1961.

③ Robert Isaac Wilberforce and Samuel Wilberforce, *The Life of William Wilberforce* (*Vol. I*), London: John Murray, 1838, p. 149.

④ Robert Fishman, *Bourgeois Utopias: The Rise and Fall of Suburbia*, New York: Basic Books, Inc., 1987, p. 34.

会给人们的道德带来极其恶劣的影响。福音派抨击城市生活的道德败坏，提倡回到大自然、回归家庭，并强调妇女应该与堕落的城市隔离开来，专心于家庭的道德培养。下文将具体分析福音派关于城市、家庭和妇女的思想，以及这些思想对于伦敦郊区化的推动作用。

第二节　福音派的相关思想

18 世纪后期，英国出现了许多杰出的福音派思想家、政治家和作家，他们的宗教信仰和实践对于推动伦敦中产阶级向郊区的迁移都起到了重要的作用。本书选择两位较有代表性的人物加以论述：一位是汉娜·莫尔，她对上流社会提出的各种道德要求，成为中产阶级行为规范的重要标志，也成为后来“维多利亚主义”价值观的基础之一；另一位是威廉·考柏(William Cowper)，他在大量诗篇中描写了大自然的优美风光和乡村的日常生活，以及乡村相较于城市所具有的道德优越性。

汉娜·莫尔是 18 世纪后期著名的福音派活动家、作家、教育家，同时也是一位政治宣传家。她在法国大革命爆发后发表的政治宣传册子《乡村政治：一位乡下木匠威尔·彻普献给大不列颠技工、学徒和短工的手册》[①]中，阐述了她的保守主义政治思想，驳斥了托马斯·潘恩（Thomas Paine）在《人权论》中提出的观点。莫尔更重要的影响在于她的宗教思想，表现在她所著的大量行为指南书籍当中，例如 1788 年出版的《关于上流人士的行为举止对整个社会重要性的思考》[②]、1791 年出版的《关于上流社会

① Hannah More, *Village Politics Addressed to all the Mechanics*, *Journeymen and Day Labourers in Great Britain*, *by Will Chip*, *a Country Carpenter*, London：Printed for and Sold by F. and C. Rivington, 1792.

② Hannah More, *Thoughts on the Importance of the Manners of the Great to General Society*, London：Printed for T. Cadell, 1788.

宗教的评论》[①] 和1799年出版的《对当前妇女教育体系的批评》[②] 等。在这些著作当中，汉娜·莫尔试图通过改善社会中那些有影响力的富人的礼仪和习惯，来推动整个社会的进步。正如她所说，她的书不是写给那些“有着杰出道德的人，也不是写给穷凶极恶的恶棍”看的，而是写给社会中上阶层看的[③]。如果说卫斯理宗的影响主要及于劳动大众，那么18世纪80年代以后福音派复兴的宣传重点主要在于中产阶级，而在对中产阶级的宗教宣传方面，莫尔是作品最多的，可能也是最有影响的一位作家。

1745年，汉娜·莫尔生于格洛斯特郡的一个贫寒家庭，父亲是一位家道中落的学校教师。莫尔于1774年来到伦敦，很快就因其渊博知识和写作才能而成为大文豪塞缪尔·约翰逊、政治家兼作家爱德蒙·伯克，以及当时著名的剧作家兼经理人戴维·加里克（David Garrick）的好友。莫尔创作了大量剧本，尤其是她创作的《佩西》（Percy）是当时最为成功的悲剧，因此她被誉为“大不列颠九位活着的缪斯”之一[④]。在结识威尔伯福斯之后，莫尔改宗福音派，从此成为坚定的福音派宣传者、宗教作家以及道德家。她曲折的经历——从一位大受好评的剧作家到一位反对各种娱乐的虔诚福音派教徒，也在某种程度上反映了当时中产阶级上层的宗教和价值观转向。正如安妮·斯托特（Anne Stott）所说，莫尔“生命的两部分——她的改宗所划分的两部分——标志着一个动荡时代的转变，即从18世纪相对松散的文化到19世纪更严肃的道德主义的转变”[⑤]。

1788年，莫尔出版了她第一本关于道德改革的行为指导书——《关于上流人士的行为礼仪对整个社会重要性的思考》。该书在出版后的3个月

---

① Hannah More, *An Estimate of the Religion of the Fashionable World*, London: Printed for T. Cadell, 1791.

② Hannah More, *Strictures on the Modern System of Female Education* (*Vol. I – II*), London: Printed for T. Cadell, 1799.

③ Hannah More, *Thoughts on the Importance of the Manners of the Great to General Society*, London: Printed for T. Cadell, 1788, p. 3.

④ Anne Stott, *Hannah More, the First Victorian*, Oxford: Oxford University Press, 2003, p. vii.

⑤ Anne Stott, *Hannah More, the First Victorian*, Oxford: Oxford University Press, 2003, p. 333.

之内连续再版了7次，在社会上产生了巨大的反响。在这本书中，莫尔首先批评了那些道貌岸然的人，他们在“背信弃义的安全”和“致命的懒惰闲散”中享受着舒适生活①，为此他们不惜打破主日祈祷的神圣习惯，去参加音乐会，到公园中游玩，这些都是他们宗教信仰缺失的外在表现。富人们过着放荡的生活，未能意识到他们对于社会下层所负有的责任，他们错误地认为穷人不会意识到许多针对穷人的规定是不公平的。然而，“当那些普通民众在主日晚上被禁止到酒馆和游乐场中去玩乐，却又听到上层社会家庭的许多住宅中笑语喧天，他们难道不会想到这是不公平的吗?”因此，“改造必须从上流人士开始，否则它将永远不会有效果……在富人腐败堕落时希望改造穷人的道德，就像是当源头已经被污染却将香料投入溪流下游一样。”②

那么道德改革应该从什么方面着手呢？1791年，莫尔出版了自己第二本行为指导书《关于上流社会宗教的评论》。该书甫一出版也迅速售罄，到1793年已经出现了5个版本。在莫尔看来，放荡、奢侈和虚伪是一种社会和精神疾病的症状，是一种比直接的怀疑论更加危险的“事实上的反宗教”(practical irreligion)；这种疾病会传播给社会下层，影响“仆佣和下等人”，并且导致犯罪率的上升。相比之下，真正的基督教不是一种外在的表现，而是“一种性格，一种习惯，一种天性……一种全身心向上帝的转向；是灵魂中所有力量和感情向一个定点的集中，是始终如一服务于上帝的愿望”③。这本书主张守时、努力工作、时间感以及诚实这些美德，而所有这些更多的是一个勤奋努力的中产阶级而不是有闲阶级的特征。

但另一方面，莫尔对女性的地位和作用则提出了不同的看法。她试图在女性的家庭私人领域和男性的公共领域之间划分界限，将妇女限定在家

① Hannah More, *Thoughts on the Importance of the Manners of the Great to General Society*, London: Printed for T. Cadell, 1788, p. 5.

② Hannah More, *Thoughts on the Importance of the Manners of the Great to General Society*, London: Printed for T. Cadell, 1788, pp. 119－120, p. 116.

③ Hannah More, *An Estimate of the Religion of the Fashionable World*, London: Printed for T. Cadell, 1791, p. 19, p. 20, p. 58.

庭领域当中。她谴责那些“大胆无耻且不受约束的美女，勇猛无畏的女性，粗野的丫头，女猎手和调皮淘气的女孩”，要求妇女不要成为“女战士”或“女政治家”：“我几乎难以判断两者当中哪一个是更为令人厌恶的或更违反自然的人。”① 那么，女性应该做什么呢？在《对当前妇女教育体系的批评》中，莫尔提出通过正确的教育，使女性具备创造“家庭温馨”的技术，这样才能在家里取悦于她们的丈夫，使这些男性尽情享受家庭温馨而不是到外部世界寻求刺激。莫尔建议妇女通过“一种上帝慈爱地植于我们之中的完全不同的热情，我指的是，激发男性对于家庭温馨的爱”，努力战胜男性对于外界的热情。一旦妻子成功地在“一个有道德的家庭当中”塑造出“这种近乎神圣的宁静氛围”，那么丈夫的心灵“将对这种有趣的家庭场景与乏味的公共场所娱乐加以比较，最后飞向自己的家……不是出于责任而是出于愉悦。”莫尔在论述女性教育和生活方式时，表现出对伦敦城市的不满，她认为一个称职的母亲应该使孩子尤其是女儿远离伦敦城市，因为“在伦敦的整个住宅当中，她的女孩们都不会有半刻功夫静下心来阅读”②。

在1808年发表的小说《卡莱布斯寻妻记》③ 中，莫尔进一步论述道，如果女性要完成这种天赋的家庭使命，她们就必须远离城市尤其是伦敦这个大都市的罪恶。卡莱布斯是一位接受了福音派教义的年轻男子，试图寻找到一位道德高尚的女性为妻。他原本认为在首都一定能找到这样的女性，于是首先来到繁华的伦敦。但是，卡莱布斯在那里所接触到的年轻妇女都是思想空洞、举止轻佻，毫无道德信仰可言之人，而且在这个大都市中充斥着奢侈放荡的行为，这对他虔诚的宗教信仰形成了强烈的冲击。最后他逃离这个罪恶深渊，回到乡下，最终在那里找到了有着虔诚信仰、温

① Hannah More, *Strictures on the Modern System of Female Education* (*Vol. I*), London: Printed for T. Cadell, 1799, p. 68, p. 6.

② Hannah More, *Strictures on the Modern System of Female Education* (*Vol. II*), London: Printed for T. Cadell, 1799, pp. 169 – 170, pp. 191 – 192, p. 73.

③ Hannah More, *Coelebs in Search of a Wife: Comprehending Observations on Domestic Habits and Manners, Religion and Morals*, London: Printed for T. Cadell and W. Davies, 1808.

柔性情的女性为妻。该小说在出版后的 6 个月中就迅速再版 10 次，先后被翻译成法语、德语，在莫尔有生之年在美国则发行了 30 个版本[①]，由此可见该书在中产阶级读者中影响之大。

从莫尔所著的这些书籍当中，我们可以看到，她的思想对伦敦的郊区化产生了重要的宗教道德推动力：首先，上层社会道德败坏，因而影响了社会下层，带来了社会动乱；其次，要改造道德，必须服膺真正的基督教，虔诚信主，对于男性来说就是勤奋工作，抛弃奢侈和放荡的生活，对于女性来说则是将家庭营造成温馨而虔诚的世外桃源；最后，为了实现这一目标，女性和家庭都应该远离城市的罪恶，尤其是伦敦这个充满堕落腐败的城市更应该被隔绝在家庭之外。也就是说，在莫尔看来，家庭依赖于城市，但又应该远离城市，男性要通过在城市中的勤奋工作来表达对上帝的虔诚，女性要远离城市的各种罪恶来维护道德和宗教信仰。这样，在莫尔的影响下，伦敦众多中产阶级人士在对道德生活的追求中就更倾向于郊区生活。莫尔被称为"'维多利亚主义'的母亲，新时代的助产士之一"[②]，她推动了福音派思想的传播，促进了女性慈善运动的发展，而她对宗教道德的推崇，对女性地位的论述以及对伦敦城市的批判，也加强了伦敦中产阶级逃离城市、向郊区迁移的愿望。

如果说汉娜·莫尔更多的是通过对道德改革的强调而引发人们对郊区的向往，那么威廉·考柏则更多的是通过对乡村生活的赞美而加强了伦敦中产阶级向郊区迁移的愿望。严格说起来，世界文学史上从来都不乏对乡村自然风光的讴歌，但是，在 18 世纪的英国，这种怀旧情绪更加强烈。原因在于从 15 世纪开始剥夺农民土地的圈地运动到 18 世纪已经基本结束，成千上万的农民失去了祖辈耕种的土地，流离失所，沦为城市雇工或者流浪汉。这体现在文学领域，就是出现了以自然和情感为主题的感伤主义诗歌，如诗人亚历山大·蒲柏（Alexander Pope）就曾创作了大量田园诗歌。

---

① Anne Stott, *Hannah More, the First Victorian*, Oxford: Oxford University Press, 2003, p. 277.

② Anne Stott, *Hannah More, the First Victorian*, Oxford: Oxford University Press, 2003, p. 333.

威廉·考柏也是乡村田园诗人中的重要代表，他的成功不仅在于他对自然风光和乡村生活的赞美，对城市尤其是对伦敦表现出极大的排斥和厌恶，更重要的是他作为一名福音派诗人，将城市和乡村的对立直接与天堂和地狱的对立相类比，将乡村生活看作是上帝所创造的、最道德的生活方式，因此为人们对乡村的青睐提供了强大的宗教精神动力。

1731 年，威廉·考柏出生于伦敦北边的赫特福德郡一个牧师家庭，自幼多愁善感。在经受幼年丧母和恋爱受阻等打击之后，他几乎在一生的大部分时间中都饱受精神抑郁症的折磨。在几次自杀未遂后，考柏迁入一所乡村寓所居住，开始服膺福音主义，对园艺和乡村生活产生了浓厚的兴趣。1779 年，考柏与福音派牧师约翰·牛顿（John Newton）共同创作了《阿尼颂诗》，歌颂了乡村生活的宁静与乐趣。1785 年，他发表了代表作《任务》，在这首长达六卷的无韵体诗中描写了伦敦的日常生活和乡村的环境，集中体现了当时福音派对于城市和乡村的种种看法。

《任务》出版之后，很快受到整个英国社会的瞩目，立即获得了巨大的成功，在 1800 年考柏去世时已经出版了第 10 版[①]。考柏平实率真的写作风格，对自然的热爱与真实体验，深刻地影响了第一代浪漫主义诗人如济慈（John Keats）、拜伦（George Gordon Byron）和雪莱（Percy Bysshe Shelley）等人[②]。考柏一开始只是应人之邀以房间里的一张沙发为题写一首诗[③]，但他从沙发的发明转而描写他的日常生活和周围环境，表达了他对福音主义的虔诚信仰，这最终形成六卷本、近五千行诗句的《任务》。在《任务》当中，考柏从小木凳、扶手椅写到沙发，通过这些家具的发展论述了人类的发展历程：从野蛮和不开化到适度的装饰，最后发展到奢侈

① Vincent Newey, *Cowper' s Poetry: A Critical Study and Reassessment*, Liverpool: Liverpool University Press, 1982, p. 1.

② 关于考柏对浪漫主义运动的影响，参见 Vincent Newey, *Cowper' s Poetry: A Critical Study and Reassessment*, Liverpool: Liverpool University Press, 1982, pp. 5 – 6。

③ 考柏曾向一位夫人抱怨说找不到写作无韵诗歌的合适题材，这位夫人开玩笑地建议考柏以客厅中的沙发为题材进行写作，这就是《任务》一诗的创作由来。参见 William Norris Free, *William Cowper*, New York: Twayne Publishers, Inc., 1970, p. 101。

享受。因此，在考柏的诗歌中，沙发成为文明和奢侈的象征，而它所提供的舒适懒散实际上也就是个人和社会腐败堕落的一个缩影。由于肉体享受的舒适生活，人们渐渐忽略了自己的责任，沉溺于享乐安逸，最终滋生出社会的堕落。

在这首长诗中，考柏用优美的笔触描绘了大自然的美丽风光：宁静的乡间小道，绿油油的草地，竞相开放的鲜花。在最后三卷中，考柏详细描绘了冬季清晨在屋外散步感受到的清新空气，以及晚上在房间火炉旁安静阅读所享受到的无限乐趣。他对自然风景的细致描述得到后来许多文学评论家的赞扬，他们认为考柏"诗中最有华彩的部分是对大自然的描写与歌颂"[①]。实际上，考柏对乡村的赞美并不仅仅因为这里秀丽的风景，更多的是由于他认识到，只有在自然以及最能表现自然的乡村当中才能够产生真正的美德。他颂扬美德："世界上唯一不会凋谢的花/就是美德。"但是美德只有在大自然和乡村生活中才能找到，因为"这里美德生长，有最适合的土壤/没有野蛮和粗暴，也没有纷闹吵嚷的困扰"[②]。

与此形成鲜明对比的是，考柏把城市尤其是伦敦当作上流社会贪图享乐和骄奢淫逸的化身而大加鞭挞。一方面，他认为伦敦的城市环境不健康不卫生，"那里没有健康的空气，虽然有不散发香气的/玫瑰，但没有明亮的太阳/没有郁郁葱葱的小树林，来隔绝/嘈杂的噪音，没有怡人的宁静/人们却选择城市中的烟雾/以及伦敦火山所带来的毁灭"。而更重要的是，考柏批判了伦敦城市中的道德败坏："伦敦，它的时尚和财富宣称/这是世界上最美好的城市/而它的混乱嚣闹和奢侈无度，则表明这是世界上最坏最可怕的城市。"在他看来，伦敦充斥着野心、贪婪，无休止的骚乱，享乐的欲望，使人与人之间就像狼与狼之间那样，为了权力和财富争斗不已，最终这个城市吞噬了所有善良的人们。因此，考柏在对乡村和城市进行比较之后得出了结论，即他名传后世的诗句："上帝创造乡村，而人类

① 侯维瑞主编：《英国文学通史》，上海：上海外语教学出版社，1999年，第264页。
② William Cowper, *The Task, a Poem in Six Books*, London: Printed for J. Johnson, 1785, p. 105, p. 32.

创造城市。”①

在《任务》一诗中，考柏对家庭生活尤其是在乡村环境中家庭生活的理想状态倍加推崇。他颂扬道：“家庭中的幸福，只有你/使天堂免于堕落！……你带来了美德！”而这种理想家庭生活只有在乡村生活中才能得以实现，“有助于人类美好追求的/有助于思想、美德和安宁的/只有乡村中的家庭生活！”②

在考柏这里，个人的自我救赎与乡村生活之间有一种独一无二的融合③。通过这一融合，考柏所赞颂的宁静乡村生活，超越了纯粹的对美景和健康的追求，而上升到一种宗教理想生活的精神高度。这种理想，在拜伦所说的“一个对于考柏写作来说非常幸运的时代”④中，影响了众多中产阶级上层人士。因为在这个福音派复兴的浪潮席卷而来、人们对于灵魂救赎的宗教热情正处在顶峰的时代，追求纯洁的乡村生活引起了无数人——尤其是中产阶级上层的共鸣。他们追求健康的环境、优美的风光和内心精神的平静，而抛弃伦敦城市的腐败堕落，因此他们深深被考柏所描绘的形象吸引。他们希望像考柏所说的那样，从城市中退离出来，“虽然并不能使有罪的人恢复/他所丧失的纯洁，或者完全取缔罪恶/但是它能带来平静，在很大程度上使心灵/免于罪恶的侵袭/建立起信仰的栅栏，不被享受欲望所跨越”⑤。上述思想为服膺福音主义的中产阶级上层提供了向郊区迁移、在乡村和城市生活中找到一个平衡点的精神动力。

① William Cowper, *The Task, a Poem in Six Books*, London: Printed for J. Johnson, 1785, p. 128, p. 37, p. 39.

② William Cowper, *The Task, a Poem in Six Books*, London: Printed for J. Johnson, 1785, p. 93, p. 106.

③ William Norris Free, *William Cowper*, New York: Twayne Publishers, Inc., 1970, p. 105.

④ J. W. Lake (ed.), *The Complete Works of Lord Byron: With a Biographical and Critical Notice*, Paris: Published by Baudry, 1825, p. 498.

⑤ William Cowper, *The Task, a Poem in Six Books*, London: Printed for J. Johnson, 1785, p. 125.

第三节　福音派思想对伦敦郊区化的推动

艾伯特·苏（Albert Y. Hsu）在著作《郊区的基督徒》中开宗明义地指出“郊区生活是一种灵性的追求（a spiritual quest）”①，并强调18世纪后期英国郊区的发展恰恰得益于以威尔伯福斯为首的福音派活动家，他们不仅身体力行，自己居住在伦敦郊区，还呼吁一大批福音主义的信徒采取郊区生活方式②。罗伯特·班克斯（Robert Banks）甚至直接声称：“实际上，郊区显然是福音派的创造物！”③ 这种说法略嫌夸张，过于强调宗教信仰而忽略了社会经济在郊区化进程中的作用，但福音派对中产阶级郊区化运动起着重要的道德精神推动作用，则是无可否认的。

那么，这种推动作用是从哪些方面表现出来的呢？接下来我们分析福音派教徒的思想如何在伦敦中产阶级的信仰中点燃了郊区生活的热情。上文对汉娜·莫尔和威廉·考柏的思想进行了较为详细的论述，接下来我们再简要介绍威尔伯福斯的思想。通过分析这三位著名的福音派人士的思想，我们可以得到18世纪后期福音派关于城市、乡村和家庭比较全面的看法，并由此分析这些看法对伦敦郊区化产生的影响。

1759年，威尔伯福斯生于约克郡一个富有的商人家庭，后来在1785年游历欧洲大陆时阅读了福音派宗教著作，此后即改宗，并将自己作为议员的政治生涯看作是对上帝最虔诚的服务。威尔伯福斯于1797年出版了一本著作，将英国上流社会和中产阶级中公开的基督徒与真正的基督徒的宗

① 本书在这里将“a spiritual quest”翻译成“灵性的追求”而不是“精神的追求”，因为作者在该书中强调郊区生活和基督教精神之间的密切关联，用“灵性”一词更能表现其宗教色彩；此外，作者在接下来又写道：“郊区生活是一种灵性的追求或朝圣之旅（pilgrimage）”，因此翻译成“灵性的追求”更为恰当。参见 Albert Y. Hsu, *The Suburban Christian: Finding Spiritual Vitality in the Land of Plenty*, Downers Grove: InterVarsity Press, 2006, p. 9。

② Albert Y. Hsu, *The Suburban Christian: Finding Spiritual Vitality in the Land of Plenty*, Downers Grove: InterVarsity Press, 2006, pp. 52 - 53.

③ Albert Y. Hsu, *The Suburban Christian: Finding Spiritual Vitality in the Land of Plenty*, Downers Grove: InterVarsity Press, 2006, p. 53.

教思想和实际行为进行对比考察①。起初出版商担心销路不好，只印制了500册，却在几天之内迅速售罄，接着在6个月中又印制售出了7，500册，到1826年在英国发行了15版，在美国发行了25版，并且翻译成法语、丹麦语、意大利语、西班牙语和德语等各种版本②。威尔伯福斯的基本观点明白无误地表现在这本书的书名中：大不列颠所流行的宗教并不是真正的基督教。他是从道德的角度得到这一结论，因为自称为基督徒的人在行为举止上与那些不信教者并无二致。他批评上层社会松散的道德观，认为在英国罪恶是如此猖獗，只有真正的宗教才能够带来希望。威尔伯福斯将这本书题献给上层社会那些有财产和地位的人，因为他们的不道德行为导致下层人民竞相模仿，因此整个国家的道德改造应该从他们开始。

那么，这种道德改造如何开始呢？1787年，威尔伯福斯在一封信中写道：光顾戏院是“最为有害的”，是“对上帝旨意最直接的违背”，因此社会中上层应该远离戏院。至于“舞会、音乐会、打牌”等等，“都是不应该享受的娱乐，而是应该克服的诱惑”③。威尔伯福斯还提出要关闭酒馆、舞厅、游乐园等城市娱乐场所。当然，他自己也意识到完全实现这一要求是不现实的，因此提出如果不能关闭的话至少要在主日时加以禁止。从威尔伯福斯的这些主张我们可以看出，他攻击的主要是城市当中的奢侈生活和各种享乐活动，正如罗伯特·费什曼所说的，“威尔伯福斯的‘道德改造’从本质上来说就是对所有城市娱乐的一次总攻击”，他的敌人就是城市④。

从莫尔、考柏以及威尔伯福斯这三位福音派教徒的思想中，我们可以

---

① William Wilberforce, *A Practical View of the Prevailing Religious System of Professed Christians, in the Higher and Middle Classes in This Country, Contrasted with Real Christianity*, London: T. Cadell, Jun. and W. Davies, 1797.

② Herbert Schlossberg, *The Silent Revolution and the Making of Victorian England*, Columbus: Ohio State University Press, 2000, pp. 53 – 54.

③ Robert Isaac Wilberforce and Samuel Wilberforce (eds.), *The Correspondence of William Wilberforce (vol. I)*, London: Murray, 1840, p. 44, p. 45.

④ Robert Fishman, *Bourgeois Utopias: The Rise and Fall of Suburbia*, New York: Basic Books, Inc., 1987, p. 35.

归纳出他们对城市、乡村和家庭的大体看法：

首先，他们对于城市尤其是伦敦都持排斥的态度，他们都认为这里是罪恶和奢侈生活的渊源，伦敦的各种娱乐活动只会导致人们的堕落，使人们远离上帝的指引。他们都以不同的形式表现了对于伦敦城市的厌恶：作为一名议员，威尔伯福斯在改宗福音派后立刻放弃了他在伦敦所有俱乐部的会员资格；作为一名原本深受欢迎的畅销剧作家，莫尔抛弃了在伦敦的繁华前景，转而宣传宗教道德；而考柏则直接避居伦敦城外的乡村过着宁静的生活。

其次，他们对于乡村都大加赞赏和推崇。尤其是考柏，他作为一名田园诗人，不仅对乡村的优美环境做了细致的描述，而且强调只有在乡村的宁静生活中，才能够产生出真正的基督教美德。莫尔和威尔伯福斯对乡村的描述较少，但他们都在伦敦周围的乡村购买了住宅，逃避城市的喧嚣和堕落。

最后，这三位福音派人士都对家庭和妇女做了比较详细的论述。他们认为家庭是基督教美德的滋生地，获得救赎最有效的方法就是拥有一个真正的基督徒家庭以及由此带来的种种益处。因此，任何能够加强家庭内部情感联系的东西都是神圣的，而任何会削弱家庭道德功能的东西都是有害的。如何实现家庭这种道德功能？福音派将希望寄托于中产阶级家庭中的女性。

福音派对女性的态度有一定的矛盾：一方面，福音派颠覆了中世纪以来那种妇女感性胜于理智、更容易犯罪的看法，认为在本性上女性比男性更倾向于宗教，因此他们给予妇女以价值体系中最高的地位，即家庭道德的创建者和监管者；另一方面，他们又强调女性在经济、政治以及人身方面的从属地位，极力反对妇女在家庭领域之外的所有活动。男性的工作必然会使他们更容易接触到城市的罪恶，而妇女则能够并且必须远离这些诱惑，将自己局限在家庭中，献身于上帝赋予她们的职能：教导孩子，以及在情感上和宗教上支持她们的丈夫。这样，当丈夫回到家中，如果因为世俗事务而感到疲倦和烦躁，妻子就能够以一种远离俗世的温柔和虔诚，来重新唤醒丈夫原本麻木的宗教热情。也就是说，福音派强调女性应该远离城市诱惑，远离经济事务和社交世界，以保持她们高贵的本性。

福音派关于城市、乡村和家庭的观点为伦敦中产阶级提供了一种理想，但这种理想却与18世纪的伦敦城市充满了冲突。罗伯特·费什曼对此做了生动的描述：“汉娜·莫尔所说的‘一个有道德的家庭中神圣的宁静氛围’，会被前厅中顾客的讨价还价声所打断，会被楼上学徒粗俗的言语所打断，会被角落处酒馆中的嬉戏所打断，会被隔壁作坊里帮工锤击声所打断；尤其是处在戏院和舞厅包围之中的家庭，情况则会更糟。”① 于是，福音派人士的理想和城市生活的现实，为中产阶级迁移郊区提供了最后的推动力。在中产阶级看来，城市不仅是拥挤、脏乱和不卫生的，而且也是不道德的。要使自己获得救赎，只有将家庭这个神圣的世界与充满诱惑的世俗都市隔离开来。但是这种隔离又不能损害男性对经济活动的参与，因为认真工作和获得成功也是福音派所提倡的美德；而且，贸易活动也要求商人与各种市场信息保持密切联系，在伦敦从事经济活动。这就是中产阶级面临的问题：如何在从事城市工作的同时，保持家庭生活的道德纯洁性？郊区，成为这一问题的最佳答案。

第四节　以克拉朋郊区为例：俗世中的天堂

在分析了福音派关于城市、乡村和家庭的观点后，我们有必要以18世纪后期福音派所创建的伦敦郊区即克拉朋郊区为例，来具体探讨他们是如何在俗世中创造出心目中的天堂的。

克拉朋位于泰晤士河畔，地处今天大伦敦区内的兰巴斯和温兹沃斯（Wandsworth）地区。早在1690年，伦敦就已经有驿站马车可直达该地，因为当时这里已经修建了一些精致的住宅。作家塞缪尔·佩皮斯（Samuel

① Robert Fishman, *Bourgeois Utopias: The Rise and Fall of Suburbia*, New York: Basic Books, Inc., 1987, p. 38.

Pepys）就曾经居住在克拉朋“一所非常豪华的住宅中”，“在这里尽情地享受着他的努力所带来的成功和欢乐。”① 1760 年，这里的沼泽地被排干，成为“克拉朋公地”（Clapham Common）。18 世纪 90 年代，伦敦最富有的银行家之一、虔诚的福音派教徒亨利·桑顿（Henry Thornton）迁居克拉朋，并在附近修建了一所大宅子给威尔伯福斯居住。在他们之后，陆陆续续有一些具有同样政治信仰和宗教信仰的人到此定居，包括扎卡里·马考莱（Zachary Macaulay）、詹姆斯·斯蒂芬（James Stephen）、托马斯·克拉克森（Thomas Clarkson）和格兰维尔·夏普（Granville Sharp）等，这些人为废除奴隶制、改造礼仪等事业而奔走呼号，因而被称为福音派“圣徒”，他们大多居住于克拉朋郊区，故又被称为“克拉朋联盟”②。因此，彼得·索罗尔德指出：“从 18 世纪末到 19 世纪，‘克拉朋’一词并不仅仅意味着这个地区本身，它还意味着一种道德的和思想的态度。”③ 通过分析克拉朋联盟的活动，我们可以看到 18 世纪后期以来中产阶级人士如何在城市中从事政治和经济活动的同时，又努力在乡村维持一个不受城市堕落影响的私人家庭空间和信仰空间，最终对伦敦郊区化进程起到了重要的推动作用。

由于这些“圣徒”大多数在伦敦市区还保留着住宅以作商业贸易和政治活动之用，要指出他们真正以乡村住宅为主要家庭住所的确切时刻是有困难的，不过费什曼通过对他们的日记、信件和其他保存下来的资料进行考察，确定“到 18 世纪 90 年代这里已经成了一个真正的郊区”④。除了上述“圣徒”外，克拉朋还聚集了其他许多虔诚的福音派。图 10 是 1800 年时克拉朋公地周围地区的勘察记录图，图中标注了居住在该地的住户姓

① John Evelyn, *Memoirs of John Evelyn, Esq. Comprising His Dairy, from* 1641 *to* 1705 – 6 (*Vol. III*), London: Henry Colburn, 1827, p. 399.

② Ernest Marshall Howse, *The "Clapham Sect" and the Growth of Freedom*, Toronto: University of Toronto Press, 1952.

③ Peter Thorold, *The London Rich: The Creation of a Great City, from* 1666 *to the Present*, New York: St. Martin's Press, 1999, p. 230.

④ Robert Fishman, *Bourgeois Utopias: The Rise and Fall of Suburbia*, New York: Basic Books, Inc., 1987, p. 53.

名。从中我们可以看到，在克拉朋公地有70多家住户，他们所居住的大别墅基本上都占地达10英亩以上。费什曼在分析了这份地图之后，指出这些都是中产阶级上层的住宅，占地较广且建筑豪华。而且，“所有这些住户都有位于伦敦市的第二所房屋，这可以从他们的名录地址看出来，例如在约翰·布罗登的名录中标注着‘商人，里德霍街第143号，俄国贸易公司的官员’。”①

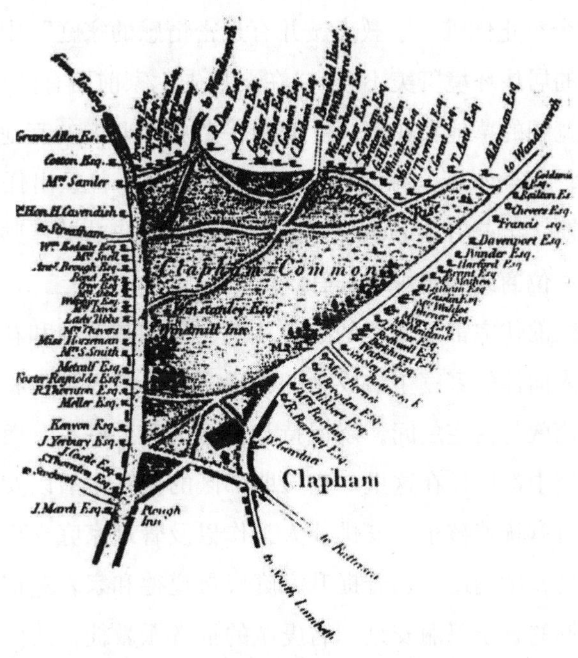

图10：1800年克拉朋公地勘察记录图

资料来源：Christa Jungnickel & Russell McCormmach, *Cavendish*, Collingdale: DIANE Publishing, 1996, p. 239.

在克拉朋公地居住的大多数人都属于中产阶级，其中典型的就是桑顿家族。虽然该家族将收入所得的一大部分捐献给慈善事业，但他们仍然富

① Robert Fishman, *Bourgeois Utopias: The Rise and Fall of Suburbia*, New York: Basic Books, Inc., 1987, pp. 52–53.

比公侯。亨利·桑顿的父亲即约翰·桑顿（John Thornton）去世时，他的讣告称他为“除了阿姆斯特丹的霍普先生（Mr. Hope）[①] 之外整个欧洲最伟大的商人”[②]。亨利本人也是一个成功的银行家兼金融理论家，在他的身上表现出明显的中产阶级福音派特征，他曾经说：“我们都是典型的伦敦人，与商业活动联系紧密，是地地道道的商人。”[③] 1804 年，美国化学家兼地质学家本杰明·西里曼（Benjamin Silliman）曾经拜访过亨利·桑顿的家，他在“这个举止优雅、宗教虔诚并有亲密情感的家庭”中感到非常愉快，并对这里的居住环境赞美不已：“在桑顿先生家前面有圆形的马车道，后面则有同样宽阔的草地和花园。”[④] 此外，克拉朋联盟的其他成员也大多属于中产阶级，如查尔斯·格兰特（Charles Grant）曾经出任东印度公司的主席，詹姆斯·史蒂芬（James Stephen）是一位成功的律师，而扎卡里·马考莱则是一位商人和殖民地长官。

克拉朋郊区的住宅都是典型的独户住宅，周围被草地和花园环绕。在这里，封闭的内向性的家庭生活成为一种现实：男主人乘坐私人马车在每个工作日往返伦敦与住宅之间，以保持与伦敦的重要联系，而其他家庭成员在整个星期当中都居住在这里。克拉朋郊区的家庭生活以女性为主要导向，妻子不仅负有抚养孩子、安排仆人工作以及管理家庭支出等职责，而且最为重要的是，她们还承担着提升家庭成员道德和宗教意识的责任。例如，亨利·桑顿的妻子玛丽安是一名虔诚的福音派教徒，共生养了 7 个孩子，除了照管家庭的日常事务外，还在宗教和情感上给予丈夫以全力支持。亨利在婚后十多年谈到妻子对家庭的奉献时大加赞美：“愿上帝保佑

---

① 这里所称的“霍普先生”，指的是阿姆斯特丹著名的商人和银行家亨利·霍普（Henry Hope，1735 – 1811）。

② Peter Thorold, *The London Rich: The Creation of a Great City, from* 1666 *to the Present*, New York: St. Martin' s Press, 1999, p. 233.

③ Friedrich A. Hayek, W. W. Bartley, et al., *The Collected Works of F. A Hayek* (*Vol. III*), Chicago: University of Chicago Press, 1991, p. 297.

④ Benjamin Silliman, *A Visit to Europe in* 1851 (*Vol. II*), New York: G. p. Putnam & Company, 1853, p. 387.

你，感谢你将你所有的仁慈赐予我，尤其是感谢你在我通向天堂的道路上所给予我的帮助。”[①]

克拉朋郊区的福音派中产阶级人士大多注重让孩子远离城市罪恶环境的污染。一方面，他们为孩子们提供了宽阔的娱乐活动空间，使孩子们可以在住宅前后的草地和花园上游戏玩乐，还可以与公地周围其他地位相近的家庭的孩子玩耍。另一方面，他们可以在道德纯净的家庭环境中，给予孩子以早期宗教教育和知识教育。在桑顿夫妇的教导下，他们的长女在五岁时学会读写，后来学会计算以帮母亲记录家庭账务；而扎卡里·马考莱的一个儿子则在童年时就会识文断字，就因其博学而使人惊讶不已，他就是后来著名的辉格派政治家兼历史学家托马斯·马考莱（Thomas Macaulay）。

福音派对城市的厌恶以及对乡村和家庭生活的向往，促使他们当中一些人搬迁到伦敦城外的乡村地区，但这并不意味着他们就此完全逃离了城市。威尔伯福斯曾说过，“工作、冷静、准时、节制、健康、有规律的生活”都是“必要的”美德[②]，也就是说，他仍然强调在城市中努力工作的重要性。在亨利·桑顿身上，集中反映出福音派中产阶级对家庭道德的推崇和对经济生活的注重：他编订了一本在福音派家庭中广为流传的《家庭祈祷书》，要求保持家庭里的神圣宗教氛围，同时又著有《对大不列颠纸币性质和影响的考察》，分析纸币发行与物价上涨之间的关系，其理论直到今天仍然对一些经济学家有启发作用[③]。由此可见，对于福音派中产阶级人士来说，工作和家庭生活缺一不可；要兼顾两者，最好的选择是在城市的经济活动和乡村的恬静生活中寻求一个平衡点。有学者据此认为“几乎是无可避免地，福音主义通过同时对工作和家庭两极的强调，导致了先

① E. M. Forster, *Marianne Thornton*, 1797 – 1887: *A Domestic Biography*, New York: Harcourt, Brace, 1956, p. 18.

② Robert Isaac Wilberforce and Samuel Wilberforce, *The Life of William Wilberforce* (*Vol. II*), London: John Murray, 1838, p. 91.

③ 参见中国大百科全书出版社《简明不列颠百科全书》编辑部译编：《简明不列颠百科全书》（第七卷），北京：中国大百科全书出版社，1986 年，第 24 页。

是功能的分离，然后是物理距离的分离”①，而这种物理距离的分离，实际上就是指伦敦郊区的兴起。

克拉朋郊区吸引了越来越多的虔诚的福音派中产阶级人士，沃特·索恩伯雷通过对伦敦各地区历史的考察，发现“实际上，克拉朋一直以来都被视为拥有较高社会地位、有较大的福音派宗教热情的杰出人士所青睐的郊区。”② 即使到 19 世纪，克拉朋联盟当中的成员或是去世或是迁离，这个地区尤其是公地周围仍然是富有的伦敦市民家庭所偏好的居住地区。前述本杰明·西里曼于 1851 年再次来到该地区时，看到这里仍然是“一个美丽的郊区乡村”，“延伸不断的街道将克拉朋与伦敦连接起来；如果说我早前拜访克拉朋时，这里还是一个距伦敦有一定距离并有乡村色彩的地区，那么现在克拉朋则完全成了伦敦的一个郊区。”③

埃瑞克·伊万斯（Eric J. Evans）提出：“早期工业英国的发展建立在两大基础之上：一是自由贸易，一是新的道德秩序。1780—1830 年间英国占主导地位的道德行为风潮发生了显著的改变……这就是福音派对奢侈放纵行为的谴责，对‘真正基督教’（Vital Christianity）的追求，和对严谨、虔诚的生活方式的宣扬……至少在维多利亚女王即位前十年中，公共道德标准经历了翻天覆地的变化，而阿尔伯特亲王和维多利亚女王则在其上盖上了王室的印章：维多利亚主义是以福音主义为先导的。”④ 从 18 世纪后期到 19 世纪的大部分时间里，福音主义一直是英国社会生活中占主导地位的宗教思想。以威尔伯福斯为首的福音派人士，将宗教的真谛传播到富人

---

① Robert Fishman, *Bourgeois Utopias: The Rise and Fall of Suburbia*, New York: Basic Books, Inc., 1987, p. 61.

② Walter Thornbury and Edward Walford, *Old and New London: A Narrative of Its History, Its People and Its Places* (*Vol. VI*), London: Cassell & Company, Limited, 1889, p. 325.

③ Benjamin Silliman, *A Visit to Europe in* 1851 (*Vol. II*), New York: G. p. Putnam & Company, 1853, pp. 386 - 387.

④ Eric J. Evans, *The Forging of the Modern State: Early Industrial Britain* 1783 - 1870, London and New York: Longman Group Limited, 1983, p. 45.

和穷人中间，而他们对城市罪恶的批判、对乡村生活的赞美以及对家庭道德的强调，不仅促使他们自己居住在伦敦郊区，而且激励了许多有着同样虔诚信仰的中产阶级人士，追随他们的脚步，响应他们的道德呼唤，迁移到伦敦郊区。

威廉·考柏的名句“上帝创造乡村，而人类创造城市”，从宗教的角度揭示了18、19世纪伦敦郊区化的动因：乡村是道德的，城市是罪恶的，正是这一点激发了人们对乡村生活的追求和对城市的排斥，由此推动了一种新的城市生活方式的发展。

结语 “到哪里才是伦敦的尽头?”

——伦敦郊区化的过去、现在与未来

郊区的出现和发展，可谓近代以来西方城市在外在景观和内在特质上最重大的变化之一，它不仅改变了城市的物质外观，还改变了人们与家庭、城市以及社会的关系。在其诞生后的200多年时间里，郊区几乎成为全世界普遍的城市发展模式，尤其是到20世纪，郊区的大规模扩张成为许多城市发展的主导模式，为英美和其他国家人口提供了主要的居住环境。因此，马克·克拉森认为:“在20世纪，美国和英国发展成为一个由郊区占主导地位的社会”，这个世纪可以被称为“郊区的世纪”①。

英国伦敦是世界上最早开始近代意义上的郊区化进程的城市：18世纪后期伦敦已经初现郊区化的萌芽，到19世纪前期其郊区化进入初步发展的阶段。本书上篇讨论了伦敦郊区化的客观因素即外在环境，包括城市本身的发展及其带来的城市问题、土地利用模式和建筑业的发展以及道路桥梁和交通工具的改善，这些为伦敦城市的郊区化提供了可能性；下篇则侧重于考察伦敦郊区化的主观因素，即郊区化主体——中产阶级的经济地位、自我认同、家庭理想和宗教理念，这些为他们提供了向郊区迁移的能力和意愿。由于外在环境为中产阶级提供了向郊区迁移的可能性，而该阶级也具备了向郊区迁移的能力和意愿，18、19世纪伦敦才能够进入郊区化的萌

① Mark Clapson, *Suburban Century*: *Social Change and Urban Growth in England and the United States*, Oxford and New York: Berg, 2003, p. 1.

芽和初步发展阶段。这是本书对18世纪后期和19世纪前期伦敦郊区化进行研究后得出的基本结论。

为了更全面系统地理解伦敦郊区化的进程，我们有必要将伦敦的郊区化置于一个更长的历史时段中，并结合其过去、现在和未来的发展，进行综合性的考察。为此，本书在结语中首先描述19世纪后期至20世纪伦敦郊区的发展概况，然后将这一时期与前一时期加以比较，最后对伦敦郊区的未来发展加以展望，以从整体上把握伦敦及其他地区的郊区化。

1870年，《建筑师》杂志发表了一篇调查报告，提到在西哈普斯特德地区调查者向别人问道：“到哪里才是伦敦的尽头?”一位路人回答：“天知道。”[①] 而对于这一问题，还有人回答说“海边”才是伦敦扩张的尽头[②]。当然，我们知道从20世纪开始英国政府对伦敦的迅速扩张加以控制，在大伦敦区周围修建绿化带，在离伦敦较远的地方开发卫星城市，因此伦敦的扩张并没有真的延伸到海洋边缘。但是，在整个19世纪和20世纪的部分时间，这个问题即“Where will London end?”却是令许多英国人疑惑和恐惧的问题，因为从19世纪后期起，伦敦的郊区化进入了一个迅速发展的时期，到二战时这一速度才逐渐减缓下来。

作为伦敦郊区化的结果，今天“大伦敦区”的形成就很好地表明，在漫长的历史长河中伦敦一步步将周围地区逐渐转化为自己的郊区，形成一个整体，几乎涵盖了整个米德尔塞克斯郡、萨里郡的大部分以及肯特郡、埃塞克斯郡和赫特福德郡的一部分。伴随着这一历史进程，19世纪晚期还出现了一个富有诗意的词语：“家乡郡”（Home Counties）。家乡郡没有正式的地理界线，通常被认为大致上相当于“伦敦通勤带”（London commut-

① Roy Porter, *London: A Social History*, Cambridge, Massachusetts: Harvard University Press, 2001, p. 238.

② Walter G Bell, *London Tells Her Story*, London: Taylor & Francis, 1938, p. 229.

er belt)[①]，即人们能够在白天到伦敦市工作并在晚上回到这些地方居住的地域范围。二战时期德国空袭和人员疏散可以被看作伦敦郊区发展史上的一个转折点，使得伦敦长期以来迅速发展的郊区化告一段落。战后，政府认为这个大都市已经扩张得过大，它自身的经济和社会实力已经不堪承受，继续的扩张将会使伦敦本身陷于危机。因此，人们提议设立绿化带，重新划定伦敦的行政界线。

一、1850 年至 20 世纪伦敦郊区的发展

工业革命以后，伦敦在英国乃至世界中金融和贸易的地位迅速上升，伦敦市从一个居住区和手工业集中的地区转变成为一个居住人口逐渐减少，而银行、办公楼、仓库和火车站日益增加的地区。伴随着这一转变过程，从 19 世纪后期到 20 世纪，伦敦的郊区化大规模地向前发展，以至于 1891 年西德尼·韦伯（Sidney Webb）认为："伦敦不只是一个城市，它本身就是一个王国。伦敦及其郊区人口加起来，已经超过了整个爱尔兰。"[②]

19 世纪后期以来伦敦郊区的发展过程中，一个最直观的表现就在于郊区人口的增加。由于在历史上伦敦各级政府变动频繁，地域范围不定，因此这里我们以 1889 年成立的伦敦郡议会所管辖的范围为基础，对这一时期伦敦郊区的人口增长进行分析。如表 9 所示，如果以伦敦郡区域和伦敦市作为两个人口统计单位，我们可以看出，从 1861 年到 1931 年伦敦市的人口逐年下降，而伦敦郡区域内的人口则有所上升：伦敦市的人口从 1861 年的 113，387 人陡降到 1931 年的 10，996 人，减少了约 90%；而如果把伦敦市人口排除在外，伦敦郡区域的人口则从 1861 年的 2，803，989 人增加到 1931 年的 4，396，821 人，增加了约 63%。伦敦市的人口急剧下降，

① 人们通常认为家乡郡的范围大致相当于伦敦通勤带，但伦敦通勤带也没有固定的范围，而是随着交通技术的提高而不断扩展。也有人提出伦敦通勤带是大致以 M25 高速公路为界的区域。M25 高速公路是一条环绕大伦敦区的高速公路，长约 117 英里。参见"Home Counties"，http：//en. wikipedia. org/wiki/Home_ Counties；"London commuter belt"，http：//en. wikipedia. org/wiki/London_ commuter_ belt。

② Sidney Webb，*The London Programme*，London：Swan Sonnenschein & Co.，1891，p. 2.

充分说明了这一地区日益成为贸易、金融业、制造业的中心，而居住的人数则越来越少。在减少的居住者中，有相当一部分是迁移到周边位于伦敦郡的其他地区，导致该地区人口上升。

表 9：1861—1931 年伦敦市人口占伦敦郡总人口比例

	伦敦市的人口（人）	伦敦郡区内的人口（人）	伦敦郡区内（不包括伦敦市）的人口（人）	伦敦市与伦敦郡区人口比例
	(a)	(b)	(b－a)	a/b
1861 年	113，387	2，803，989	2，690，602	4.0%
1871 年	75，983	3，254，260	3，178，277	2.3%
1881 年	51，439	3，816，483	3，765，044	1.3%
1891 年	38，320	4，211，743	4，173，423	0.9%
1901 年	26，897	4，536，063	4，509，166	0.6%
1911 年	19，657	4，521，685	4，502，028	0.4%
1921 年	13，706	4，483，249	4，469，543	0.3%
1931 年	10，996	4，396，821	4，385，825	0.3%

资料来源：William A. Robson, *The Government and Misgovernment of London*, London: G. Allen & Unwin Ltd., 1939, p. 45.

伦敦郡是根据 1888 年《地方政府法案》而划定的行政区域，其管辖范围主要覆盖了今天人们所称的“内伦敦”，包括伊斯林顿、哈克尼、兰巴斯、切尔西等地区，这些地区在 18 世纪和 19 世纪前期作为伦敦的郊区而逐渐发展起来，到此时被纳入伦敦郡的管辖范围之内。自 19 世纪后期开始，在这些地区之外，伦敦的郊区进一步向外扩张，如表 10 所示：

表 10：1851—1921 年大伦敦区人口统计表（单位：千人）

地区	地区面积（英亩）	1851 年	1881 年	1891 年	1901 年	1911 年	1921 年
伦敦郡	74，800	2，363	3，830	4，228	4，536	4，522	4，485
郡外 10 英里	130，300	164	634	1，055	1，593	2，138	2，328
郡外 10—12 英里	72，900	57	147	187	270	359	397
郡外 12—15 英里	153，800	68	110	132	173	221	251
总计	431，800	2，652	4，721	5，602	6，572	7，240	7，461

资料来源：William A. Robson, *The Government and Misgovernment of London*, London: G. Allen & Unwin Ltd., 1939, p. 47.

由表10可以看出，伦敦郡的人口从1851年到1921年增长了近1倍，但到19世纪末20世纪初人口增长趋于平缓，甚至有所下降。而在伦敦郡区域范围之外，依据与伦敦郡距离不同，其人口增长幅度也不同。增长最快的是在郡外10英里的范围之内，1921年比1851年的人口增长了13倍多，约为1881年人口的3.67倍；郡外10—12英里的范围内，人口增长幅度略小，1921年是1851年人口的近7倍，是1881年的2.7倍；至于更远的距离，即位于郡周围12—15英里内的地区，这个比例更小，1921年是1851年的3.7倍，是1881年的1倍多。由这些数据我们可以看出，在19世纪后期，伦敦郊区化以更大的规模、更快的速度向更远的地区发展，而伦敦郡外的这些郊区，最后大多数都被划入大伦敦区的规划之中，成为所谓的“外伦敦”。

从表9和10我们可以看出，从19世纪后期到20世纪初期，伦敦市区的居住人口急剧减少：从1851年的127，869人下降到1901年的26，897人；到1951年，这个数字进一步下降到5，234人。在伦敦市区居住人口减少的同时，经济的发展却使白天在城市当中工作的人口有所增加。1866年，白天在伦敦市内包括上班和居住的人口是170，133人，到1891年时则增加到301，384人[①]。1961年时白天在伦敦市工作的有500，000人，而夜晚的居住人数只有5，000人左右。此后伦敦市的居住人口相对稳定，直到20世纪90年代后才逐渐有所上升，根据2001年的统计，在这1.1平方英里即2.9平方公里的区域内，居住人口是7，185人[②]。

从伦敦白天工作人口和晚上居住人口的统计数字中，我们可以看到：20世纪已经有相当一部分伦敦人采取了通勤工作的生活方式。在每个工作日的早上，大批人涌入这里的办公室、商店、工厂和码头工作；到夜晚，这些人又纷纷涌出城市回到郊区的住宅。威廉·罗伯森在1939年出版的著

① Gareth Stedman Jones, *Outcast London: A Study in the Relationship between Classes in Victorian Society*, Harmondsworth: Penguin Books, 1991, p. 161.

② " London, City of. " Encyclopædia Britannica. Encyclopædia Britannica 2007 Ultimate Reference Suite. Chicago: Encyclopædia Britannica, 2009.

作中提出，当时有些学者估计每日流动于伦敦市的人口大约有2，500，000 人,尽管这个数字可能略有夸大，但“每日流动的人口是如此之多，以至于伦敦有 250，000 个雇员从事运输业”。换言之，19 世纪 40 年代，伦敦每 10 个工人当中就有 1 个人从事交通运输的工作，每年的通勤花费大约为 4000 万英镑，平均每个家庭每年花费 16 英镑；或者说，每个星期花费 6 先令 3 便士在乘坐公共汽车或地铁、火车、电车上，这几乎相当于每个伦敦人平均收入的 10%。这还没有把出租汽车和私人汽车的费用统计在内，如果统计进来这个平均数字还会更大①。

通勤生活方式的发展首先得益于交通尤其是公共交通的发展。自 19 世纪 80 年代以来，火车逐渐在伦敦郊区化中发挥越来越重要的作用。唐纳德·奥尔森认为：“铁路的发展有助于专业人士和商业阶级将半乡村的居住环境和城市的工作机会结合起来。”② 实际上，铁路不仅为中产阶级继续向郊区迁移提供了更为便利的条件，同时也使一部分工人阶级上层加入郊区化行列中。各铁路公司的激烈竞争，使这些公司开始在早上和傍晚定时发车，以适应工时较长的工作日，并且开通工人专列，使乘车费用降到大多数工人可以接受的程度。例如，1864 年大东方铁路公司（The Great Eastern Railway Company）就同意在某些郊区线路上收取较低的费用。1883 年《低廉车费法》（The Cheap Trains Act）标志着主要针对工人阶级的列车服务体系开始建立，该法强制要求所有火车公司都必须运行一定数量的廉价列车。此后，所有铁路公司都提供专门的工人车票（workmen’s fares），还有的公司发行季票（season ticket），这使更多工人能够负担得起往返于城市与郊区的费用。因此，工人阶级上层的郊区如爱德蒙顿、托顿汉（Tottenham）、沃尔姆斯托（Walthamstow）以及莱顿迅速发展起来。

其他价格低廉且有效的公共交通工具也逐渐出现，为伦敦人向郊区的

① William A. Robson, *The Government and Misgovernment of London*, London: G. Allen & Unwin Ltd., 1939, p. 319.

② Donald J. Olsen, *Town Planning in London: The Eighteenth & Nineteenth Centuries*, New Haven & London: Yale University Press, 1982, p. 150.

迁移提供了更为优越的条件，加速了伦敦郊区化的进程。其中之一就是地铁（subway 或称 underground）的出现和发展。地铁最早投入使用是在 1854 年，到 19 世纪 70 年代已经延伸到较远的郊区。除此之外，短途通勤还依赖于马拉轨车（horse tram）[①] 和缆线电车（cable tramway）[②]，这些交通工具都缩短了郊区地带到伦敦市中心的时间。一战暂时中断了郊区化进程，但战后由于私人汽车数量的增加以及公共汽车的大范围使用，这一进程的步伐又进一步加快。

因此，交通的发展，即从出租马车到公共马车，再到火车，再到电车和地铁，最后发展到公共汽车以至私人汽车的演进，按照一些地理学家的说法，使伦敦从一个传统的“行走城市”（walking city）转变为“轨道城市”（tracked city），也就是说，从一个几乎所有距离只能由双脚行走而跨越的城市，转变为一个更多地依赖于公共马车、火车和地铁而出行甚至通勤工作的城市。学者们还指出，这种“轨道城市”中的各阶级彼此之间存在着明显的社会和文化隔离，是一个以居住分区为基础的郊区城市[③]。从 19 世纪后期开始，伦敦日益成为这样一个依赖于公共交通的“轨道城市”，一个“由郊区组成的伦敦（a London of suburbs）”[④]。

这一时期伦敦郊区的发展还与城市土地规划有关。经济的发展导致伦敦市中心的土地利用模式发生了巨大变化：住宅区被铲平以铺设铁路干线，建筑车站和货场，修建码头和巨大的仓库，并且为商业性和政府的办公楼提供场地，其结果是城市中心地价的迅速上涨。在 1861 年至 1881 年的 20 年间，伦敦市区土地的应征税值（ratable value）以前所未有的速度上涨，从 1，332，092 镑上升到 3，479，428 镑，到 1901 年时则高达

① 马拉轨车通常由两匹马拉动，在铺设好的铁轨上行驶，比在不平坦路面上行驶的公共马车速度更快，载客量也更大。

② 缆线电车是一种借助于以固定速度不断移动的电缆而运行的交通工具。

③ Simon Dentith, *Society and Cultural Forms in Nineteenth Century England*, Basingstoke and london: Macmillan Press Ltd., 1998, p. 105.

④ S. J. Low, “The rise of the suburbs”, *Contemporary Review*, 60 (1891: July/Dec.), p. 551.

4，858，312镑[1]。地价的高涨使土地所有者更愿意将土地用作商业性房产，因为与这种出租收入相比，从房屋不动产中所得到的收益通常显得微不足道。

相比之下，城市外围土地的价格就要便宜得多，与城市中心的距离越远，地价就越便宜。19 世纪 70 年代，伦敦市内每英亩土地价值约 14，520 英镑，而郊区每英亩土地的价格约为 726 英镑，比例大约为 20∶1。到 20 世纪初，随着商业和金融业竞争的加剧，土地价值不断抬升，例如，1905 年位于英格兰银行附近的一块地售价高达每英亩 3，250，000 镑。由于溢出效应的影响，紧邻伦敦市的地区地价也有所上升，例如，20 世纪 30 年代，位于芬伯雷（Finsbury）的土地价格大约是每英亩 38，000 英镑，而较远郊区大约只有每英亩 1，000 英镑[2]。在伦敦中心区寸土寸金的情况下，越来越多人搬迁到伦敦郊区居住就不足为奇了。

自 19 世纪后期发展起来的郊区地带中，厄林区是一个比较典型的例子。19 世纪 50 年代，这里逐渐兴建了一些住宅，富有的伦敦人开始迁居至此。根据 1861 年的人口统计，1/6 的厄林区住户被归类为专业人士和管理阶层，而相比之下附近的阿克顿的相应数据只有不到 1/20。1911 年，厄林区的专业人士和商人阶层的比例甚至比其他所有伦敦西部郊区还要高，这里因为健康环境、高级别墅和良好的生活设施被称为“郊区之后”（Queen of the Suburbs）[3]。1879 年，都市区铁路（the Metropolitan District Railway）延伸到这里，在厄林大道（Ealing Broadway）、厄林公地（Ealing Common）及其他地区也修建了车站，极大地便利了通勤工作者。

到 19 世纪后期，郊区生活方式逐渐成为了众多中产阶级人士的选择。

---

① Gareth Stedman Jones, *Outcast London: A Study in the Relationship between Classes in Victorian Society*, Harmondsworth: Penguin Books, 1991, p. 161.

② David R. Green, “The metropolitan economy: Continuity and change 1800 – 1939”, in Keith Hoggart and David Green (eds.), *London: A New Metropolitan Geography*, London and New York: Hodder & Stoughton Limited, 1991, p. 18.

③ Roy Porter, *London: A Social History*, Cambridge, Massachusetts: Harvard University Press, 2001, p. 216.

有学者详细考察了维多利亚后期伦敦中产阶级妇女的生活，认为由于伦敦所存在的各种城市问题，大多数中产阶级都选择居住在郊区，"新婚妻子常常会千方百计说服丈夫搬迁到郊区，而丈夫通常也会同意她们的意见"，"实际上，当他们结婚时，他们就已经决定居住在哪一个最适合他们身份的郊区。"① 随着时代的推进，这种生活方式已经不再局限于中产阶级，日益为工人阶级上层所接受。

这种生活方式的迅速蔓延使当时的人们震惊不已。19 世纪末，记者乔治·爱默生（George Rose Emerson）站在开普登的普林姆罗斯山（Primrose Hill）上感叹道："六十年前这里都是与世隔绝的农村，就像苏萨克斯郡和德文郡的山坡一样，完全远离伦敦城市中的喧嚣和繁华。然而，现在当我们向伦敦方向看去，会发现这个大都市已经伸出它的双臂拥抱住我们，不是以令人窒息的利爪，而是以公共马车的网络。"② 事实上，不仅是交通，还有其他许多因素共同推动了郊区化的进程；而这一进程一旦开始就不会停下来。

二、不同时期伦敦郊区化的比较

伦敦郊区化的萌芽时期大致是在 18 世纪后期，到 19 世纪前期则进入了初步发展时期。此后，伦敦郊区化进程的速度加快，20 世纪后期，这一进程已经呈现出与此前不同的各种特征。正是这些特征预示了郊区的未来发展走向。本书将比较伦敦郊区化的两个不同时期，即 1750—1850 年和 1851 年至二战后这两个时期的不同特征。

第一，经济背景和城市化程度不同。

在前一个时期即 18 世纪后期和 19 世纪前期，英国正处于工业革命时期。虽然英国的工业技术和经济生产有了迅速的发展，城市人口也日益增加，但是总体而言农业人口在英国总人口中仍然占有较大比重。因此，18

① Yaffa Claire Draznin, *Victorian London's Middle - Class Housewife: What She Did All Day?* Connecticut and London: Greenwood Press, 2001, p. 21, p. 22.

② George Rose Emerson, *London, How the Great City Grew*, London: Routledge, Warne, & Routledge, 1862, p. 254.

世纪人们在提到“城市”时几乎都是指伦敦①。学者们也认为,“在工业革命前,大不列颠有不少城镇(town),但只有一个城市(city)”②,这就是伦敦。正如阿萨·勃里格斯所说,伦敦对于不同的人来说有不同的含义,“对于议会成员来说是政府的所在地,对于贵族和乡绅来说是社交生活的中心……对于商人阶级来说是商业贸易和金钱的中心……对于工匠和店主来说是发财致富的宝地,买卖活动的集中地。”③ 只有在伦敦才能真正体验到城市生活的方方面面:伟大和堕落,财富和匮乏,优雅和粗俗,快乐和痛苦。当然,这一时期尤其是在19世纪前期,除了伦敦之外,北方一些制造业城市也逐渐兴起,如伯明翰、曼彻斯特和利物浦等,但无论在人口数量还是在经济重要性等方面都难以望伦敦项背。

从19世纪中叶起,经济和社会的发展使英国的城市化水平迅速上升。1700年,英格兰和威尔士的城市人口大约占总人口的18.7%,1750年,这一比例上升到22.6%,1801年则上升到30.6%。1850年,英格兰和威尔士的城市人口首次超过了总人口的一半,大约有54%的人口居住在城市当中。到1901年,城市人口约占总人口的78%,而到1939年这一比例则超过了80%④。也就是说,18世纪中叶英格兰还是一个农业国家,到19世纪中叶时则成为一个城市国家;18世纪中叶伦敦是英国唯一的大城市,到19世纪末则涌现了许多重要而不可忽视的工业城市。正因如此,维多利亚时期的许多作家和评论家才把自己的时代称作一个“大城市的时代”(the age of great cities)⑤。从19世纪后期到20

① F. M. L. Thompson, “Town and city”, in F. M. L. Thompson (ed.), *The Cambridge Social History of Britain* 1750 – 1950 (*Vol. I*), Cambridge: Cambridge University Press, 1990, p. 14.

② Lynn Hollen Lees, “Urban networks”, in Peter Clark (ed.), *The Cambridge Urban History of Britain* (*Vol. III*), Cambridge: Cambridge University Press, 2000, p. 81.

③ Asa Briggs, *The Age of Improvement* 1783 – 1867, London and New York: Longman, 1979, p. 49.

④ 关于英国城市人口数量和比例的变化,参见 Hoh – Cheung Mui and Lorna H. Mui, *Shops and Shopkeeping in Eighteenth – Century England*, London: Routledge, 1989, p. 13; p. J. Corfield, *The Impact of English Towns*, 1700 – 1800, Oxford: Oxford University Press, 1982, pp. 12 – 14。

⑤ Robert Vaughan, *The Age of Great Cities*, *or*, *Modern Civilization Viewed in Its Relation to Intelligence*, *Morals*, *Religion*, London: Jackson and Walford, 1843.

世纪，英国城市化进程加快，虽然伦敦仍是英国占统治地位的大城市，但已经不再是国内唯一的大城市，因此，F. M. L. 汤普森认为，由于英国城市化程度有了较大的提高，各地方城市日益占据重要地位，到 19 世纪时“原来的‘城市－乡村’（town－country）两分法，日益被新的‘首都城市－地方城市’（capital－provinces）两分法取代”①。

随着地方城市的发展，当地一些富有市民也开始向城市外围迁移，采取通勤生活方式。郊区化现象不再是属于伦敦的特有现象。恩格斯注意到，19 世纪 40 年代曼彻斯特的一些大矿产主和其他上层市民在每个夜晚抛弃这个城市，居住到离市中心有一定距离的乡村别墅中②。G. D. H. 柯尔（G. D. H. Cole）在分析阶级结构的演变时也指出：从 19 世纪后期开始英国进入了一个“单一阶级的城市和郊区”（one－class urban and suburban areas）③ 的发展时代。柯尔认为，英国各大城市都出现了一种社会隔离和居住分化的现象：社会中上层在社会文化、生活方式以及地理居住等方面都日益远离工人阶级主体，导致在这些城市当中出现了由单一阶级为主要居民的城市社区和郊区。随着 20 世纪初工人阶级郊区的兴起，英国各城市中心作为商业和制造业中心的作用进一步加强，作为居住中心的作用则日益削弱。因此，屈勒威廉指出，20 世纪初“随着机动车辆的出现，城市生活对乡村地区的渗透成为一股狂潮，使整个英国都变成了一个郊区（all England into a suburb）”④。实际上，屈勒威廉在这里强调的是城市及其生活方式的迅速扩张，使大部分乡村地区成为依附城市的郊区地带。

在上述两个时期内，由于各自的经济背景不同，其城市化程度也各不相同，这对伦敦的郊区化产生了深刻的影响。在后一时期，虽然伦敦的郊

① F. M. L. Thompson, “Town and city”, in F. M. L. Thompson (ed.), *The Cambridge Social History of Britain* 1750－1950 (*Vol. I*), Cambridge: Cambridge University Press, 1990, p. 15.

② ［德］恩格斯著：《英国工人阶级状况》，中共中央马克思恩格斯列宁斯大林著作编译局译，北京：人民出版社，1956 年，第 83—84 页。

③ G. D. H. Cole, *Studies in Class Structure*, London: Routledge, 1998, p. 50.

④ G. M. Trevelyan, *English Social History: A Survey of Six Centuries: Chaucer to Queen Victoria*, London: Longmans, Green and Co., 1946, p. 575.

区化仍在不断蔓延，但它渐渐失去了在前一时期的绝对主导地位，渐渐融入整个英国城市和郊区发展的洪流当中。

第二，政府的作用不同。

在18世纪后期至19世纪前期伦敦郊区化发展中，几乎所有地产开发和房屋建设都是由私人地主和投机建筑商所主导，政府在其中所起的作用很小，主要是颁发特许状给大贵族地主，基本上不存在政府对城市和郊区的规划。但是到19世纪中叶以后，随着伦敦政府机制的日益完善，政府在郊区化进程中的作用日益加强。

伦敦市政府之所以在前一时期的郊区化进程中没有发挥重要的作用，是因为当时伦敦的政府机构较为混乱，缺乏效率和统一权力。此外，伦敦地产大多为大贵族地主所把持，政府没有土地所有权。自19世纪以来，就不断有人批评伦敦市尤其是周围地区缺乏权威的政府管理机构。有学者认为，直到维多利亚早期，伦敦市周围地区的管理机构仍然是由一些没有什么权力的地方组织拼凑而成[①]。根据威廉·罗伯森的统计，甚至晚至20世纪40年代，整个伦敦地区的地方机构仍然混乱不堪，主要包括伦敦市政府(City Corporation)、伦敦商业公会（City Companies)[②]、7个下水道委员会(Board of commissioners for sewers)、近100个负责铺路或照明或清洁的委员会、约172个教区委员会（Vestries)，此外还有根据1834年济贫法而建立的监管委员会以及负责桥梁和收费道路的专员、负责上诉和司法的专员、米德尔塞克斯郡的地方长官法院和其他领薪治安法官等[③]。据统计，19世纪以前在伦敦地区有管理权力的政府机构不少于300个。多重权力机

① G. M. Young, *Early Victorian England*, 1830－1865, London: Oxford University Press, 1963, p. 23.

② 伦敦商业公会是一种起源于中世纪的同行业社团，又称伦敦同业公会（livery company)。商业公会负责规定本行业的工资水平、工作条件等，并且还有一定管理伦敦市政的权力，尤其是其中12个公会的财富和权势庞大，对伦敦的政治、经济和文化都有重要的影响。参见William Herbert, *The History of the Twelve Great Livery Companies of London*, London: Printed by the Author, 1834。

③ William A. Robson, *The Government and Misgovernment of London*, London: G. Allen & Unwin Ltd., 1939, p. 1.

构的存在导致了管理的复杂性以及政府效率的低下，还滋生了腐败风气，再加上这些机构通常都不占有大片地产，导致 18 世纪后期和 19 世纪前期伦敦及其郊区缺乏政府规划，而听任众多私人地主随心所欲地进行开发。

如前所述，伦敦郊区化的前一阶段，对土地利用和开发起主导作用的是地主和投机开发商。但从 19 世纪中叶开始，中央和伦敦政府开始起着越来越重要的作用。政府开始通过议会立法购买土地以修建住宅，尤其是到 20 世纪，政府把解决住房紧缺问题列入政府议事日程，一方面，为工人阶级修建所谓的市政住宅（council houses），开发工人阶级郊区以疏散伦敦的人口；另一方面，对伦敦城市和郊区的建设进行统一规划，依据埃比尼泽·霍华德（Ebenezer Hollward）的花园城市（Garden City）[①] 理念，创建了花园郊区如哈普斯特德等。

19 世纪中叶以后，政府之所以能够在伦敦郊区化中起着越来越大的作用，一个重要原因在于行政机构的日益健全和现代化。1855 年，议会通过了《都市管理法》（the Metropolis Management Act 1855），并根据这一法令选举了都市工作委员会（the Metropolitan Board of Works），这就是伦敦郡议会的前身。1888 年，议会通过了《地方政府法案》，并于次年成立了伦敦郡议会（the London County Council，通常简称为 LCC），该议会可以被视为伦敦第一个正式的政府机构。此后，政府还多次颁发法令调整伦敦郡的管辖范围。到 1963 年，保守党政府制定了《伦敦政府法案》（London Government Act 1963），形成了包括伦敦市、威斯敏斯特市和 31 个自治市在内的大伦敦区。虽然伦敦郡议会和大伦敦区议会的行政权力仍然有限，但它们在一定程度上开始对伦敦尤其是郊区的住房建筑加以规划和管理。

在表 11 中，我们可以看到，从 1920 年至 1936 年，政府各个机构在大伦敦范围的房屋修建中具有越来越重要的影响。在这 10 多年中，伦敦郡议

① 花园城市是一种经过合理规划的居住社区的理想模式，最早由英国城市规划家霍华德（Ebenezer Howard）在其著作《明日的花园城市》中提出。花园城市理念是针对工业革命以来城市无序发展问题，为改善城市居住条件而提出的一种规划思想。参见［英］埃比尼泽·霍华德著：《明日的田园城市》，金经元译，北京：商务印书馆，2000 年。

会所建房屋数量增长了26倍之多，这些房屋主要是修建在离伦敦市中心相对较远的外郊区地带。伦敦市和部分自治市政府的建房增长比例约为10倍，这部分房屋主要是在伦敦市及其内郊区地带，到20世纪这些区域已经有相当密集的建筑，因而增长幅度较小。至于其他地方机构，主要是一些城市管理委员会，其权力更为有限，因而它们修建的房屋增长幅度也就更小。从表11中也可以看出另一种发展倾向，即私人房产商的建房增长率要高得多，从1920年的1，495栋房屋到1936年的67，704栋房屋，增长了45倍。这说明即使到20世纪中叶，私人地主和房产商仍然在伦敦及其郊区的住宅建筑中占据重要地位。当然，这并不能否认政府在伦敦郊区化进程中的作用有所加强。

表11：1920—1936年政府和私人修建房屋数量统计表（单位：栋）

年份	各地方政府				私人房产商（各种等级的房屋）	总计
	伦敦郡议会	伦敦市政府和部分自治市政府	伦敦其他地方机构	总数		
1920	268	167	712	1，147	1，495	2，642
1922	5，497	2，085	4，465	12，047	4，860	16，907
1924	1，443	360	444	2，247	15，194	17，441
1926	4，658	862	2，833	8，353	25，176	33，529
1928	9，769	1，356	3，894	15，019	27，362	42，381
1930	3，945	664	2，922	7，531	42，652	50，183
1932	4，506	1，688	2，131	8，325	36，288	44，613
1934	3，208	2，135	2，513	7，856	72，756	80，612
1936	7，076	1，673	2，385	11，134	67，704	78，838

注：该书写作于1939年，因此是以当时存在的伦敦郡议会、伦敦市政府、自治市政府和其他机构为单位进行统计的。

资料来源：William A. Robson, *The Government and Misgovernment of London*, London: G. Allen & Unwin Ltd.，1939，p. 216。

第三，主要交通工具不同。

在不同的郊区化发展时期内，主要的交通工具也不尽相同。在前一时期由于伦敦的郊区发展主要限于内郊区地带（即后来所称的“内伦敦”大致范围），从这些地区到伦敦市的距离比较短，所以借助于各种马车甚至是步行就基本上可以实现通勤生活方式；而在后一时期，随着伦敦郊区的进一步向外蔓延以及公共交通工具的巨大进步，郊区的发展更多依赖于火车、地铁、公共汽车，甚至是私人汽车。

本书第四章论述了18世纪后期和19世纪前期，在道路和桥梁状况有较大改善的情况下，驿站马车、公共马车和蒸汽船成为从伦敦通往周围郊区的主要交通工具。虽然在这一时期已经出现了火车，但当时火车更多的是为城际交通即城市与城市之间的交通提供服务，还很少用于伦敦郊区的通勤交通，因此火车并不是当时主要的郊区交通工具。

19世纪后期至二战后，火车在伦敦郊区交通中的作用日益凸显。火车开始联结起伦敦市和周围地区，而郊区以一种前所未有的速度不断扩张。威廉·罗伯森认为火车对这一时期伦敦郊区的发展影响巨大，“从1861年开始，火车的来临导致人们从古老城市当中的大逃离……从1861年开始，居住在伦敦城内的人口几乎每隔20年就减少一半。”[①] 郊区紧随着铁路的延伸而延伸。例如，1877年地区铁路公司（the District Railway）在伦敦西边修建铁路，并在特哈姆格林设立了火车站，于是附近很快就兴起了一个新的中产阶级郊区即巴德福德公园（Bedford Park）。此外，地铁在伦敦郊区化进程的作用也不容小觑。1863年，都市铁路公司（the Metropolitan）在伦敦开通了世界上第一条地铁。1907年，哈普斯特德地铁公司（the Hampstead Tube）开通了从查林克罗斯（Charing Cross）到戈德斯格林（Golders Green）的线路，五年之后在戈德斯格林附近就兴起了一个全新的郊区。

汽车也逐渐成为这一时期伦敦郊区化的主要交通工具，并发挥着越来越重要的作用。20世纪初，汽车的出现改变了城市及其派生物——郊区，推动着城市从原来的中心区日益延伸到更远的郊区。同时，汽车还缩短了

① William A. Robson, *The Government and Misgovernment of London*, London: G. Allen & Unwin Ltd., 1939, p. 43.

城市和乡村生活之间的差距，导致乡村出现了非城非农的特征，也就是美国社会学家所谓的“城乡”区域（rurban territory）①。阿萨·勃里格斯指出汽车在郊区扩张中起到了重要的作用：在“城市的”（urban）区域之后，随之而来的是“郊区的”（sub－urban）区域，再就是“都市圈的”（con－urban）区域，最后则是“远郊的”（ex－urban）区域，在这一过程中郊区不断向远处推进②。

第四，阶级主体不同。

在伦敦郊区化发展的两个时期当中，向郊区迁移的阶级主体不同。在前一时期，主要是中产阶级成员即贸易商人、银行家、富有店主、专业人士以及部分政府职员；在后一时期，向郊区迁移除了中产阶级，还有工人阶级上层。在这里必须强调的是：虽然后一时期郊区人口当中仍然以中产阶级为主，但这时中产阶级的构成已经发生了重大的变化，主要包括专业技术人员、经理阶层、学校教师、办公室的工作人员以及在商店内外从事推销工作的人。如果用社会学的术语来表述，那么前一时期郊区化的主体是所谓的“旧中产阶级”，而后一时期的则是所谓的“新中产阶级”③。由于主题和篇幅所限，本书对于新、旧中产阶级的区分不多加分析，而强调两者的相同之处，即他们都是社会结构的中间阶层。

两个时期郊区化的阶级主体不同，最显著的表现在于：后一时期工人阶级上层或者学者们所说的工人贵族，也融入了伦敦郊区化的浪潮当中。在本书第五章当中，我们讨论了伦敦郊区化与伦敦富有中产阶级之间的密切联系，认为普通的伦敦市民乃至许多中产阶级下层都负担不起郊区生活所需要的金钱和时间。早期郊区生活方式的阶级局限性在交通工具方面也有着鲜明的表现。尽管1829年出现的公共马车大大降低了出行费用，相比

---

① Asa Briggs, *Victorian Cities*, London: Odhams Books, 1963, p. 13.

② Asa Briggs, *Victorian Cities*, London: Odhams Books, 1963, p. 13.

③ 关于英国新中产阶级的社会构成、职业、生活方式等问题，参见 Kenneth Roberts, *Class in Modern Britain*, Houndmills, Basingstoke: Palgrave, 2001, pp. 141－168。此外，米尔斯的《白领：美国的中产阶级》也对新、旧中产阶级进行了详细的讨论，有一定的参考价值，参见［美］C·莱特·米尔斯著：《白领：美国的中产阶级》，周晓虹译，南京：南京大学出版社，2006年。

于出租马车和驿站马车要便宜得多，但对于大多数工人来说，长期依靠公共马车从事通勤工作仍然超过了他们的承受能力。可以说，公共马车就是为较殷实的中产阶级人士服务的，正如乔治·西利比尔在广告上的宣传：这是“一种引自巴黎的时尚新马车”①，是由衣着体面、有绅士风度的人所驾驶，是上等人士的出行选择。马车的乘坐者大多是有一定地位的富人，这一特性在整个19世纪几乎都没有太大变化。

工人阶级上层逐渐加入郊区化的浪潮中来，主要依赖的交通工具是火车。19世纪50、60年代以来，火车开始投入郊区交通。1883年低廉车费法使火车票价成为相当一部分工人阶级能够承受的通勤费用，使得铁路沿线一带兴起了越来越多的工人阶级郊区。正是因为从19世纪中叶起郊区化的主体及于工人阶级上层，伦敦郊区的发展才进入了一个新阶段。19世纪后期已经有一些观察者注意到伦敦郊区化运动的这一差异，西德尼·罗（Sidney. J. Low）就指出“现在，这一离心过程的吸引力并不再局限于中产阶级，其影响力日益及于工人阶级。当前发展最快的新郊区是那些以技术工人为主要居住者的郊区。”② 当代学者也有相同看法，如G. D. H. 柯尔（G. D. H. Cole）和雷蒙德·波斯特盖特（Raymond Postgate）考察了18世纪后期到20世纪后期英国人民的生活后，指出：“20世纪建筑方面的一个显著特征是城市地区向郊区的扩张……主要的居住人群是相对富有的那些人，除了新中产阶级之外，还有所谓的‘工人贵族’。”③

1976年，B. W. 克拉普等人编订了一部《英国经济史资料》，分析了1760年以来英国经济和社会的变迁，其中专辟一节记录了两个不同时期伦敦郊区化主体的差异：前一时期是18世纪和19世纪前期，是“为富人”（for the rich）建设郊区的时代；后一时期界定在19世纪末以来，是“为

① Sheila Taylor (ed.), *The Moving Metropolis: A History of London's Transport since 1800*, London: Laurence King Publishing Ltd., 2002, pp. 29–30.

② Sidney. J. Low, "The rise of the suburbs", *Contemporary Review*, 60 (1891: July/Dec.), p. 557.

③ G. D. H. Cole and Raymond Postgate, *The British People, 1746–1946*, New York: Alfred A. Knopf, 1947, p. 536.

所有人”(*for all*)开发郊区的时代①。克拉普等人认为，前一时期向伦敦郊区迁移的主要是城市的富有商人、银行家和专业人士，并引用托马斯·马考莱在《英国史》中的记载来证明：“伦敦市的整个特征发生了巨大的变化。在这时，银行家、商人和大店主每个星期有六个早晨到伦敦市处理商务；但是他们的居住处则在这个都市的其他地方，在有灌木和花园围绕着的乡村郊区住宅……那些商人在伦敦市的住宅仍然存在，但逐渐变成了账房和仓库。”② 在马考莱所描绘的这幅伦敦郊区发展图中，他一再强调伦敦郊区化的主体是富人，即商人、银行家和富有的店主，也就是当时正在兴起的中产阶级。

接着，克拉普等人分析了19世纪后期到20世纪的郊区化，认为这时郊区生活已扩展到“所有人”。当然，他们所谓的“所有人”并未真正包括所有社会阶层在内，而主要指中产阶级和有一定经济能力的工人阶级。为了说明这一问题，他们摘引了19世纪后期伦敦市夜晚统计（night - census）和白天统计（day - census）人口数字，如表12所示。

表12：1861—1891年伦敦市夜晚和白天人口统计表（单位：人）

夜晚			白天		
1861年	112，063		1866年	170，133	
1871年	74，897	减少37，166	1881年	261，061	增加90，928
1881年	50，652	减少24，245	1891年	301，384	增加40，323
1891年	37，694	减少12，958			

资料来源：B. W. Clapp, H. E. S. Fisher and A. R. J. Jurica, *Documents in English Economic History*, *England Since* 1760, London: G. Bell & Sons Ltd., 1976, pp. 224 - 225.

注：由于资料来源不同，表12与表9中的部分数据有微小的差异，本书按照原文引用。

① B. W. Clapp, H. E. S. Fisher and A. R. J. Jurica (eds), *Documents in English Economic History*, *England Since* 1760, London: G. Bell & Sons Ltd., 1976, p. 223 - 224.

② B. W. Clapp, H. E. S. Fisher and A. R. J. Jurica (eds), *Documents in English Economic History*, *England Since* 1760, London: G. Bell & Sons Ltd., 1976, pp. 223 - 224. 此外可参考Thomas Babington Macaulay, *The History of England from the Accession of James the Second* (*vol. I*), London: Printed for Longman, 1849, pp. 350 - 351。

从表 12 中可以看到 1861—1891 年伦敦登记在册的夜晚居住人口数据逐年减少，到 1891 年时居住在伦敦市内的人口仅为 30 年前的 1/3 左右；而在伦敦的白天人口统计数据方面，包括居住人口和通勤工作人口，可以看到 1866—1891 年伦敦白天的人口不断增加，在不到 30 年的时间里这部分人已经增长到 1.8 倍。克拉普等人指出，这些变化的原因在于对城市商务用地的需求导致城市地价上涨，许多人负担不起昂贵的住房租金而外迁，同时郊区火车的发展也为此提供了极大便利。因此，从 19 世纪后期开始，相当一部分伦敦市民每天往返于市里办公室和郊区住宅之间，这些市民大多数从事各种商贸活动，不仅包括大商人和银行家，也包括许多公司的职员和技术工人。也就是说，克拉普等人所谓的“所有人”实际上就是后一时期郊区化的主体：中产阶级和工人阶级上层。

第五，地理区域不同。

18 世纪后期和 19 世纪前期，伦敦郊区主要形成和发展于周围邻近的乡村，从地域范围和居住人数而言规模较小。然而，从 19 世纪后期开始，伦敦郊区迅速向更远处蔓延，规模迅速扩大。这一方面是由于伦敦的经济和社会发展以及人口的持续增长，对城市中心居住区域产生了日益紧迫的压力，另一方面也在于公共交通尤其是火车的大量使用为较远郊区的发展提供了前提条件。因此，前一时期伦敦郊区化局限于较小范围的地域，由较小范围的社会阶层向外迁移；到后一时期，新兴郊区离伦敦市越来越远，规模也越来越大，形成如一波波海浪不断向外推进的扩张样式。

两个时期郊区化地理区域的差异，可以从伦敦地域区划的演变中窥见一二。18 世纪后期和 19 世纪前期，伦敦郊区化主要是在紧邻伦敦市周围的地区进行，也就是后来的伦敦郡和所谓“内伦敦”的地区；到 19 世纪末和 20 世纪，伦敦郊区化进程则更主要的是发生于伦敦郡之外的地区，即所谓的“外伦敦”。前一时期兴起的郊区逐渐变成城市——或者更准确地说是大都市圈的一部分，如伊斯林顿、兰巴斯这些偏远而隔绝的郊区后来转变为伦敦郡的自治市；而后一时期的郊区化则继续向更远处推进，延伸到伦敦郡的管辖范围之外。郊区发展的这种差异在 19 世纪中叶已经比较明显，给当时一些观察者留下深刻的印象。1845 年戴维·伊万斯写道：长期以来肯辛顿、哈克尼、伊斯林顿、帕克姆和克拉朋这些地区就是伦敦富人所青睐的居住区，但是现在非常富有的人“在这方面的偏好发生了变化，这些地区逐渐失去了原本的那些上层居民”，他们向更远的郊区迁移。因此，现在更多的是“公司职员而不是上层主管者居住在这些地方，从周围较近郊区骑马或步行到伦敦市的，也大多是公司职员阶层”①。由此可见，人们尤其是富人日益向更远的郊区迁移，使伦敦郊区不断向外扩散。

第六，所处阶段不同。

前文已述，学者们普遍认为，城市化发展大致可以分为四个阶段，即城市化、郊区化或非城市化、逆城市化或反城市化、再城市化四个阶段。在某种程度上，我们可以说上述伦敦郊区化的两个发展时期，分别对应了郊区化和逆城市化之两个阶段。

在城市化四阶段中，郊区化和逆城市化有某些相似之处，重要特征都是人口向城市外围地区的流动。然而，作为城市发展的两个不同阶段，郊区化和逆城市化之间也存在着较大的差异：前者是城市周边的通勤地区以已建立的城市中心区为代价发展起来，一部分人口向城市周围可通勤到达的范围蔓延，后者则指除了城市中心区以外，周边通勤地区的人口也有一定程度的外迁，整个城市体出现人口的负增长②。因此，郊区化和逆城市化的差异在于：一是城市中心的人口流失量不同，前一阶段中人口流失要比后一阶段要少；二是人们向城市外围迁移的地区不同，前者的地区通常与市中心接壤，而后者通常与城市有较大的距离；三是城市离心因素不同，前者通常只是人口而且是部分人口的外迁，而后者通常是大量人口外迁，并且逐渐伴随着制造业、服务业等经济活动的外迁。

---

① David Morier Evans, *The City; Or, the Physiology of London Business*, London: Baily Brothers, 1845, p. 190.

② 关于两者的差异，参见许学强等编：《城市地理学》，北京：高等教育出版社，1997 年，第 51—55 页。

由上述可知，在两个不同时期内，伦敦郊区化[1]在城市化进程中处于不同的发展阶段。首先，两个时期人口的流失量不同：在前一时期向伦敦城外迁移的主要是中产阶级人士，尤其是较为富有的中产阶级上层，而后一时期郊区化主体日益扩大到中产阶级下层和一部分工人贵族；其次，人们向城市外围迁移的地区不同：前一时期郊区化的主要地区是紧邻伦敦市的区域，形成包围伦敦市的内郊区环，而后一时期郊区迅速蔓延到更远的地区，其中大多数都没有与伦敦市区接壤；最后，城市离心因素不同：在前一时期，伦敦郊区化进程中基本上只有人口的迁移，这些郊区人口仍然依赖于伦敦市以从事商业和其他经营活动，而后一时期，尤其是进入 20 世纪后，渐渐出现制造业、零售业和办公室的郊区化，如阿克顿和哈默史密斯成为某些学者所谓的“生产郊区”。一些美国社会学家将郊区划分为三种类型，即居住型郊区（residential suburbs）或称消费郊区（suburbs of consumption）、工业型郊区（industrial suburbs）或称生产郊区（suburbs of production）、混合性郊区（mixed suburbs）[2]。早期伦敦郊区主要是纯粹的居住型郊区，到后一时期郊区的性质和功能开始有了变化，这些地区除了具有居住的功能之外还兼具生产的功能。

因此，从伦敦整个城市发展的历史来看，上述两个时期在伦敦城市化过程中处于不同的阶段，这不仅是我们在考察伦敦郊区化时必须加以强调的，同时也解释了为什么人们有时会产生误解，认为直到 19 世纪末甚至 20 世纪才开始郊区化。

三、伦敦郊区化的过去、现在与未来

2005 年，林恩·哈普古德（Lynne Hapgood）出版了《欲望的边缘》一书，该书从形象、特征和影响等方面考察了伦敦郊区生活在 1880—1925

① 为了叙述方便，这里我们姑且统一称之为“郊区化”，而不详细区分为郊区化和逆城市化两个阶段。

② Wilbur Chapman Hallenbeck, *American Urban Communities*, New York: Harper, 1951, p. 206.

年的文学作品以及更深层次文化中的反映[①]。哈普古德认为，伦敦郊区化已经成为一种重要的社会现象，引起了人们的深刻反思，而这种反思表现在文学作品中甚至产生了新的文学主题和新的文学流派。有的作家把郊区看作能够缓解社会冲突的美好乌托邦，有的人把郊区视为实现浪漫田园诗梦想的手段，有的人则把郊区看作导致个性丧失、文化价值衰落的中心场所，还有人认为郊区生活会导致建筑和文化审美的枯竭。那么，伦敦的郊区将会为人们带来什么？最终它能否实现人们一开始向郊区迁移时所追求的梦想？实际上，早在19世纪，许多富有洞察力的观察者就曾努力寻求这些问题的答案。

1852年，在查尔斯·狄更斯主编的《日常用语周刊》中，一位匿名作者非常生动形象地描述了当时人们对伦敦郊区迅速蔓延的复杂态度。该作者指出大城市的继续扩张是很自然的，“但是伦敦不是以任何自然的、理性的或可理解的方式扩张……它是以一种可怕的、令人担忧的、不可思议的方式在膨胀。在你没有察觉的时候，在没有任何预警的情况下，它发生在你面前；它来得悄无声息；它以一种掩人耳目的极快速度，从一只小老鼠变成为一头大象。”[②] 此后，越来越多的观察者和评论者开始对伦敦的郊区化进行深刻的反思。

从19世纪作家和评论家到当代学者，许多人都对伦敦郊区的扩张感到忧心忡忡，他们从各个方面对这一现象加以批判。大致说来，这些批判可以归纳为以下几个方面：

批判之一：伦敦郊区向周围地区的蔓延，吞噬了原本的乡村和田野，因此对乡村和国家的整体发展是有害的。持这一观点的有19世纪激进派记者和作家威廉·科贝特，他在游记《乡村之旅》中对伦敦城市的触角延伸到周边几乎所有乡村表现出强烈的不满和反对，把伦敦称为一个“大毒瘤

① Lynne Hapgood, *Margins of Desire*: *The Suburbs in Fiction and Culture* 1880 – 1925, Manchester and New York: Manchester University Press, 2005.

② “The great invasion”, *Household Words*, *A Weekly Journal*, Vol. V, No. 104 to No. 129, 1852, p. 70.

(great wen)"[1]，认为这个毒瘤的不断肿胀使其郊区不断延伸，田地被大量住宅建筑取代，最终附近乡村都被吞噬。例如，克罗伊登被伦敦吞没，从克罗伊登到这个大都市布满了建筑物而没有一点乡村特色，使之与周围"其他地区一样都是那么丑陋"[2]。科贝特的批判引起了当时许多人的共鸣，而他对伦敦的贬斥性比喻即"great wen"，后来也成为伦敦的一个贬义别称。

批判之二：郊区生活带来一种无政府的、反社会的生活态度。19 世纪研究伦敦历史的著名学者沃特·巴桑特（Walter Besant）认为，"伦敦郊区生活是一种没有任何政府、社会集合或机构的生活"，为人们提供的是"人类有史以来最为枯燥的一种生活方式"[3]。西德尼·罗（Sidney Low）在 1891 年发表了一篇文章，对伦敦郊区的兴起和发展进行了认真的思考，他认为伦敦的未来将会是"一个由郊区组成的伦敦"，城市中心区全部都是办公室、仓库、商店、剧院、图书馆等机构，公司职员和小店主迁移到近郊区居住，大商人、银行家和其他更富有的人则向更远的郊区移居。这种社会地理格局将导致一种社会认同感的丧失，使人们日益成为彼此隔绝的个体和小团体，例如"十几个克罗伊登居民将形成一个位于中心根据地之外的独立的圈子。"[4] 在这些批判者看来，郊区生活理想就其本质（即追求隐私、与外部世界隔离）而言，具有反社会的一面。在郊区家庭生活中所存在的那种个人体验，总体而言是游离于社会之外的。

批判之三：郊区生活方式无法真正提供人们所追求的东西。伦敦郊区最初兴起的一个重要原因在于逃离城市的各种问题，然而随着郊区的迅速发展，郊区本身也逐渐出现它最初所希望避免的问题。城市史学家刘易斯·芒福德认为："在克服城市过分拥挤和过分扩大这个困难方面，已经

---

① William Cobbett, *Rural Rides*, London: Published by A. Cobbett, 1853, p. 42.

② William Cobbett, *Rural Rides*, London: Published by A. Cobbett, 1853, p. 65.

③ Hugh Clout and Peter Wood (ed.), *London: Problems of Change*, Harlow: Longman Group Limited, 1986, p. 186.

④ S. J. Low, "The rise of the suburbs", *Contemporary Review*, 60 (1891: July/Dec.), p. 551.

证明，发展郊区只能是暂时的一种解决办法，而且这种办法代价昂贵。一旦郊区的布局形式普遍化了，到处都是，那么，它原先引以为自豪的那种优点，也就开始消失了。”他强调郊区的大规模发展必将给整个城市带来危害，“当郊区只为一小部分特权阶层服务时，它既不破坏农村，也不威胁城市。但是现在往郊区迁移成了群众运动，它逐渐破坏了城市和郊区的环境价值，只产生了一种单调乏味的代替物，没有结构形式，更没有原先郊区的价值。我们面临着一种奇怪的充满矛盾的事物：新的郊区形式现在产生了一种反城市布局。”① R. J. 莫里斯（R. J. Morris）也深刻地分析了郊区不断扩张最终将给城市和社会带来的影响，他认为郊区化进程“会否认城市的现实，最后将毁灭城市，使城市仅仅成为一个理想的和感觉的建构。郊区的扩张带来一系列行政、经济和社会的问题，边界的扩张和新城市的创建将周期性地解决这一问题，但是交通的发展通常会导致向更远地区的逃离，直到最后又建立一个居住型城市。”② 这样，原来的郊区最终成为城市，而为了逃避城市问题，人们又继续向外围追寻世外桃源，这种追寻永无止境，也永远无法真正实现。

批判之四：郊区化将形成建筑审美和社会文化的荒漠。伦敦郊区的扩张，尤其是19世纪后期以后的迅速扩张，导致千篇一律的单调的城市景观。1905年，《泰晤士报》把郊区看作“以一种最无趣或最枯燥的方式”复制城市，“制造了一个令人吃惊的、单调、丑陋和沉闷的地区。”③ 当代史学家F. M. L. 汤普森考察了郊区的兴起之后，也认为郊区是一个“没什么人特别喜欢的、不可爱的、不规则扩张的人工产物”④。伦纳德·里斯曼

① ［美］刘易斯·芒福德著：《城市发展史——起源、演变和前景》，宋俊岭、倪文彦译，北京：中国建筑工业出版社，2005年，第503、519页。

② R. J. Morris, “The middle class and British towns and cities of the industrial revolution, 1780 - 1870”, in Derek Fraser and Anthony Sutcliffe (eds.), *The Pursuit of Urban History*, London: Edward Arnold, 1983, p. 304.

③ Ken Young and Patricia L. Garside, *Metropolitan London: Politics and Urban Change* 1837 - 1981, London: Edward Arnold Ltd., 1982, p. 108。

④ F. M. L. Thompson, “Introduction: The rise of suburbia”, in F. M. L. Thompson (ed.), *The Rise of Suburbia*, Leicester: Leicester University Press, 1982, p. 2.

(Leonard Reissman) 则把郊区的这种单调性和缺乏美感归咎于郊区开发的无规划和无序性。伦敦是最早开始郊区化的城市，从一开始就是在市场经济力量的推动下由私人地主和建筑商自发建设，再加上英国长期存在的自由放任思想使郊区开发缺乏政府统一规划，因此“开发商通常只根据自己的意志进行建设，只接受自己谋利愿望的指导”①，导致郊区缺乏建筑审美和社会文化。

批判之五：郊区生活方式是压制女性的工具。从20世纪初开始，一些女性主义者对郊区提出了批判，她们指出郊区把女性束缚在一个个狭小的家庭当中，使女性远离工作和外部世界。在许多女性主义作家看来，性别的不平等在城市空间的利用模式上表现得淋漓尽致：“大部分郊区女性被迫生活在有限的地域之内，郊区生活的狭隘性——狭隘的住宅、狭隘的思想以及狭隘的关注对象，所有这些都是针对她们的。”② 郊区反映的是一种由男性为男性而创造的生活环境，几乎没有考虑到妇女的需求和地位③。对于女性自身来说，选择郊区生活则意味着一种两难处境：一方面，郊区生活提升了她们在家庭中的地位，甚至在家庭道德中占据主导地位；但另一方面这也将她们从权力和生产的世界中分离出来，在经济、人身乃至于社会空间上处于一种依附的地位。正因如此，19世纪后期出现“郊区神经衰弱症”(suburban neurosis) 一词，该词强调女性由于在郊区家庭中的无所事事和缺乏个人成就感而陷入一种精神上的空虚状态④。

综上所述，19世纪以来人们从不同的角度对伦敦郊区化及其带来的后果进行了反思和批判。但是，无论人们对伦敦郊区的扩张持什么样的态

① Leonard Reissman, *The Urban Process: Cities in Industrial Societies*, New York: The Free Press, 1964, p. 36.

② Lynne Hapgood, *Margins of Desire: The Suburbs in Fiction and Culture* 1880 - 1925, Manchester and New York: Manchester University Press, 2005, p. 114.

③ William A. Schwab, *The Sociology of Cities*, Englewood Cliffs: Prentice - Hall, Inc., 1992, pp. 321 - 323.

④ J. A. Simpson and E. S. C. Weiner (eds.), *The Oxford English Dictionary* (*Second edition, Volume XVII*), Oxford: Clarendon Press, 1989, p. 86.

度，从18世纪后期直到20世纪，伦敦郊区的形成、初步发展和飞速发展，都是一个既存的事实。无论郊区生活给社会、文化和人际关系带来怎样的冲击，郊区仍然为许多伦敦人尤其是维多利亚时期的伦敦人提供了他们所追求的许多东西：“家，甜蜜的家”、安全的街道、儿童的乐园，以及空间的身份标志。当成千上万人迁到郊区时，郊区就代表了一种与城市生活吸引力相决裂的背离，成了一种独属于自己的文明。C. F. G. 玛斯特曼（C. F. G. Masterman）提出：郊区“形成了一种同质的文明——一种隔离的、自我中心的、不虚饰的文明，它覆盖了城市”[①]。而斯蒂芬·因伍德也强调：“无论道德家和建筑师们如何批评郊区那种令人乏味的同质性、那种狭隘的体面优雅性以及那种既非城市又非乡村的失败性，郊区仍然是当工资水平、工作时间和交通纽带所允许时，许多伦敦中产阶级和工人阶级所选择的生活方式。在他们看来，郊区生活不是提供了城市和乡村这两个世界最坏的一面，而是最好的一面。”[②]

伦敦郊区化作为一种历史现象，人们对它的评价尽可以仁者见仁，智者见智，但对历史上存在并且还在继续发展的一种现象，更重要的不是充当评判者，而是充当建言者，因为后者更有利于其未来的发展。针对伦敦城市化和郊区化过程中产生的一些问题，学者们也提出了相应的解决方法。

解决方法之一：建设绿化带（Green Belt）。绿化带是指环绕城市建成区的乡村开放地带，包括农田、林地、公园等，通常由城市规划确定其范围，其开发建设受到严格的限制。面对伦敦郊区的迅速扩张，一些专家提出在伦敦建成区外围修建绿化带，在绿化带范围内未经政府批准不得有任何建设，以限制城市的扩张并保护周围乡村。

实际上，有关伦敦绿化带的构想最早可以追溯到1580年，是年伊丽莎白一世发布王室声明，要求在伦敦周边设置一条宽4.8公里的隔离区域，

① Roy Porter, *London: A Social History*, Cambridge, Massachusetts: Harvard University Press, 2001, p. 235.

② Stephen Inwood, *A History of London*, London: Macmillan, 1998, p. 570.

在该区域内禁止新建任何房屋。17 世纪，威廉·配第（William Petty）第一次提出了绿化带这个概念。从 19 世纪到 20 世纪初，不断有学者提出在伦敦周围修建绿化带以保护农田和森林，实现城市空间结构的合理规划①。1935 年，大伦敦区域规划委员会发表了第一份修建绿化带的政府报告，确定了伦敦绿化带的基本思想。1938 年，英国议会通过了《伦敦及其附近各郡的绿化带法》，并试图由政府购买城市边缘地区农用土地，来保护农村和城市环境不受城市过度膨胀的危害。但由于缺乏资金以及必要的法律依据和统一规划，结果收效甚微。

第二次世界大战之后，伦敦城市的规划进入了一个新的发展时期。临近战争结束时，帕特里克·阿伯克龙比（Patrick Abercrombie）于 1944 年主持编制了大伦敦规划（Greater London Plan），这一规划在距伦敦市中心约 48 公里的范围内，由内到外划分了 4 层地域环境，分别是内城环、近效环、绿化带环和农业环。绿化带环宽 11—16 公里，作为伦敦的农业和休憩地区，通过实行严格的开发控制，保持绿化带的完整性和开放性，阻止城市的过度蔓延。大伦敦规划成为日后伦敦及周边地区制定相关绿化带规划的基本依据。1947 年《城乡规划法》（Town and Country Planning Act 1947）的颁布为绿化带的实施奠定了法律基础。该法的一个重要内容就是确定了几乎所有的土地开发活动都必须在获得政府颁发的规划许可证后才能进行，这使得规划部门有权控制绿化带中的各类建设，避免绿化带受到破坏。此后，英国政府的各项法令政策一再重申城市绿化带的重要性，各地区只要条件许可都应该修建绿化带。到 20 世纪 80 年代，英国各地的绿化带规划基本完成，其中伦敦绿化带面积最大，约为 4，860 平方公里，最宽处约有 35 公里②。

但是，绿化带政策实行之后也出现了一些问题，如增加交通距离和交

① 贾俊、高晶：《英国绿带政策的起源、发展和挑战》，载《中国园林》，2005 年第 3 期，第 69—72 页。

② 贾俊、高晶：《英国绿带政策的起源、发展和挑战》，载《中国园林》，2005 年第 3 期，第 70 页。

通成本，造成城市土地供应紧张，加重了农业地区的开发压力等。因此，如何解决这些问题，同时限制伦敦郊区的扩张并保护周围乡村，就成为此后政府面临的重要问题。

解决方法之二：修建新城或卫星城。二战后，英国政府开始在伦敦周围地区兴建所谓新城（new town），由此开始了一场旨在防止城市恶性膨胀、合理规划城市的新城运动。由于这些新城通常是围绕着中心大城市兴建的中小城市，就好像卫星围绕着行星运行一样，所以又被称为“卫星城”（satellite town）。

新城规划理论主要起源于埃比尼泽·霍华德的花园城市理论，该理论强调对城市发展的规划，要求在广阔乡村之间修建规模较小的城市，同时不允许城市无限扩张，如果在这些城市中人口和活动达到一定程度就要另建新城。在花园城市理论的启发下，1944 年阿伯克龙比的大伦敦规划将大伦敦分为 4 层区域环境，这也对新城运动产生了影响。1945 年，由英国中央政府直接拨款的新城开发公司正式成立，并根据新城法于 1946—1949 年在离伦敦市中心约 35 英里处呈放射线状建成了 8 座新城，英国的新城开发运动由此拉开序幕。英国学者迈克尔·布鲁顿和希拉·布鲁顿把英国新城运动分为三个阶段，分别是 1946—1950 年、1951—1960 年和 1961—1970 年①，在第一和第三阶段都是以疏散伦敦人口为目的。

建立新城主要是为了控制大城市人口的过分膨胀，疏散城市的部分工业和人口，减小城市基础设施压力并改善产业结构。英国的新城运动大体上是成功的，因为这一运动在很大程度上缓解了战后城市人口拥挤和城市无序发展的问题。正因如此，英国新城被规划界誉为“规划皇冠”上的明珠②。但是，新城建设也带来了一些问题，如造成大量农业用地的丧失和政府规划中的强制行为等。1980 年，政府宣布现存的新城委员会和开发公司解散，政府不再对任何新城扩展项目发放贷款，这标志着英国历时二三

① ［英］迈克尔·布鲁顿、希拉·布鲁顿：《英国新城发展与建设》，于立、胡伶倩译，载《城市规划》，2003 年第 12 期，第 78—81 页。

② 《英国新城：规划皇冠上的明珠》，http：//info. upla. cn/html/2008/03 - 11/101497. shtml。

十年的新城运动告一段落。

解决方法之三：再城市化。前文已述，许多学者把城市化的历史演变划分为四个阶段：城市化、郊区化、逆城市化和再城市化。近年来，再城市化日益成为包括伦敦在内的西方许多大城市中的重要现象，因而引起了学者们的广泛关注。学者们对再城市化这一现象的指称不一，或称之为“再城市化”（reurbanization），或称之为“中产阶级化”（gentrification），还有的称之为“城市复兴”（urban renaissance），以及“返城运动”（the back - to - the - city movement）①。不论称谓为何，人们普遍认为再城市化是指城市中心区人口减少的速度减慢，或者是中心区人口开始增长，尤其强调城市中产阶级取代低收入阶级，重新由郊区返回内城即城市中心区。

由于伦敦郊区化和逆城市化的发展，城市中心区日益衰落，出现了商业萎缩、失业严重、贫困加剧、治安混乱等一系列经济和社会问题，这些问题日益引起政府当局的高度关注。1978 年，工党政府通过了《内城地区法》（Inner Urban Areas Act 1978），其主要内容就是政府为恢复和开发旧城的活力创造条件：一方面，由疏散内城人口转为吸引人口回流，适当增加一些高质量住宅，推动人们回城居住和工作；另一方面，进一步调整和优化城市的功能结构，发展高科技产业和第三产业以增加就业机会，强化伦敦作为国际金融和国内政治、文化中心的地位。2002 年 11—12 月，英国在伯明翰召开了由 1，600 多人出席的城市峰会，提出了城市复兴、再生和持续发展的口号，进一步把发展的重点拉回到市区。

在这种情况下，伦敦出现了缓慢的再城市化现象。不过必须指出的是，再城市化虽然在伦敦市有所表现，但是并不限于这“一平方英里”，因为伦敦市作为金融和贸易中心，拥有世界上几乎所有大型国际银行和金融机构的办事处，所以容纳人们回归城市的居住空间有限。再城市化现象更明显地表现在整个大伦敦区。1939 年，大伦敦区域的人口增长达到最高

① George Galster and Stephen Peacock，“Urban gentrification：Evaluating alternative indicators”，*Social Indicators Research*，18：3（1986：Aug.），p. 321.

点 8，600，000 人，而内伦敦早在 1901 年就达到人口最高数。此后，大伦敦区的人口逐渐下降，呈逆城市化发展，到 1991 年左右则出现再城市化的倾向。1961—2001 年大伦敦区的人口变化如表 13 所示：

表 13：1961—2001 年大伦敦人口变化情况

统计年代	每十年的人口变化比例（即与前十年的统计数之比）	
1961 年	-2.5%	逆城市化
1971 年	-6.8%	
1981 年	-9.9%	
1991 年	+0.9%	再城市化
2001 年	+7.9%	

资料来源：“Counter - Urbanisation”，http：//www. arthurrankcentre. org. uk/publications_ and_ resources/life_ and_ faith_ in_ rural_ communities/lfirc_ database/datafile. asp？ID = 166&DocType = pdf

从表 13 中可以看到，1961—1981 年大伦敦区的人口都是呈负增长的趋势，而且这种负增长的比例还日益加大。但 1991 年大伦敦区的人口开始出现微小的正增长比例，1991 年比 1981 年的人口增长了 0.9%，表明一部分人开始向大伦敦区回流，而 2001 年比 1991 年的回流人数有更大增长，比例为 7.9%。因此，学者们把 1961—1981 年看作是伦敦逆城市化的发展过程，1991 年后则开始进入再城市化过程，此后城市中心区的居住人口有着日益明显的增长。

解决方法之四：可持续发展郊区。

2006 年 6 月，伦敦市政府发布了一份可持续发展郊区的报告：《明日郊区：使伦敦可持续发展的手段》（Tomorrow’s Suburbs：Tools for Making London More Sustainable）。在这份报告中，伦敦市政府提出要使伦敦未来郊区具有可持续发展特征，也就是使经济、社会和环境和谐发展。报告中提出了郊区可持续发展的七项举措：加强地区中心在郊区开发中的作用；使新的郊区建设能够适应变化的环境；增加住房的供应；发展汽车的替代性交通工具；保证郊区环境的可持续性发展；推动郊区的就业发展；加强郊区发展中公共规划的作用[①]。

伦敦市政府提出了可持续发展郊区的各项基本政策后，任命了规划和空间发展委员会（Planning and Spatial Development Committee）进行详细调查并提出具体实施建议。2007 年 6 月，该委员会公布了一份调查发展报告：《半独立住宅：对伦敦郊区的再思考》（Semi - detached：reconnecting London' s suburbs）。该报告首先指出："郊区反映了伦敦的历史发展……伦敦与其他欧洲大城市最大的不同之处，也许就在于伦敦的郊区生活及其象征，即有前后花园的半独立式住宅。"郊区是约 2/3 伦敦人的居住地，但现在"伦敦郊区却不能很好地迎接工作、购物、休闲和旅行模式变化所带来的挑战，郊区的发展不像它们初建时那样有可持续性，它们成为依赖于私人汽车的宿舍区"。因此，该委员会对于伦敦郊区未来的发展忧心忡忡："昨天的郊区已经成为今天的内伦敦。那么，今天的郊区甚至明天的郊区，又将会变成什么样？"[②] 他们认为唯一的办法就是以可持续发展的方式再造郊区（reinvent suburbia），并在对伦敦市政府所提出的七项政策进行详细研究后，提出了具体的实施办法。

值得一提的是，在政策的制订中，政府尤其考虑到 2012 年将要在伦敦召开的奥林匹克运动会，因此任命伦敦环境委员会（London Assembly Environment Committee）对大伦敦区的环境可持续发展进行调查。该委员会于 2008 年提交了一份《2012 年伦敦奥运会和残奥会环境可持续发展报告》（The Environmental Sustainability of the London 2012 Olympic and Paralympic Games）[③]。

上述针对伦敦郊区迅速扩张问题的种种方法，彼此之间并不是孤立的，而是存在着密切的联系。例如，新城运动虽然告一段落，但是新城建

① "Tomorrow' s Suburbs", http：//www. london. gov. uk/mayor/strategies/sds/toolkit/docs/suburbs. pdf

② "Semi - detached", http：//www. london. gov. uk/assembly/reports/plansd/semi - detached. pdf

③ "The Environmental Sustainability", http：//www. london. gov. uk/assembly/reports/environment/2012 - sustainable - olympics. pdf

设并没有完全停止，而是开始转向协助大城市恢复经济，促进再城市化的发展。

近代意义上的郊区最早诞生于英国伦敦，此后迅速蔓延到英国其他城市，如曼彻斯特、伯明翰，然后跨过大西洋传播到欧洲大陆和北美地区，并在美国更为全面迅速地发展起来。20 世纪后期，郊区生活方式也开始渗透到一些发展中国家，其大中城市也逐渐出现了郊区化现象。例如在我国，从 80 年代开始，在北京、上海和广州等经济发展水平较高的地区，城市逐渐从原来的向心集聚转变为离心分散。随着郊区生活方式向其他地区和国家的扩散，在全球化背景下的今天，郊区化不再是某个城市或某个国家的特有现象，而是成为一种普遍的发展趋势。那么，郊区的尽头在哪里?

城市学家罗伯特·费什曼在《中产阶级的乌托邦》一书中，对郊区的发展进行了比较系统的分析。通过对郊区化历史延续性与20 世纪出现的新变化进行考察，费什曼得出一个令人惊讶的结论：“传统意义上的郊区已经消亡，取而代之的是一种分散化的新城市。”[①] 在这里费什曼还发明了两个新的词汇，即科技型郊区（techno - urb）和科技型城市（techno - city），前者指的是位于大城市外围，规模相当于一个小城镇并且可以独立于大城市的社会经济单元，后者则是指当科技型郊区摆脱对城市中心区的依赖后，由高速公路所联结的一个多中心区域。两者的关系是松散的，科技型郊区可以借助高速公路网络，不一定通过城市中心区而与其他地区联系起来。此外，科技型郊区存在的基础在于先进的网络技术和通信技术，与一个多世纪之前的居住型郊区完全不同，因此，从这个角度来说，近代意义上的郊区已经消亡。

针对郊区在 20 世纪的各种变化，还有的学者提出所谓的“后郊区”（post - suburbia）理论。迈克尔·帕西奥（Michael Pacione）把后郊区看作

① Robert Fishman, *Bourgeois Utopias: The Rise and Fall of Suburbia*, New York: Basic Books, Inc. , 1987, p. 302.

后工业城市（post - industrial city）或后现代城市（postmodern city）中出现的一种现象，其基本特征是城市空间、郊区空间和乡村空间复杂的、松散的混合，以及来自各阶级和种族的居民的混合。帕西奥指出，20 世纪后期欧洲许多大城市进入了一个后郊区化时代，在这个时代内郊区的人口减少，就业率提升，同时通勤率也有降低的趋势①。而尼古拉斯·菲尔普斯（Nicholas A. Phelps）等人则直接提出在 20 世纪后期，欧洲所有大城市都进入了后郊区发展的阶段，形成了一个“后郊区的欧洲”。他们认为，当代郊区不再是纯粹的居住型地区，因为这些郊区逐渐发展起比较独立的经济功能，能够提供大量就业机会，同时还有日益发展的政治功能，在政治方面发挥越来越重要的作用。因此，在郊区和郊区之间、郊区和中心城市之间出现了相当程度的“政治 - 经济压力”（political - economic tensions）②，成为政府机构和居住人群所面临的新问题。

实际上，所谓郊区的消亡也好，后郊区化也罢，郊区出现的各种变化都是为了适应全球化背景下日益复杂的政治、经济和社会形势。在这个适应过程中，郊区带来了各种问题，同时也呈现出发展得更为完善的前景。通过上文对郊区化过去和当下的发展状况进行分析，我们可以对郊区化的未来发展趋势做出展望：首先，在可见的未来，郊区将长期存在，尤其是在发展中国家。发达国家和发展中国家的郊区化进程存在较大差异，如何让郊区更好地适应当前社会经济和文化的发展变化，如何让郊区为人类文明的进步做出更大的贡献，这些都是需要人们不断摸索、不断总结的深刻课题。其次，郊区的功能必然随着经济、社会的变化而变化。20 世纪郊区发展已经表明了这一点，郊区从早期的单一居住功能开始向居住、经济生产、政治管理以及其他社会活动的多功能转变。随着全球化形势的进一步发展，未来的郊区将会随着人类社会的进步而出现更多的功能。最后，郊

① Michael Pacione, *Urban Geography: A Global Perspective*, London: Routledge, 2005, p. 673, p. 91.

② Nicholas A. Phelps et al, *Post - Suburban Europe: Planning and Politics at the Margins of Europe's Capital Cites*, Basingstoke: Palgrave Macmillan, 2006, p. 6, p. 1.

区与城市中心以及其他地区的关系将日益紧密。在先进的交通和通信技术推动下，郊区与城市中心逐渐形成大都市圈，并且与其他地区建立起更直接更密切的联系。在这一过程中，郊区与城市、城市与城市之间的差距都日益缩小，最终成为一个紧密联系体。

参考文献

一、原始档案

[1] Berkeley, George, *Discourse Addressed to Magistrates and Men in Authority*, Dublin: Sold by J. Roberts, 1738.

[2] Besant, Walter, "London of George the Second", *Harper' s New Monthly Magazine*, 84 (1891: Dec. - 1892: May), PP. 619 -634.

[3] Campbell, Robert, *The London Tradesman, Being a Compendious View of All the Trades, Professions, Arts, Now Practised in the Cities of London and Westminster, Both Liberal and Mechanic*, London : Printed by T. Gardner, 1747.

[4] Cobbett, William, *Rural Rides*, London: Published by A. Cobbett, 1853.

[5] Collingwood, W. G., *The Life and Work of John Ruskin* (*Vol. I*), Boston and New York: Houghton, Mifflin and Company, 1893.

[6] Colman, George and Garrick, David, *The Clandestine Marriage, A Comedy*, London: Printed for T. Becket and P. A. De Hondt, 1766.

[7] Colman, George, *New Hay at the Old Market; an Occassional Drama, in One Act*, London: Printed by W. Woodfall, 1795.

[8] Colman, George, *The Spleen, or, Islington Spa, A Comick Piece of Two*

Acts, Dublin, 1756.

[9] Colquhoun, Patrick, *A Treatise on the Police of the Metropolis, Explaining the Various Crimes and Misdemeanors*, London: Printed by H. Fry, 1797.

[10] Cowper, William, *The Task, a Poem in Six Books*, London: Printed for J. Johnson, 1785.

[11] Dalton, Michael, *The Countrey Justice*, London, 1618.

[12] De muralt, Beat – louis, *Letters Describing the Character and Customs of the English and French Nations*, London: Printed by Tho. Edlin, 1726.

[13] Defoe, Daniel, *A Plan of the English Commerce. Being a Complete Prospect of the Trade of This Nation, as Well the Home Trade as the Foreign*, London: Printed for Charles Rivington, 1728.

[14] Dickens, Charles, *Sketches by Boz, Illustrative of Every – day Life and Every – day People*, Pheladelphia: Published by Getz, Buck & Co. , 1852.

[15] Emerson, George Rose, *London, How the Great City Grew*, London: Routledge, Warne, & Routledge, 1862.

[16] Evans, David Morier, *The City; Or, the Physiology of London Business*, London: Baily Brothers, 1845.

[17] Evelyn, John, *Diary and Correspondence of John Evelyn, F. R. S. (Vol. I)*, London: Henry G. Bohn, 1862.

[18] Evelyn, John, *Fumifugium: Or the Inconvenience of the Air and Smoke of London Dissipated*, London: Printed by W. Godbid, 1661.

[19] Evelyn, John, *Memoirs of John Evelyn, Esq. Comprising His Dairy, from* 1641 *to* 1705 – 6 (*Vol. III*), London: Henry Colburn, 1827.

[20] Fielding, Henry, *A Brief Description of the Cities of London and Westminster, the Public Buildings, Palaces, Gardens, Squares, &c.* , London: Printed for J. Wilkie, 1776.

[21] Fielding, Henry, *The Works of Henry Fielding, Esq. With the Life of the Author (Vol. XII)*, London: Printed for A. Millar, 1766.

[22] Fielding, Henry, *The Works of Henry Fielding: Miscellaneous: Covent - Garden Journal.* (*Vol. X*), London: Printed for J. Johnson, 1806.

[23] Fuller, Thomas, *The History of the Worthies of England*, London: Printed by F. G. W. L., 1662.

[24] Gibbs, James, *A Book of Architecture, Containing Designs of Buildings and Ornaments*, London: Printed for W. Innys, 1739.

[25] Graves, Richard, *Columella: Or, The Distresses Anchoret* (*Vol. II*), London: Printed for J. Dodsley, 1779.

[26] Greene, George Washington (ed.), *The Works of Joseph Addison* (*Vol VI: The Spectator*), G. P. Putnam & Co., 1856.

[27] Grosley, Pierre Jean, *A Tour to London; Or, New Observations on England, and Its Inhabitants* (*vol. I*), London: Lockyer Davis, 1772.

[28] Herbert, William, *The History of the Twelve Great Livery Companies of London*, London: Printed by the Author, 1834.

[29] Howlett, John, *An Examination of Dr. Price's Essay on the Population of England and Wales; and the Doctrine of an Increased Population in This Kingdom; Established by Facts*, Maidstone: Printed for the Author by J. Blake, 1768.

[30] Hunt, Leigh, *The Old Court Suburb; Or, Memorials of Kensington, Regal, Critical, and Anecdotical* (*Vol. I*), London: Hurst and Blackett, Publishers, 1855.

[31] Johnson, Samuel and Murphy, Arthur (ed.), *The Works of Samuel Johnson, LL. D* (*Vol. I*), New York: Alexander V. Blake, Publisher, 1843.

[32] Kimber, Edward, *The Life and Adventures of Joe Thompson, A Narrative Founded on Fact* (*Vol. II*), London: Printed for John Hinton, 1750.

[33] Lamb, Charles and Talfourd, Thomas Noon (ed.), *The Works of Charles Lamb, Complete in Five Volumes* (*Vol. IV: Life and Letters*), Philadelphia: Willis P. Hazard, 1854.

[34] Lamb, Charles and Talfourd, Thomas Noon (ed.), *The Letters of*

Charles Lamb, with a Sketch of His Life (*Vol. II*), London: Edward Moxon, 1837.

[35] Leigh, Samuel, *Leigh' s New Picture of London, or, A View of the Political, Religious, Medical, Literary, Municipal, Commercial, and Moral State of the British Metropolis*, London: Printed for Leigh and Son, 1834.

[36] Lichtenberg, Georg Christoph, *Lichtenberg' s Visits to England: As Described in His Letters and Diaries*, Manchester: Ayer Publishing, 1969.

[37] Lloyd, Robert, "The cit' s country - box, 1757", *The London Magazine, Or, Gentleman's Monthly Intelligencer*, (*Vol. XXXVII*), January 1768, PP. 490 - 491.

[38] Low, S. J., "The rise of the suburbs", *Contemporary Review*, 60 (1891: July/Dec.), PP. 545 - 558.

[39] Macaulay, Thomas Babington, *The History of England from the Accession of James the Second* (*vol. I*), London: Printed for Longman, 1849.

[40] Malcolm, James Peller, *Anecdotes of the Manners and Customs of London During the Eighteenth Century* (*Vol. II*), London: Printed for Longman, 1810.

[41] Monro, Thomas and Nichols, John, *Olla Podrida: A Periodical Work, Complete in Forty Four Numbers*, London: Published by J. Nichols, 1788.

[42] More, Hannah, *An Estimate of the Religion of the Fashionable World*, London: Printed for T. Cadell, 1791.

[43] More, Hannah, *Coelebs in Search of a Wife: Comprehending Observations on Domestic Habits and Manners, Religion and Morals*, London: Printed for T. Cadell and W. Davies, 1808.

[44] More, Hannah, *Strictures on the Modern System of Female Education* (*Vol. I - II*), London: Printed for T. Cadell, 1799.

[45] More, Hannah, *Thoughts on the Importance of the Manners of the Great to General Society*, London: Printed for T. Cadell, 1788.

[46] More, Hannah, *Village Politics Addressed to all the Mechanics, Journeymen and Day Labourers in Great Britain, by Will Chip, a Country Carpenter*, London:

Printed for and Sold by F. and C. Rivington, 1792.

[47] Murray, John Fisher, "The world of London (Part III)", *Blackwood's Edinburgh Magazine* (*July - December*, 1841), Edinburgh: William Blackwood & Sons, 1841, PP. 60 - 71.

[48] Palmer, Samuel, *St. Pancras; Being Antiquarian, Topographical, and Biographical Memoranda, Relating to the Extensive Metropolitan Parish of St. Pancras, Middlesex*, London: Samuel Palmer, 1870.

[49] Philips, Richard, *A Morning's Walk from London to Kew*, London: Printed by J. Adlard, 1817.

[50] Pocock, I. and Bishop, Henry R., *Home, Sweet Home*! London: Published for the Proprietors by S. R. Kirby, 1823.

[51] Price, Uvedale, *An Essay on the Picturesque, as Compared with the Sublime and the Beautiful*, London: Printed for J. Robson, 1794.

[52] Rutt, John Towill (ed.), *Diary of Thomas Burton, Esq., Member in the Parliaments of Oliver and Richard Cromwell, from* 1656 *to* 1659 (*Vol. III*), London: Henry Colburn, 1828.

[53] Shelley, Percy Bysshe, *The Poetical Works of Percy Bysshe Shelley* (*Vol. II*), Boston: Little Brown and Company, 1855.

[54] Silliman, Benjamin, *A Visit to Europe in* 1851 (*Vol. II*), New York: G. P. Putnam & Company, 1853.

[55] Simond, Louis, *Journal of a Tour and Residence in Great Britain, during the Years* 1810 *and* 1811, *by a French Traverller*, Edinburgh: Printed by George Ramsay and Company, 1815.

[56] Southey, Robert, *Letters from England* (*Vol. I*), New York: Published by David Longworth, 1808.

[57] Stow, John, *A survey of London Containing the Original, Antiquity, Increase, Modern Estate, and Description of that City*, London: Pprinted by Iohn Wolfe, 1598.

[58] Stuart, James, *Critical Observations on the Buildings and Improvement of London*, London : Printed for J. Dodsley, 1771.

[59] The Religious Tract Society, *Little George' s First Journey: A Book for Young Children*, London: Sold at the Depository, 1847.

[60] Thornbury, Walter and Walford, Edward, *Old and New London: A Narrative of Its History, Its People and Its Places* (*Vol. I – VI*), London: Cassell & Company, Limited, 1889.

[61] Thornton, Bonnell, *The Connoisseur* (*Vol. the Thrid, the Sixth Edition*), Oxford: Printed for J. Rivington, 1774.

[62] Tucker, Josiah, *Four Letters on Important National Subjects, Addressed to the Right Honourable, the Earl of Shelburne*, Gloucester: Printed by R. Raikes, 1783.

[63] Vaughan, Robert, *The Age of Great Cities, Or, Modern Civilization Viewed in Its Relation to Intelligence, Morals, Religion*, London: Jackson and Walford, 1843.

[64] Walpole, Horace, *A Description of the Villa of Mr. Horace Walpole*, Strawberry – Hill: Printed by Thomas Kirgate, 1774.

[65] Walvin, James, *English Urban Life* 1776 – 1851, London: Hutchinson & Co. Ltd., 2007.

[66] Webb, Sidney, The London Programme, London: Swan Sonnenschein & Co., 1891.

[67] Wilberforce, Robert Isaac and Wilberforce, Samuel (ed.), *The Correspondence of William Wilberforce* (*vol. I*), London: Murray, 1840.

[68] Wilberforce, Robert Isaac and Wilberforce, Samuel, *The Life of William Wilberforce* (*Vol. I*), London: John Murray, 1838.

[69] Wilberforce, William, *A Practical View of the Prevailing Religious System of Professed Christians, in the Higher and Middle Classes in This Country, Contrasted with Real Christianity*, London: T. Cadell, Jun. and W. Davies, 1797.

[70] Wordsworth, William, *The Poetical Works of William Wordsworth* (*Vol. VII*), *Boston*: *Little*, *Brown*, *and Company*, 1865.

[71] Young, Arthur, *The Farmer' s Letters to the People of England*: *Containing the Sentiments of a Practical Husbandman*, *on Various Subjects of Great Importance* (*Vol. I*), London: Printed for W. Strahan, 1768.

[72] "Daw' s reminiscences", *The London Magazine*, January to April 1827, Vol. VII, London: Published by Hunt and Clarke, P. 497.

[73] "The great invasion", *Household Words*, *A Weekly Journal*, Vol. V, No. 104 to No. 129, 1852, P. 70.

二、英文著作

[1] Ackroyd, Peter, *London*: *The Biography*, London: Chatto & Windus, 2000.

[2] Aldcroft, Deredk H. and Freeman, Michael J. (ed.), *Transport in the Industrial Revolution*, Manchester: Manchester University Press, 1983.

[3] Archer, John, *Architecture and Suburbia*: *From English Villa to American Dream House*, 1690 - 2000, Minneapolis: University of Minnesota Press, 2005.

[4] Ashley, Maurice, *The People of England*: *A Short Social and Economic History*, London: Macmillan Press, 1982.

[5] Ball, Michael and Sunderland, David, *An Economic History of London*, 1800 - 1914, London: Routledge, 2001.

[6] Barker, Felix and Jackson, Peter, *London*: 2000 *Years of a City and Its People*, London: Cassell Ltd., 1974.

[7] Barker, T. C. and Bobbins, Michael, *A History of London Transport*: *Passenger Travel and the Development of the Metropolis* (*Vol. I*: *The Nineteenth Century*), London: George Allen & Unwin Ltd., 1963.

[8] Barnett, David, *London*, *Hub of the Industrial Revolution*: *A Revisionary History*, 1775 - 1825, London and New York: Tauris Academic Studies, 1998.

[9] Baron, Xavier (ed.), *London 1066 – 1914: Literary Sources & Documents* (*Vol. I*), Mountfield: Helm Information Ltd., 1997.

[10] Barry, Jonathan (ed.), *The Tudor and Stuart Town: A Reader in English Urban History*, 1530 – 1688, London and New York: Longman, 1990.

[11] Beattie, J. M., *Policing and Punishment in London*, 1660 – 1750, Oxford: Oxford University Press, 2001.

[12] Becker, Marvin B., *The Emergence of Civil Society in the Eighteenth Century: A Privileged Moment in the History of England, Scotland, and France*, Bloomington and Indianapolis: Indiana University Press, 1994.

[13] Berger, Bennett M., *Working – Class Suburb: A Study of Auto Workers in Suburbia*, Los Angeles: University of California Press, 1960.

[14] Borsay, Peter (ed.), *The Eighteenth – Century Town: A Reader in English Urban History* 1688 – 1820, London and New York: Longman, 1990.

[15] Boulton, Jeremy, *Neighbourhood and Society : A London Suburb in the Seventeenth Century*, Cambridge: Cambridge University Press, 1987.

[16] Briggs, Asa, *The Age of Improvement* 1783 – 1867, London and New York: Longman, 1979.

[17] Briggs, Asa, *Victorian Cities*, London: Odhams Books, 1963.

[18] Brown, Ford K., *Fathers of the Victorians: The Age of Wilberforce*, Cambridge: Cambridge University Press, 1961.

[19] Brunn, Stanley D., *Cities of the World: World Regional Urban Development*, New York: Harpercollins Pulbishers Inc., 1983.

[20] Bush, M. L. (ed.), *Social Orders and Social Classes in Europe since 1500: Studies in Social Stratification*, London and New York: Longman, 1992.

[21] Cannon, John, *Aristocratic Century: The Peerage of Eighteenth – Century England*, Cambridge: Cambridge University Press, 1984.

[22] Chalklin, Christopher W., *The Rise of the English Town*, 1650 – 1850, Cambridge: Cambridge University Press, 2001.

[23] Chapman, Stanley, *Merchant Enterprise in Britain: From the Industrial Revolution to World War I*, Cambridge: Cambridge University Press, 1992.

[24] Chaucer, Jeoffery, *Canterbury Tales*, New York: Henry Holt and Company, 1928.

[25] Clapp, B. W., Fisher, H. E. S. and Jurica, A. R. J., *Documents in English Economic History, England Since* 1760, London: G. Bell & Sons Ltd., 1976.

[26] Clapson, Mark, *Suburban Century: Social Change and Urban Growth in England and the United States*, Oxford and New York: Berg, 2003.

[27] Clark, Peter (ed.), *The Cambridge Urban History of Britain (Vol. I–III)*, Cambridge: Cambridge University Press, 2000.

[28] Clark, Peter and Slack, Paul (ed.), *Crisis and Order in English Towns*, 1500–1700, London and New York: Routledge, 1972.

[29] Clark, Peter and Morgan, Philip D (ed.), *English Urban History* 1500–1780, Milton Keynes: Open University Press, 1977.

[30] Clark, Peter and Gillespie, Raymond, *Two Capitals: London and Dublin*, 1500–1840, Oxford: Oxford University Press, 2001.

[31] Clout, Hugh and Wood, Peter (ed.), *London: Problems of Change*, Harlow: Longman Group Limited, 1986.

[32] Coates, Ben, *The Impact of the English Civil War on the Economy of London*, 1642–50, Aldershot: Ashgate Publishing, Ltd., 2004.

[33] Cockburn, J. S. (ed.), *Crime in England* 1550–1800, Princeton: Princeton University Press, 1977.

[34] Cole, G. D. H. and Postgate, Raymond, *The British People*, 1746–1946, New York: Alfred A. Knopf, 1947.

[35] Collinson, Patrick and Craig, John (ed.), *The Reformation in English Towns*, 1500–1640, New York: St. Martin's Press, 1998.

[36] Corfield, P. J. and Harte, N. B. (ed.), *London and the English Econ-*

omy, 1500 – 1700, London: Hambledon Press, 1990.

[37] Corfield, P. J., *The Impact of English Towns*, 1700 – 1800, Oxford: Oxford University Press, 1982.

[38] Corfield, Penelope J. (ed.), *Language*, *History and Class*, Oxford: Basil Blackwell Ltd., 1991.

[39] Corfield, Penelope J., *Power and the Professions in Britain* 1700 – 1850, London and New York: Routledge, 1995.

[40] Coster, Will, *Family and Kinship in England* 1450 – 1800, Harlow: Pearson Education Limited, 2001.

[41] Cousins, Albert N. and Nagpaul, Hans, *Urban Life*: *The Sociology of Cities and Urban Society*, New York: John Wiley & Sons, Inc., 1979.

[42] Cunningham, Peter (ed.), *The Letters of Horace Walpole*, *Fourth Earl of Orford* (*Vol. IX*), Edinburgh: John Grant, 1906.

[43] Davidoff, Leonore and Hall, Catherine, *Family Fortunes*, London and New York: St. Edmundsbury Press, 2002.

[44] Defoe, Daniel, *A Tour through England & Wales*, *Divided into Circuits or Journies* (*Vol. I – II*), London and Toronto: Published by J. M. Dent, 1928.

[45] Dentith, Simon, *Society and Cultural Forms in Nineteenth Century England*, Basingstoke and london: Macmillan Press Ltd., 1998.

[46] Douglas, David C. and Greenaway, George W. (ed.): *English Historical Documents* (*Vol.* Ⅱ), London: Eyre & Spottiswoode, 1953.

[47] Draznin, Yaffa Claire, *Victorian London' s Middle – Class Housewife*: *What She Did All Day*? Connecticut and London: Greenwood Press, 2001.

[48] Dyos, H. J. and Wolff, Michael (ed.), *Victorian City*: *Images and Realities* (*Vol. I – II*), London: Routledge, 1973.

[49] Dyos, H. J., *Victorian Suburb*: *A Study of the Growth of Camberwell*, Leicester: Leicester University Press, 1966.

[50] Earle, Peter, *The Making of the English Middle Class*: *Business*, *Society*

and Family Life in London, 1660 – 1730, Berkeley and Los Angeles: University of California Press, 1989.

[51] Eger, Elizabeth, et al., *Women, Writing and the Public Sphere* 1700 – 1830, Cambridge: Cambridge University Press, 2001.

[52] Evans, Eric J., *The Forging of the Modern State: Early Industrial Britain* 1783 – 1870, London and New York: Longman Group Limited, 1983.

[53] Fishman, Robert, *Bourgeois Utopias: The Rise and Fall of Suburbia*, New York: Basic Books, Inc., 1987.

[54] Fraser, Derek and Sutcliffe, Anthony (ed.), *The Pursuit of Urban History*, London: Edward Arnold, 1983.

[55] Free, William Norris, *William Cowper*, New York: Twayne Publishers, Inc., 1970.

[56] G. D. H. Cole, *Studies in Class Structure*, London: Routledge, 1998.

[57] George, M. Dorothy (ed.), *England in Johnson's Day*, *Freeport*, New York: Books for Libraries Press, 1972.

[58] George, M. Dorothy, *England in Transition: Life and Work in the Eighteenth Century*, London: George Routledge & Sons, Ltd., 1931.

[59] George, M. Dorothy, *London Life in the Eighteenth Century*, London: Kegan Paul, Trench, Trubner & Co. Ltd., 1925.

[60] Gilley, Sheridan and Sheils, W. J. (ed.), *A history of Religion in Britain: Practice and Belief from Pre – Roman Times to the Present*, Oxford: Basil Blackwell Ltd., 1994.

[61] Gleadle, Kathryn, *British Women in the Nineteenth Century*, Basingstoke: Palgrave, 2001.

[62] Hamnett, Chris, *Unequal City: London in the Global Arena*, London: Routledge, 2003.

[63] Hancock, David, *Citizens of the World: London Merchants and the Integration of the British Atlantic Community*, 1735 – 1785, Cambridge: Cambridge Uni-

versity Press, 1997.

[64] Hapgood, Lynne, *Margins of Desire: The Suburbs in Fiction and Culture* 1880 - 1925, Manchester and New York: Manchester University Press, 2005.

[65] Harris, Richard and Larkham, Peter J. (ed.), *Changing Suburbs: Foundation, Form and Function*, London: E & FN Spon, 1999.

[66] Harrison, G. R. (ed.), *The Bodley Head Quartos, Henrie Chettle Kind - Hartes Dreame* 1592, *William Kemp Nine Daies Wonder* 1600, London: John Lane The Bodley Head Ltd., 1923.

[67] Harrison, John F. C., *The Birth and Growth of Industrial England*, 1714 - 1867, New York: Harcourt Brace Jovanovich, Inc., 1973.

[68] Herbert, David T., *Urban Geography: A First Approach*, Chichester: John Wiley & Sons Ltd., 1986.

[69] Hill, Dilys M, *Urban Policy and Politics in Britain*, New York: St. Martin's Press, 2000.

[70] Hoggart, Keith and Green, David (ed.), *London: A New Metropolitan Geography*, London and New York: Hodder & Stoughton Limited, 1991.

[71] Hohenberg, Paul M. and Lees, Lynn Hollen, *The Making of Urban Europe* 1000 - 1950, Cambridge, Massachusetts: Harvard University Press, 1985.

[72] Holberton, Merrell and Heritage, English, (ed.), *London Suburbs*, London: Merrell Holberton Publishers Ltd., 1999.

[73] Holt, Richard and Rosser, Gervase (ed.), *The English Medieval Town: A Reader in English Urban History*, 1200 - 1540, London and New York: Longman, 1990.

[74] Hsu, Albert Y., *The Suburban Christian: Finding Spiritual Vitality in the Land of Plenty*, Downers Grove: InterVarsity Press, 2006.

[75] Hunt, Margaret R., *The Middling Sort: Commerce, Gender and the Family in England* 1680 - 1780, Berkeley: University of California Press, 1996.

[76] Inwood, Stephen, *A History of London*, London: Macmillan, 1998.

[77] Inwood, Stephen, *City of Cities: The Birth of Modern London*, London: Macmillan, 2005.

[78] Jackson, Kenneth T., *Crabgrass Frontier: The Suburbanization of the United States*, New York and Oxford: Oxford University Press, 1982.

[79] Jones, Gareth Stedman, *Outcast London: A Study in the Relationship between Classes in Victorian Society*, Harmondsworth: Penguin Books, 1991.

[80] Jungnickel, Christa and McCormmach, Russell, *Cavendish*, Collingdale: DIANE Publishing, 1996.

[81] Knox, Paul, *Urban Social Geography: An Introduction (Second edition)*, Harlow: Longman Scientific & Technical, 1987.

[82] Langford, Paul, *A Polite and Commercial People: England* 1727 – 1783, Oxford: Oxford University Press, 1989.

[83] Langford, Paul, *Englishness Identified, Manners and Character* 1650 – 1850, Oxford: Oxford University Press, 2000.

[84] Laroon, Marcellus and Shesgreen, Sean, *The Criers and Hawkers of London: Engravings and Drawings*, Palo Alto: Stanford University Press, 1990.

[85] Luu, Lien Bich, *Immigrants and the Industries of London*, 1500 – 1700, Aldershot: Ashgate Publishing, Ltd., 2005.

[86] Madge, Charles and Willmott, Peter, *Inner City Poverty in Paris and London*, London: Routledge and K. Paul, 1981.

[87] Marsh, Margaret S., *Suburban Lives*, New Brunswick: Rutgers University Press, 1990.

[88] May, Trevor, *An Economic and Social History of Britain* 1760 – 1970, Harlow: Longman Group UK Limited, 1987.

[89] Mayhew, Henry, *London Labour and the London Poor*, New York: Dover Publications, 1968.

[90] McKellar, Elizabeth, *The Birth of Modern London: The Development and Design of the City* 1660 – 1720, Manchester: Manchester University Press, 1999.

[91] McKendrick, Neil and Brewer, John, *The Birth of a Consumer Society*, London: Eruopa Publications Limited, 1982.

[92] Meldrum, Tim, *Domestic Service and Gender* 1660 – 1750: *Life and Work in the London Household*, Harlow: Pearson Education Limited, 2000.

[93] Merritt, J. F., *The Social World of Early Modern Westminster*: *Abbey*, *Court and Community* 1525 – 1640, Manchester and New York: Manchester University Press, 2005.

[94] Minchinton, W. E. (ed.), *The Growth of English Overseas Trade in the* 17*th and* 18*th Centuries*, London: Methuen & Co. Ltd., 1969.

[95] Mingay, G. E., *English Landed Society in the Eighteenth Century*, London: Routledge, 1963.

[96] Mitchell, Sally (ed.), *Victorian Britain*: *An Encyclopedia*, New York and London: Garland Publishing, Inc., 1988.

[97] Newey, Vincent, *Cowper' s Poetry*: *A Critical Study and Reassessment*, Liverpool: Liverpool University Press, 1982.

[98] Ogborn, Miles, *Spaces of Modernity*: *London' s Geographies*, 1680 – 1780, New York: Guilford Press, 1998.

[99] Olsen, Donald J., *Town Planning in London*: *The Eighteenth & Nineteenth Centuries*, New Haven & London: Yale University Press, 1982.

[100] Pacione, Michael, *Urban Geography*: *A Global Perspective*, London: Routledge, 2005.

[101] Perkin, Harold, *The Origins of Modern English Society*, London and New York: Routledge, 2002.

[102] Phelps, Nicholas A., et al, *Post – Suburban Europe*: *Planning and Politics at the Margins of Europe' s Capital Cites*, Basingstoke: Palgrave Macmillan, 2006.

[103] Picard, Liza, *Restoration London*: *Everyday Life in London* 1660 – 1670, London: Orion Audio Books, 2004.

[104] Pollard, Sidney and Crossley, David W., *The Wealth of Britain* 1085 - 1966, London: B. T. Batsford Ltd., 1968.

[105] Porter, Roy, *London: A Social History*, Cambridge, Massachusetts: Harvard University Press, 2001.

[106] Ransome, Arthur, *Bohemia in London*, London: Stephen Swift and Co. Limited, 1912

[107] Reeve, Robin M., *The Industrial Revolution* 1750 - 1850, London: University of London Press, 1971.

[108] Reissman, Leonard, *The Urban Process: Cities in Industrial Societies*, New York: The Free Press, 1964.

[109] Roberts, David, *Paternalism in Early Victorian England*, New Brunswick, New Jersey: Rutgers University Press, 1979.

[110] Roberts, Kenneth, *Class in Modern Britain*, Houndmills, Basingstoke: Palgrave, 2001.

[111] Robson, William A., *The Government and Misgovernment of London*, London: G. Allen & Unwin Ltd., 1939.

[112] Rule, John, *Albion's People: English Society*, 1714 - 1815, London and New York: Longman Group UK Ltd., 1992.

[113] Schlossberg, Herbert, *The Silent Revolution and the Making of Victorian England*, Columbus: Ohio State University Press, 2000.

[114] Schwab, William A., *The Sociology of Cities*, Englewood Cliffs: Prentice - Hall, Inc., 1992.

[115] Schwarz, L. D., *London in the Age of Industrialisation: Entrepreneurs, Labour Force and Living Conditions*, 1700 - 1850, Cambridge: Cambridge University Press, 1992.

[116] Shoemaker, Robert B., *Gender in English Society*, 1650 - 1850: *The Emergence of Separate Spheres*? London and New York: Longman, 1998.

[117] Shoemaker, Robert B., *The London Mob: Violence and Disorder in*

Eighteenth - Century England, London and New York: Hambledon and London, 2004.

[118] Sigsworth, Eric M. (ed.), *In Search of Victorian Values: Aspects of Nineteenth - Century Thought and Society*, Manchester and New York: Manchester University Press, 1988.

[119] Simpson, J. A. and Weiner, E. S. C. (ed.), *The Oxford English Dictionary* (*Second edition*, *Vol. XVII*, *Vol. IX*, *Vol. XII*), Oxford: Clarendon Press, 1989.

[120] Stevenson, John, *Popular Disturbances in England* 1700 - 1870, London and New York: Longman, 1979.

[121] Stone, Lawrence and Stone, Jeanne C. Fawtier, *An Open Elite? England* 1540 - 1880, Oxford: Clarendon Press, 1984.

[122] Stone, Lawrence, *The Family*, *Sex and Marriage in England* 1500 - 1800, Harmondsworth: Penguin Books Ltd., 1979.

[123] Stott, Anne, *Hannah More*, *the First Victorian*, Oxford: Oxford University Press, 2003.

[124] Summerson, John, *Georgian London*, Harmondsworth: Penguin Books, 1986.

[125] Taylor, Sheila (ed.), *The Moving Metropolis: A History of London's Transport since* 1800, London: Laurence King Publishing Ltd., 2002.

[126] Thompson, F. M. L. (ed.), *The Cambridge Social History of Britain* 1750 - 1950 (*Vol. I - III*), Cambridge: Cambridge University Press, 1990.

[127] Thompson, F. M. L., *Gentrification and the Enterprise Culture: Britain* 1780 - 1980, Oxford: Oxford University Press, 2001.

[128] Thompson, F. M. L., *Hampstead: Building a Borough*, 1650 - 1964, London and Boston: Routledge & Kegan Paul, 1974.

[129] Thompson, F. M. L., *The Rise of Respectable Society: A Social History of Victorian Britain* 1830 - 1900, London: Fontana Press, 1988.

[130] Thompson, F. M. L., *The Rise of Suburbia*, Leicester: Leicester University Press, 1982.

[131] Thorns, David C., *Suburbia*, London: Paladin, 1973.

[132] Thorold, Peter, *The London Rich: The Creation of a Great City, from* 1666 *to the Present*, New York: St. Martin's Press, 1999.

[133] Trevelyan, G. M., *English Social History: A Survey of Six Centuries: Chaucer to Queen Victoria*, London: Longmans, Green and Co., 1946.

[134] Twells, Alison (ed.), *British Women's History: A Documentary History from the Enlightenment to World War I*, London: I. B. Tauris & Co Ltd., 2007.

[135] Vries, Jan de, *European Urbanization* 1500 - 1800, London: Methuen and Co. Ltd., 1984.

[136] Waller, Philip J, *The English Urban Landscape*, New York and Oxford: Oxford University Press, 2000.

[137] Wells, H. G., *The New Machiavelli*, Toronto: McLeod & Allen, 1910.

[138] Whitehand, J. W. R. and Carr, C. M. H., *Twentieth - Century Suburbs: A Morphological Approach*, London: Routledge, 2001.

[139] Williams, Chris (ed.), *A Companion to Nineteenth - Century Britain*, Malden: Blackwell Publishing Ltd., 2004.

[140] Wood, Robert C., *Suburbia: Its People and Their Politics*, Boston: Houghton Mifflin Company, 1958.

[141] Wright, Louis B., *Middle - class Culture in Elizabethan England*, Ithaca: Cornell University Press, 1963.

[142] Wrigley, E. A. and Schofield, R. S., *The Population History of England* 1541 - 1871: *A Reconstruction*, Massachusetts: Harvard University Press, 1981.

[143] Young, G. M., *Early Victorian England*, 1830 - 1865, London: Oxford University Press, 1963.

[144] Young, G. M., *Victorian England, Portrait of an Age*, London: Oxford

University Press, 1936.

[145] Young, Ken and Garside, Patricia L., *Metropolitan London: Politics and Urban Change* 1837 – 1981, London: Edward Arnold Ltd., 1982.

三、英文论文

[1] Boot, H. M., "Real incomes of the British middle class, 1760 – 1850: The experience of clerks at the East India Company", *The Economic History Review*, New Series, Vol. 52, No. 4 (Nov., 1999), PP. 638 – 668.

[2] Briggs, Asa, "Middle – Class Consciousness in English Politics, 1780 – 1846", *Past and Present*, No. 9. (Apr., 1956), PP. 65 – 74.

[3] Conlin, Jonathan, "Vauxhall revisited: The afterlife of a London pleasure garden, 1770 – 1859", *Journal of British Studies*, vol. 45, Oct. 2006, PP. 718 – 743.

[4] Fava, Sylvia Fleis, "Suburbanism as a way of life", *American Sociological Review*, Vol. 21, No. 1 (Feb., 1956), PP. 34 – 37.

[5] Fishman, Robert L., "American Suburbs/English Suburbs: 'A Transatlantic Comparison'", *Journal of Urban History*, 13: 3 (1987: May), PP. 237 – 251.

[6] Galster, George and Peacock, Stephen, "Urban gentrification: Evaluating alternative indicators", *Social Indicators Research*, 18: 3 (1986: Aug.), P. 321.

[7] Kenneth T. Jackson, "Suburbanization in England and North America: A response to 'A transatlantic Comparison'", *Journal of Urban History*, 13: 3 (1987: May), pp. 302 – 306.

[8] Kurtz, Richard A. and Eicher, Joanne B.. "Fringe and Suburb Confusion of Concepts", *Social Forces*, Vol. 37, No. 1 (Oct., 1958), PP. 32 – 37.

[9] Martin, Walter T., "The Structuring of Social Relationships Engendered by Suburban Residence", *American Sociological Review*, Vol. 21, No. 4 (Aug., 1956), PP. 446 – 453.

[10] Rogers, Nicholas, "Money, land and lineage: The big bourgeoisie of Hanoverian London", *Social History*, vol. 4 (1979), PP. 437 - 454.

[11] Rubinstein, W. D., "Wealth, elites and the class structure of modern Britain", *Past and Present*, No. 76, Aug. 1977, P. 99 - 126.

[12] Shoemaker, Robert B., "The London 'mob' in the early eighteenth century", *The Journal of British Studies*, Vol. 26, No. 3. (Jul., 1987), PP. 273 - 304.

[13] Vickery, Amanda, "Golden age to separate spheres? A review of the categories and chronology of English women's history", *The Historical Journal*, Vol. 36 (Jun., 1993), PP. 383 - 414.

[14] Walsh, Mary B., "Locke and feminism on private and public realms of activities", *The Review of Politics*, Vol. 57, No. 2, 1995, PP. 251 - 277.

[15] Wirth, Louis, "Urbanism as a way of life", *The American Journal of Sociology*, Vol. 44, No. 1 (Jul., 1938), PP. 10 - 19.

[16] Wrigley, E. A., "A simple model of London ' s importance in changing English Society and Economy 1650 - 1850", *Past and Present*, 1967, (37), PP. 44 - 70.

[17] Wrigley, E. Anthony, "Urban Growth and Agricultural Change: England and the Continent in the Early Modern Period", *Journal of Interdisciplinary History*, Vol. 15, No. 4, (1985), PP. 683 - 728.

四、中文著作（含译著）

[1]《马克思恩格斯全集》第 46 卷，北京：人民出版社，2003 年版。

[2]［德］恩格斯：《英国工人阶级状况》，北京：人民出版社，1956 年版。

[3] 王觉非主编：《近代英国史》，南京：南京大学出版社，1997 年版。

[4]［美］C. 莱特·米尔斯著，周晓虹译：《白领：美国的中产阶级》，南京：南京大学出版社，2006 年版。

[5]［意］L. 贝纳沃罗著，薛钟灵等译：《世界城市史》，北京：科学出版社，2000 年版。

[6]［美］R. E. 帕克等著，宋俊岭等译：《城市社会学——芝加哥学派城市研究文集》，北京：华夏出版社，1987 年版。

[7]［英］阿利斯特·麦格拉斯：《福音派与基督教的未来》，北京：中央编译出版社，2004 年版。

[8]［美］阿瑟·奥莎利文著，周京奎译：《城市经济学》（第 6 版），北京：北京大学出版社，2008 年版。

[9]［英］埃比尼泽·霍华德：《明日的田园城市》，北京：商务印书馆，2002 年版。

[10]［德］奥斯瓦尔德·斯宾格勒著，齐世荣等译：《西方的没落》，北京：商务印书馆，1963 年版。

[11]［美］保罗·诺克斯、史蒂文·平奇著，柴彦威、张景秋等译：《城市社会地理学导论》，北京：商务印书馆，2005 年版。

[12]［英］彼得·克拉克、保罗·斯莱克著，薛国中译，刘景华对：《过渡期的英国城市 1500—1700 年》，武汉：武汉大学出版社，1992 年版。

[13]［美］凡勃伦著，蔡受百译：《有闲阶级论——关于制度的经济研究》，北京：商务印书馆，1964 年版。

[14]［法］菲利浦·阿利埃斯、乔治·杜比主编：《私人生活史》（第三卷：激情），哈尔滨：北方文艺出版社，2008 年版。

[15]［英］赫·乔·韦尔斯著，吴文藻译：《世界史纲：生物和人类的简明史》，北京：人民出版社，1982 年版。

[16] 黄怡：《城市社会分层与居住隔离》，上海：同济大学出版社，2006 年版。

[17]［加］简·雅各布斯著，金衡山译：《美国大城市的死与生》，南京：译林出版社，2005 年版。

[18] 江立华：《英国人口迁移与城市发展》，北京：中国人口出版社，2002 年版。

［19］［英］肯尼思·O. 摩根主编，王觉非等译：《牛津英国通史》，北京：商务印书馆，1993 年版。

［20］［英］莱尔著，梁曙东等译：《英国复兴领袖传》，北京：华夏出版社，2007 年版。

［21］［奥］赖因哈德·西德尔：《家庭的社会演变》，北京：商务印书馆，1992 年版。

［22］［英］雷蒙·威廉斯著，刘建基译：《关键词：文化与社会的词汇》，北京：三联书店，2005 年版。

［23］李增洪：《13—15 世纪伦敦社会各阶层分析》，北京：中国社会科学出版社，2005 年版。

［24］刘景华：《城市转型与英国的勃兴》，北京：中国纺织出版社，1994 年版。

［25］［美］刘易斯·芒福德著，宋俊岭、倪文彦译：《城市发展史——起源、演变和前景》，北京：中国建筑工业出版社，2005 年版。

［26］孙逊主编：《都市文化研究》（第一辑），上海：上海三联书店，2005 年版。

［27］［英］洛克著，瞿菊农、叶启芳译：《政府论》（下篇），北京：商务印书馆，1964 年版。

［28］［美］乔尔·科特金著，王旭等译：《全球城市史》，北京：社会科学文献出版社，2006 年版。

［29］饶会林：《城市经济学》（上卷），大连：东北财经大学出版社，1999 年。

［30］孙群郎：《美国城市郊区化研究》，北京：商务印书馆，2005 年版。

［31］王旭：《美国城市史》，北京：中国社会科学出版社，2000 年版。

［32］王颖：《城市社会学》，上海：上海三联书店，2005 年版。

［33］［美］西里尔·E. 布莱克编，杨豫、陈祖洲译：《比较现代化》，上海：上海译文出版社，1996 年版。

［34］谢文蕙、邓卫编著：《城市经济学》，北京：清华大学出版社，1996

年版。

［35］许学强等编：《城市地理学》，北京：高等教育出版社，1997 年。

［36］许英编著：《城市社会学》，济南：齐鲁书社，2002 年版。

［37］［英］亚当·斯密著，郭大力、王亚南译：《国民财富的性质和原因的研究》，北京：商务印书馆，1979 年版。

［38］［美］伊恩·P. 瓦特著，高原、董红钧译：《小说的兴起：笛福、理查逊、菲尔丁研究》，北京：三联书店，1992 年版。

五、中文论文

［1］陈志坚：《论“家产析分契约”的性质和作用——兼评英国家庭史研究中的“变革与延续之争”》，《世界历史》2008 年第 4 期，第 94—105 页。

［2］陆伟芳：《19 世纪英国城市现代化初探》，《史学集刊》2006 年第 1 期，第 60—65 页。

［3］陆伟芳：《中产阶级与近代英国城市郊区扩展》，《史学理论研究》2007 年第 4 期，第 52—60 页。

［4］［英］迈克尔·布鲁顿、希拉·布鲁顿，于立、胡伶倩（译）：《英国新城发展与建设》，《城市规划》2003 年第 27 卷，第 12 期，第 78—81 页。

［5］石忆邵、张翔：《城市郊区化研究述要》，《城市规划汇刊》1997 年第 3 期，第 56—58 页。

［6］宋扬、徐强：《城市郊区化与郊区城市化的比较及其互动关系分析》，《生态经济》2004 年 S1 期，第 2—4 页。

［7］孙群郎：《试析美国城市郊区化的起源》，《史学理论研究》2004 年第 3 期，第 44—54 页。

［8］谭杨威：《广州城市郊区化发展初探》，《广东社会科学》2006 年第 5 期，第 189—195 页。

［9］王蓓：《十九世纪中后期英国工业城市改革与中产阶级公共文化》，《求索》2006 年第 5 期，第 66—68 页。

［10］吴超：《芝加哥学派城市社会学观点的回顾与思考》，《国外建材科

技》2007年第28卷第5期，第102—105页。

[11] 吴良镛：《要注意防止城市郊区化现象》，《领导决策信息》1998年第43期，第17页。

[12] 尤建新：《城市定义的发展》，《上海管理科学》2006年第3期，第67—69页。

[13] 张晓莲：《美国城市郊区化与都市区发展》，《城市问题》2001年第4期，第58—60页。

[14] 周一星：《北京的郊区化及引发的思考》，《地理科学》1996年第3期，第198—206页。

六、网站资源

[1] Dean, James M. (ed.), "London Lickpenny", http://www.lib.rochester.edu/camelot/teams/lick.htm.

[2] Casanova, Giovanni Giacomo, *Memoirs of Casanova* (*Vol. 22: To London*), Project Gutenberg Ebbok, http://www.archive.org/stream/memoirsofcasanov 02972gut/2972.txt.

[3] http://www.london.gov.uk/assembly/reports/environment/2012 - sustainable - olympics.pdf.

[4] http://www.london.gov.uk/assembly/reports/plansd/semi - detached.pdf.

[5] http://www.london.gov.uk/mayor/strategies/sds/toolkit/docs/suburbs.pdf.

[6] "Barbon, Nicholas." Encyclopædia Britannica. Encyclopædia Britannica 2007 Ultimate Reference Suite. Chicago: Encyclopædia Britannica, 2009.

[7] "Thornton, Henry." Encyclopædia Britannica. Encyclopædia Britannica 2007 Ultimate Reference Suite. Chicago: Encyclopædia Britannica, 2008.

后　记

本书的构思和写作，源于笔者曾读到的一段话："这可以说是一个悖论：无论是公众百姓还是那些对于城市问题有学术和专业兴趣的人，常常对城市中常见和重复发生的现象知之甚少，反而对其不寻常的特征了解更多：特殊的建筑和结构——这些常常只占据相对较小的地域——和主要的公共建筑被人们详实地记录下来，而那些决定了大多数人居住环境的普通区域则被视而不见。有关英国郊区发展的研究成果寥寥无几便是一个明证……这并不是说关于郊区的著述很少，如果从文学的角度来看，不少小说家、诗人、记者都写过有关郊区及郊区生活的书籍，而是说对郊区及其发展历史、原因、影响的系统性研究太少，尤其是英国城市的郊区化问题，远远没有获得足以与其在世界城市文明史上的重要性相称的重视。"①

英国城市郊区化在人类文明史上有着极为重要的地位，但学者们对这一问题的系统研究不多，这不能不说是一大缺憾，正是这一点促使笔者开始关注相关领域的研究动向。在阅读相关著作的过程中，笔者发现伦敦是英国最早发展起来的城市，到近代早期已经成为英国的政治、贸易、制造业和文化中心，基本具备了现代城市的各种功能。这种特殊性导致它在18

---

① J. W. R. Whitehand & C. M. H. Carr, *Twentieth – Century Suburbs: A Morphological Approach*, London: Routledge, 2001, p. vii.

世纪后期就开始出现郊区化的萌芽，而这时其他地区的主要城市或刚刚开始城市化，或还没有开始城市化。而伦敦在英国以及后来的大英帝国中的巨大影响力，又使其郊区化模式迅速传播到英国其他城市以及欧洲大陆和北美国家的主要城市，对这些地区具有普遍的示范效应。正是伦敦郊区化进程中的这种特殊性和普遍性引起了笔者的强烈兴趣，这也成为笔者选择“伦敦郊区化的动因”作为研究主题的初衷。

一方面，英国城市历史尤其是伦敦郊区化研究的不足是触发笔者对该主题产生兴趣的主要原因，另一方面，相关研究所具有的现实意义也使笔者聚焦于郊区化问题。郊区化现象正日益引起我国相关领域专家的关注。近几年来，国内许多大城市迅速郊区化，如北京，二十世纪七八十年代以来，郊区人口的增长速度超过了城区，在地域上日益划分为城区、近郊区和远郊区三个圈层；广州在城市新区开发和市政建设的影响下，也充分表现出人口向中心区外围快速扩散的趋势。针对这种现象，许多学者把郊区化作为解决我国城市人口压力、土地资源紧张、环境污染等问题的一个良方，同时也有学者指出我国郊区化过程中存在着一些问题，认为我国与西方国家具体国情的差异，导致我国郊区化建设偏离了社会经济发展的轨道，应该加以有力的控制。笔者亦试图通过对伦敦郊区化进程以及各种动因的分析，为我国城市郊区化的顺利发展提供某种历史参照。